EDITORA DO CONHECIMENTO

Auxiliando a humanidade a encontrar a Verdade

Igualdade

IGUALDADE
Ponte para a nova era
Mariléa de Castro

Todos os direitos desta edição reservados à
CONHECIMENTO EDITORIAL LTDA.
Fone: 19 3451-5440
www.edconhecimento.com.br
vendas@edconhecimento.com.br

Projeto Gráfico: Sérgio Carvalho
Ilustração da Capa: Banco de imagens

ISBN 978-65-5727-093-6
1ª edição – 2021

• Impresso no Brasil • *Presita en Brazilo*

Dados Internacionais de Catalogação na Publicação (CIP)
(Angélica Ilacqua CRB-8/7057)

Castro, Mariléa de
Igualdade: ponte para a nova era / Mariléa de Castro — Limeira, SP : Editora do Conhecimento, 2021.
290 p.

ISBN 978-65-5727-093-6

1. Literatura espírita 2. Justiça social 3. Utopia 4. Nova era 5. Socialista I. Título

21-1297 CDD 133.93

Índice para catálogo sistemático:
1. Literatura espírita

Mariléa de Castro

IGUALDADE
PONTE PARA A NOVA ERA

1ª edição — 2021

EDITORA DO
CONHECIMENTO

Obras de Mariléa de Castro editadas pela **EDITORA DO CONHECIMENTO**

- Haiawatha: o mestre da raça vermelha
- Igualdade: ponte para a nova era

Coletâneas de textos

- Face a Face com Ramatís
- Um Jesus que Nunca Existiu
- A Missão do Esperanto
- A Origem Oculta das Doenças
- Do Átomo ao Arcanjo
- O Apocalipse
- Marte: O futuro da Terra
- O Além – Um guia de viagem
- Geografia do Mundo Astral
- O Homem Astral e Mental
- O Carma
- O Menino Jesus

A Mestre Ramatís, luz dos nossos caminhos no planeta Terra.

A Jean-Jacques Rousseau e Léon Tolstoi, inspiração permanente, infinita gratidão.

A todos os mártires da igualdade que mantiveram acesa a chama.

Aos que estão chegando para fazê-la brilhar, desta vez para sempre.

Sumário

Apresentação 11

CAPÍTULO 1
A Nova Era – Enfim 14
• Nossa realidade da velha era • O diagnóstico antes da cura

CAPÍTULO 2
Primórdios 22
• A comunidade cristã dos apóstolos • Os essênios • Os cristãos primitivos

CAPÍTULO 3
Mensagem: Os sonhadores da igualdade 28

CAPÍTULO 4
Idade de trevas e pontos de luz 31
• Pela religião e pelo pão – as rebeliões medievais • Cátaros: Rencarnacionistas e Igualitários • Palavra de rei volta atrás:
• A revolta dos camponeses na Inglaterra • Foram muitos

CAPÍTULO 5
Kardec antes de ser Kardec 44
• Os três grandes vultos • Kardec, num capítulo anterior
• Os hussitas • Tabor – um sonho no alto da colina • As guerras hussitas

CAPÍTULO 6
Comunidades cristãs comunalistas: Huterittas 53

CAPÍTULO 7
Utopia – o grande modelo 58
• Um homem para qualquer tempo • O livro • Uma visita à ilha feliz • As utopias

CAPÍTULO 8
Uma utopia moderna: *Daqui a Cem Anos* 74
• A história • Bellamy – evolucionista e reencarnacionista?

CAPÍTULO 9
Renasce o homem 81

CAPÍTULO 10
A única socidade igualitária da história 86
• O modelo social dos peles-vermelhas

CAPÍTULO 11
Uma utopia real – a república guarani 93
• O inicio • A vida nas reduções • O genocídio bandeirante e as migrações • Ocaso • Um legado

CAPÍTULO 12
Rousseau: uma inspiração 105
Século dezoito: o alvorecer da nova era • O iluminismo • Rousseau – um precursor

CAPÍTULO 13
Aquilo em nós que busca acabar com a desigualdade.. 117

CAPÍTULO 14
Imagine: os homens são iguais! A revolução francesa... 120
• A Declaração dos Direitos do Homem e do Cidadão (26/08/1789) • Igualdade, *ma non troppo* • Esquerda e Direita • Rumo à República

CAPÍTULO 15
A república dos iguais 134
• A constituição de 1793 • O povo • Os "iguais" • O clube do Panteon • A conspiração dos iguais • Babeuf reencarnacionista? • O desfecho • Igualdade ou morte? • O Manifesto dos Iguais

CAPÍTULO 16
Uma outra revolução: a revolução industrial 155
• A jornada de oito horas

CAPÍTULO 17
O socialismo utópico 165
• Socialismo – que bicho é esse? • Não é um palavrão, é um remédio • Os socialistas utópicos

CAPÍTULO 18
Robert Owen 174
• New Lanark • A escola pioneira de Owen • O socialista utópico • New Harmony – um novo mundo, mas velhas pessoas • Owen espírita? • Comunidades owenianas

CAPÍTULO 19
O cartismo 186
• Parece tão natural hoje

CAPÍTULO 20
O socialismo com barbas 189
• O bicho-papão é isso mesmo? • A doutrina marxista • A propriedade privada • Diagnóstico e remédio • A utopia de Marx

CAPÍTULO 21
O socialismo gradual: O fabianismo 203
• Evolução em vez de revolução • Espiritualistas e ativistas • Oliver Lodge

CAPÍTULO 22
Mensagem: uma só vida 212

CAPÍTULO 23
A revolução russa 215
• A colheita é obrigatória • A curta passagem de Lenin • O lado escuro da força • E os outros "socialistas"? • Estratégia: demonizar o socialismo

CAPÍTULO 24
O dia seguinte 225
• Restos da lei da selva

CAPÍTULO 25
Kardec, os espíritos e a igualdade social 234

CAPÍTULO 26
Política? Que coisa detestável... 241

CAPÍTULO 27
Mensagem: cristianismo e socialismo 247

CAPÍTULO 28
Socialismo e espiritismo 250
• Léon Denis, o apóstolo • Os três espíritos amigos • Também no passado remoto? • Léon Denis e o socialismo

CAPÍTULO 29
Um modelo para o futuro da terra 259
• Mas há vida no planeta Marte? • Mas onde está a civilização marciana? • Modelo social marciano • O trabalho industrial • A estrutura econômica • Comércio • Governo • Resumindo • A realização da utopia

CAPÍTULO 30
A terra do futuro 270
• Dois testemunhos insuspeitos • Meios e fins • Os caminhos da igualdade • Para grandes males • E depois? • Exatamente como?

APÊNDICE
Como ajudar a chegada da nova era 281
• O que ninguém lhe diz • A fome no mundo • A nova era vai ter isso?

BIBLIOGRAFIA 289

Apresentação

> Anseio pela hora desse grande amanhã: a humanidade melhor!
>
> Victor Hugo

O propósito deste livro, inspirado do início ao fim pelos Maiores da espiritualidade, é tentar ajustar o foco da visão de nossos irmãos espíritas e espiritualistas de todos os matizes para perceberem algo que tem ficado esquecido e abafado na vivência de todas as correntes espiritualistas: nossa responsabilidade social como aderentes a uma doutrina revolucionária – o cristianismo, que veio para *mudar o mundo*, não para acomodar-se com ele – assim como implícito em todas as doutrinas de origem oriental, evolucionistas.

Com a areia jogada em nossos olhos pela Igreja, nos esquecemos, séculos afora, de entender a mensagem silenciosa que deixou o Nazareno ao escolher as vestes simples de filho de um operário galileu e o povo mais humilde da Palestina como estojo para conter sua mensagem libertadora. A *opção pelos pobres* não é uma criação do século XX – está na raiz mesma do cristianismo, num claro, claríssimo recado: cristianismo é sinônimo de um *novo* modelo, fundado na ética da *igualdade*. A vida dos primeiros cristãos e as declarações dos cristãos primitivos não deixam dúvidas. Era uma mutação social que se propunha – a clara consequência da nova mensagem.

Mas nós não a compreendemos.

Quando a Igreja, distorcendo a mensagem cristã e criando uma instituição rica e elitista, fez um acordo fatal com mamom e rendeu-se à desigualdade, entrou na ética do *mundo de césar*, é que se anulou o impulso renovador da mensagem cristã e ela se tornou inóqua para mudar a sociedade, e portanto aceitável para os poderes vigentes. Selou um acordo com os poderosos do mundo, que seguiu abençoando séculos afora.

A ética da fraternidade autêntica, aquela dos cristãos originais, perdeu-se nas acomodações de consciência que "cristãos" de todas as épocas fizeram para permanecer tranquilos com a miséria e a desigualdade – desde que, claro, *eles* estivessem no prato confortável da balança social, num mundo de privilegiados e despossuídos, ambos frequentando as mesmas igrejas aos domingos e ouvindo dos sacerdotes que Deus fez o mundo assim e só nos restava aceitá-lo sem contestar, e sonhar com a recompensa do paraíso. Foi conveniente e funcionou por quase dois milênios.

Foi quando desceu ao plano terrestre uma nova chance. O *cristianismo redivivo*, como o qualificaram os espíritas. Uma volta à simplicidade original daquelas palavras que ecoaram às margens do Tiberíades e nas colinas da Galileia. Nada mais de dogmas, sacramentos, hierarquias, mistérios: só a transparente verdade de "o meu mandamento é este: que vos ameis uns aos outros". Ponto. Nada mais. A ética e a justiça cósmicas traduzidas em meia dúzia de princípios singelos.

Princípios, entretanto, que tomados ao pé da letra, não admitem contemporização com a velha ordem de coisas que se perpetua desde que deixamos a pedra lascada: a lei do mais forte. A desigualdade admitida, consentida, sancionada, abençoada pelas batinas e os púlpitos em todos os tempos da cristandade.

E no entanto os espíritos foram bem claros a Kardec: a desigualdade, filha do egoísmo, é um mal, e a opressão dos fracos pelos fortes, contrária à justiça divina; e é *missão dos homens encarnados,* além de diminuir o egoísmo em si próprios, **reformar as instituições que o instigam e favorecem, eliminando os privilégios.** Não são conceitos subjetivos: são **declarações textuais** nas obras básicas da doutrina espírita.

O que fizemos com essas diretrizes?

A luta justa, pacífica e democrática pela reforma da sociedade – não só a caridade, mas o imperativo de acabar com o mal na sua origem, que é a desigualdade de um modelo social profundamente antifraterno e anticristão, onde ficou?

A reencarnação é o mecanismo igualitário por excelência.

Reis e mendigos, bilionários e operários, voltando ora num ora noutro disfarce. Ela aponta para a soberana igualdade que rege os seres criados dentro da justiça cósmica.

Eis-nos agora em pleno desenrolar da Transição Planetária. Em que direção irá seguir o mundo, com que valores vai ser reconstruída a sociedade terrestre, depois das grandes convulsões?

É legítimo e coerente com a ética cristã e espírita/espiritualista que adeptos dessas correntes continuem desconhecendo a responsabilidade social que elas implicam? Que deem apoio, por ação ou omissão, ao sistema vigente, que se pretende legítimo, indispensável e eterno – quando em realidade é nada mais que a materialização da lei do mais forte, o egoísmo multimilenar que infelicita a sociedade humana – uma herança obsoleta, ignorante e ineficaz para promover a felicidade coletiva?

Estas páginas representam uma contribuição dos Maiores da espiritualidade para repensarmos a questão. Pensamentos poderosos, lúcidos e que sabiam o que faziam, guiaram pesquisas, orientaram a seleção de temas, ditaram não apenas as mensagens assinadas constantes da obra, mas guiaram a mente e as palavras do imperfeito instrumento que os recepcionou, o tempo todo – cuja gratidão é infinita pela oportunidade.

Minha gratidão se estende ao fraterno companheirismo do amigo e editor Sérgio Carvalho, presença constante durante a escrita do livro, lendo os originais, debatendo, partilhando ideias, amparando com a energia positiva – apoio fundamental de uma amizade milenar grata ao meu espírito.

Assim como fundamental foi a lúcida contribuição do milenar amigo Sávio Mendonça, médium de Ramatís, com sua clareza de sensitivo, orientando na identificação dos amigos espirituais que inspiraram estas páginas e sancionando a escrita da obra, pelo que sou extremamente grata.

Paz a todos os seres!

Mariléa de Castro
Páscoa de 2021

Capítulo 1

A Nova Era – Enfim

Que estamos, neste pequeno planeta azul, no limiar de uma transição radical – a mais extraordinária jamais experimentada por esta humanidade – não é novidade para qualquer espírita ou espiritualista. Nem o pretenso dilúvio de Noé foi tão radical. O que estamos começando a vivenciar não é o fim de um milênio ou uma era: é mais que isso. É o final de todo um *ciclo planetário*, que teve início há mais de 40 mil anos, com a chegada dos exilados mais numerosos de outros orbes.

Trata-se agora de um exame final de aproveitamento para os matriculados na Escola Terra. Deu para absorver pelo menos os conteúdos básicos da Lei Eterna – por exemplo: não matarás, não torturarás, não abusarás do teu próximo, não o enganarás em proveito próprio? Coisinhas assim. Adivinhe que percentual dos humanos planetários, tendo sido aprovada, poderá continuar nesta escola a ser promovida de nível (vide noticiários)?

Então vamos supor que seremos (sejamos otimistas), por hipótese, dos remanescentes. Herdamos um planeta expurgado das mais espessas energias astrais degradadas e das mentes com elas sintonizadas. E agora? Um bocado de caos está previsto, por ninguém menos que o Mestre Nazareno[1] (e mais todos os mentores, profetas e videntes sérios desta era). Vamos abstrair essa fase e pular para a seguinte: a reconstrução.

Pense.

Não vamos querer recomeçar tudo igual. (Até porque teríamos sido liminarmente reprovados). A Nova Era terá que

[1] Vide Mateus 24-25.

ser, e será, exatamente isso – NOVA.

Esqueça este modelo obsoleto, perverso, primitivo, de um planeta dividido em países separados com interesses autocentrados, dedicados a passar a perna em quantos for necessário para garantir poder político e econômico. E pessoas, ou grupos delas, dedicados à mesma coisa – levar vantagem a qualquer preço. E sobretudo, o modelo da *desigualdade social*. O lucro, o poder pessoal, alimentados pelo egoísmo e o orgulho, motores básicos deste modelo condenado de sociedade, *exatamente* o que nos levou à necessidade de ela ser encerrada de forma radical e definitiva.

E agora? Que *princípios* irão nortear a nova estrutura social que nos caberá (insisto, o "nós" é por hipótese) reconstruir?

Poderão ser os da ética cristã/hinduísta/budista/judaica/etc? Já serviria, parece, considerando que até agora, em nenhum momento da trajetória humana, qualquer comunidade conseguiu implementar a essência (abstraia dogmas e rituais) nuclear de todas elas, que é o princípio simples do "amar o próximo como a si mesmo e fazer-lhe tudo o que gostaríamos que nos fizesse". Ponto. Nada mais que isso.

Vamos traduzir para um princípio socialmente abrangente: poderia ser *liberdade, igualdade, fraternidade?* (também distante, até agora, das práticas de nossa sociedade, embora lindamente engastado nas constituições e códigos).

A fraternidade não precisa de comentários, sendo, como é, matéria integrante da prova final a que estamos sendo submetidos (em nível básico, claro, senão o planeta ficaria despovoado). Fica excluído liminarmente o pacote ódio-violência-agressão.[2] (Será transplantado para mundos cavernícolas, junto com os inditosos repetentes).

A liberdade – ah, a liberdade...! Espelho da lei cósmica, o livre-arbítrio sagrado a que os seres humanos têm direito... Como não haverá praticamente, no pessoal da nova Terra, tendências solertes de abuso, códigos simples e concisos delimitarão a interação da liberdade individual e coletiva, do cidadão e do bem-estar da coletividade.

---

[2] Armas de qualquer espécie – pequenas, médias e grandes – e mecanismos agressivos, prisões e similares, forças armadas, nada disso se perpetuará. (Período de transição pode ser necessário, mas sem violência individual ou institucional).

Sim, o COLETIVO – eis para onde se voltarão prioritariamente todas as atitudes, normas e regras sociais. O velho egoísmo multimilenar terá que ser transcendido, e a ninguém será permitido colocar o interesse pessoal acima do bem-estar de seus concidadãos. Se alguém, levado pelo velho hábito, o tentar, será contido (primeiro por olhares escandalizados, imagina-se, encabulando tanto o infeliz que nem terá vontade de repetir), tanto pela pressão social como por leis justas, simples e diretas. Mas acima de tudo, pela *vontade da maioria* – uma maioria que não estará disposta a recomeçar o vale-tudo e não o admitirá sob qualquer rótulo ("Lembra no que deu" etc.).

E enfim, corolário desse princípio do *coletivo*, a joia da coroa – a IGUALDADE. Essa que será o grande diferencial, o substrato dessa construção social nova, que há de finalmente nos tirar da vizinhança da caverna e nos inserir na comunidade dos planetas civilizados, que atualmente nos miram com espanto e piedade, tão primitivas são nossas estruturas sociais. Nada mais distante que elas do ideal de fraternidade gerado pelo cristianismo.

Nossa realidade da velha era

Imagine um ET – qualquer um, de Marte para cima – assistindo a um documentário intitulado "A sociedade do planeta Terra".

Panorâmica de uma grande cidade ocidental: prédios bonitos, parques; bairros de classe alta com lindas casas, gramados e ruas arborizadas, gente bem vestida e crianças sadias e sorridentes; até os cães são lindos. Quando o desavisado ET começava a sorrir, o narrador em *off* avisa: "Essas pessoas, chamadas ricas, constituem um por cento – 1% – da população da Terra".

Enquanto ele se recobra do susto, corta para uma favela do Rio, depois para o Haiti, a Índia e a África central: casebres, gente vestida simplesmente, sujeira, miséria, inanição refletida no olhar, doença, tristeza. O narrador continua: "Quase METADE da população da Terra é de pobres: 3,4 bilhões". E o petrificado ET escuta: "O um por cento – 1% – de ricos do mundo possui o DOBRO da riqueza de TODOS os 6,9 bilhões restantes".

Corta para a mansão de um xeique do petróleo, depois

para a do dono de uma empresa do Vale do Silício, e enfim para as de dois fabricantes de armas, um americano e outro russo: piscinas azuis, flores, seguranças, coleções de arte etc. E a voz informa: "Os 2.153 bilionários do planeta (sim, só esses) detêm mais riqueza que 60% da população da Terra – 4,6 bilhões de seus semelhantes".

O ET é pessoa muito equilibrada, por isso não desmaia quando o narrador informa, enquanto mostra um grupo de bilionários jantando num iate, seguido de um *close* de uma mulher da República do Congo, catando grãos numa plantação ressecada, ao lado de três crianças esquálidas: "A desigualdade é grande também entre homens e mulheres de todas as classes. Os 22 homens mais ricos do mundo possuem A MESMA riqueza que TODAS as mulheres da África – cerca de 650 milhões delas".

Sem contemplação com os sentimentos do ET, a imagem agora é um plano geral sobre uma grande indústria de um país do Terceiro Mundo. Três closes rápidos: primeiro dos operários na linha de montagem; depois do gerente geral, em seu escritório refrigerado; e por fim do presidente (dono) da empresa. Corta para o ônibus lotado onde um dos operários volta para casa depois de uma hora viajando; emenda com o gerente saindo em seu carro também refrigerado; e finaliza com o presidente em seu jatinho, viajando para uma ilha do Pacífico. Nova sequência: a casa aonde chega o operário: comunidade pobre, sem rede de esgoto, sem calçamento, uma escola precária e o jantar escasso com a mulher e filhos; a seguir o bairro bonito onde o gerente busca os filhos numa escola particular e leva para um apartamento de cobertura onde a cozinheira lhes prepara o jantar; por último, o presidente, que não faz nada, janta no ar o menu gourmet de um cozinheiro tailandês. Antes que o estarrecido ET pergunte (em pensamento), em *off* ouve-se um diálogo. Alguém pergunta: "– Por que motivo esse homem vive assim enquanto os outros são tão diferentes? É alguma espécie de punição? Será ele um condenado por crimes graves? - Não, responde o interlocutor. Ele simplesmente não tem meios para outra coisa. Ele trabalha as mesmas oito horas que o gerente, mas ganha exatamente 30 vezes menos. - *TRINTA?* Espanta-se a primeira voz. – Sim, e o que ganha mal dá para se alimentarem, ele e a família. O gerente ganha 30 vezes mais e pode ter quase tudo que deseja. Já o dono da empresa, não precisa mais trabalhar. -*Não???!!* (O ET arregala os olhos. No seu mundo, isso seria impensável e detestável). - Não. Os operários trabalham para ele. Ele coloca seu dinheiro num mecanismo chamado mercado financeiro, que é uma espécie de chocadeira, onde quem tem dinheiro ganha mais dinheiro sem fazer força alguma, e quem tem muito ganha ainda muito mais. Ele já tem mais dinheiro do que poderia gastar em 20 encarnações. – Então por que deseja mais? – Porque o faz se sentir mais poderoso e melhor que os operários e o gerente. – Mas esses operários, serão pessoas com menor intelecto, são menos inteligentes? – Não, de maneira nenhuma, pode ser até o contrário. Apenas não tiveram chance de uma formação. – Então quem sabe o dono e o gerente são pessoas melhores, mais nobres e mais dignas? – Também não. Às vezes é o oposto. – Então por que a sociedade desse planeta permite que seja assim? Os seus instrutores espirituais não lhes ensinaram a justiça?"

Antes de qualquer resposta, corta para a imagem de uma colina baixa, onde grande grupo de pessoas cerca um homem de túnica clara, em cujo olhar, no *close* a seguir, o ET reconhece grande sabedoria e igual amor. Esse homem falava às pessoas, e dizia: "Olhai os lírios do campo, como eles crescem; eles não tecem nem fiam: e eu vos digo que nem mesmo Salomão, em toda sua glória, se vestiu como qualquer deles. Olhai as aves do céu, que não semeiam nem colhem nem ajuntam em celeiros – e vosso Pai Celestial as alimenta. Não andeis pois cuidadosos quanto a vossa vida, pelo que haveis de comer e pelo que haveis de vestir. Não é a vida mais que o alimento, e o corpo mais do que a veste?" E a seguir outro close do mesmo homem sereno, noutro cenário, que encerrava uma fala dizendo: "Tudo o que fizestes ao menor de meus irmãos, a mim o fizestes". E não foi preciso dizer ao ET que esse tinha sido o maior dos Instrutores daquele pequeno planeta azul.

O diagnóstico antes da cura

Deixemos de lado a filosofia discursiva, a psicanálise e a literatura. Vamos nos centrar nos sintomas – começando com os piores. O paciente é o corpo social deste pequeno planeta. O que nos apresenta ele?

Guerras. Seis milhões e meio de mortos nos oito maiores conflitos no mundo, que ainda continuam, alguns desde a década de 1990.[3]

Tortura. Mais de 150 países – ou três quartos do mundo – torturam. De forma sistemática, a tortura é aplicada em mais de 70 países, segundo a Anistia Internacional. Só na guerra da Síria, 88.000 pessoas morreram de torturas nas prisões do estado.

Fome. 820 milhões de pessoas passam fome no mundo. Enquanto isso, há 672 milhões de adultos obesos. Fome e pobreza são sinônimos, e suas raízes se encontram na desigualdade social, e na ganância que alimenta *animais* com os grãos que deveriam alimentar seres humanos.[4]

Drogas. Em decorrência do nosso estado de desumanidade e falta de sentido para a vida, 317 milhões de pessoas, segundo relatório de 2020 da ONU, usaram drogas. Em 2017 registrou-se 585.000 mortes pelo consumo. Nos EUA, o consumo de opioides já tem dimensões de epidemia. Foram 70.237 mortes por overdose em 2017 (imagine hoje).

Suicídio. Cerca de 800.000 pessoas *por ano* cometem suicídio – o que dá uma a cada 40 segundos. Mais de metade tem menos de 45 anos. Na faixa de 15 a 24 anos, é a segunda principal causa de morte. Isso é assustador. Por que nossos jovens não veem sentido para a vida, não se importam em permanecer num mundo como este?

Devastação do planeta. Não é preciso detalhar. Basta olhar ao redor e os noticiários de todo dia. Ganância e incons-

---

[3] Dados disponíveis de 2019: SIRIA: 470.00 mortos, 5,6 milhões de refugiados. Infraestrutura destruída. 88.000 mortos sob tortura nas prisões do estado. AFEGANISTÃO: 147.000 mortes. Atentados frequentes. IÊMEN: 60.900 mortes. Pior crise humanitária do mundo: 8,4 milhões de pessoas vivendo sob fome extrema – 80% da população. IRAQUE: 180.000 mortes. ISRAEL-PALESTINA: 8.000 mortes. Conflitos frequentes. Não há sinal de paz. NIGÉRIA: 57.900 mortos. SOMÁLIA: 450.000 mortos. Crise humanitária: 800.000 pessoas passam fome. REP. DEMOCRÁTICA DO CONGO: 5,4 milhões de mortos. 450.000 refugiados. De janeiro a junho de 2020, 91 crianças foram chacinadas e 27 mutiladas (considerado crime contra a humanidade).

[4] 75% de toda a terra agricultável do planeta é usada para produzir alimento para o gado ou ocupada por ele. Um terço de todos os grãos do mundo vira ração animal. Nos EUA, 80% dos grãos produzidos vira ração; no Brasil, 44%. Sem isso poderia não haver mais fome alguma no mundo.

ciência fazem um coquetel mortífero – para nós.[5] Só a poluição do petróleo e derivados, o que causa, quando podíamos estar usando totalmente energias limpas – e *grátis* (aí, e só aí, reside a questão).

Desigualdade de renda. Em 2014, já era assim:

> A desigualdade mundial contrasta países cuja renda média por habitante é da ordem de 150-250 euros por mês (África Subsaariana e Índia) com países onde a renda média por habitante alcança um patamar entre 2.500-3.000 euros por mês (Europa Ocidental, América do Norte, Japão) – ou seja, onde as pessoas ganham vinte vezes mais.[6]

É claro que a América Latina está no primeiro grupo...

Traduzindo: os que não são mortos por guerras e atentados, ou são pobres e passam fome e são infelizes, ou são não-pobres e tão infelizes, que precisam drogar-se para suportar a vida, ou simplesmente a abandonam. (Ou, também, chafurdam em comida ou consumo desenfreados como alternativa).

Na raiz de tudo, a doença básica pode se resumir em duas palavras: *desumanidade e desigualdade.* Ou seja: esta humanidade está infectada por algo muito pior que o coronavírus: o bacilo do egoísmo (Nenhuma novidade). Talvez o impacto de ser confrontada com a perspectiva da destruição seja o único choque capaz de ativar as defesas espirituais chamadas solidariedade e igualdade.

Os que conseguirem permanecer e reencarnar no planeta depois disso, terão pela frente a árdua tarefa de reconstruir uma sociedade em *novas bases*. Para tanto, só há uma vacina possível para defender o corpo social de nova infecção pelo espectro patogênico da Velha Era: buscar formas de viver, modelos de comunidades, que sejam *igualitários e fraternos*, não permitindo que os germes do orgulho e do egoísmo milenares se insinuem novamente. Será preciso forçosamente instaurar um novo modelo de sociedade. O que temos já comprovou ser

---

[5] Pense só nos pesticidas das lavouras. Um cidadão que colocasse veneno de ação lenta na comida de um vizinho seria condenado por homicídio. Um cidadão que coloca veneno de ação lenta na comida de milhares – é o quê? E os que aprovam leis autorizando isso, o que são? (E os que aceitam e comem tais coisas e as dão a seus filhos – são o quê?)

[6] PIKETTY, Thomas. *O capital no século XXI*. RJ, Intrínseca, 2014.

doente, causa de infelicidade e insustentável (Alguma dúvida quanto a isso?).

Que modelo deverá ser esse? Acaso existe algum precedente que o recomende como possível para a raça humana? Algum rascunho, ainda que precário, em que possamos nos inspirar para reescrever nossa história tão imperfeita?

Bases éticas não nos faltam, no ensinamento de todos os grandes Mestres da humanidade. Mas há registro de que em algum momento grupos de humanos deste planeta possam ter tentado estabelecer algo melhor, algo concretamente parecido com uma sociedade ideal?

A resposta, por estranho que pareça, é *sim*.

Será muito útil examinar de perto essas tentativas, porque foram concretizadas por humanos como nós, feitos da mesma massa imperfeita, contudo já capazes de sentir um pouco além de si mesmos, de pensar no coletivo, de renunciar voluntariamente ao modelo egocêntrico pelo comunitarismo – movidos por algum ideal que, não importa o nome, no fundo resultava idêntico em todos os casos: IGUALDADE E FRATERNIDADE. Quando elas existem, a liberdade é inevitável.

Não será preciso devassar a Antiguidade (onde há exemplos). Fiquemos só com a Era Cristã, que nos toca mais diretamente.

Capítulo 2

Primórdios

A comunidade cristã dos apóstolos

Vejamos como funcionava a comunidade dos primeiros cristãos, que depois do Calvário se agruparam em Jerusalém, liderados por Pedro, e ainda tocados de perto pela aura de Jesus e inspirados por seus ensinos:

> E todos os que criam estavam juntos, e tinham tudo em comum.
> E vendiam suas propriedades e fazendas, e repartiam com todos, segundo cada um havia de mister.
> E perseverando unânimes todos os dias no templo, e partindo o pão em casa, comiam juntos com alegria e singeleza de coração.
>
> Atos II – 44-46

> E era um só o coração e a alma da multidão dos que criam e ninguém dizia que coisa alguma do que possuía era sua própria. Mas todas as coisas lhes eram comuns.
> Não havia pois entre eles necessitado algum; porque todos os que possuíam herdades ou casas, vendendo-as, traziam o preço do que fora vendido, e o depositavam aos pés dos apóstolos.
> *E repartia-se por cada um, segundo a necessidade que cada um tinha.*[7] (grifamos)

[7] É engraçado que quase dois mil anos depois, diversos sonhadores, pensando numa sociedade ideal, tenham preconizado: *De cada qual, segundo sua capacidade; a cada qual, segundo suas necessidades.* Fórmula antiga, não?

Então José, cognominado pelos apóstolos Barnabé, levita, natural de Chipre,
Possuindo uma herdade, vendeu-a, e trouxe o preço, e o depositou aos pés dos apóstolos.
Atos dos Apóstolos, IV-32-34 a 37

Tal foi o poderoso influxo da presença do Mestre, que seus seguidores imediatos parece que foram inspirados a viver desde então nos moldes do que a *fraternidade real*, pedra angular da doutrina do Nazareno, lhes demandava. O egoísmo e o sentido de posse peculiares ao ser humano foram por algum tempo suplantados pela magia que sua doutrina e presença haviam infundido. Sua doutrina de um Pai comum e da irmandade profunda de todos os homens levaram – temporariamente – a um modelo de comunidade verdadeiramente *cristã*. E que permaneceu, por séculos, como uma referência para cristãos de todas as épocas.

Seria útil ressaltar três palavras que sintetizam o espírito dessa comunidade apostolar: "Juntos", "alegria" e "singeleza". Não parece o antônimo perfeito da nossa sociedade? "Individualismo, tristeza e supérfluos" é a nossa marca registrada.

Devíamos ter em mente que esse foi o modelo ideal, o exemplo acabado de sociedade que o Mestre inspirou diretamente. *Todos contribuindo segundo a sua possibilidade, e recebendo de acordo com sua necessidade. E nada de propriedade privada.*

Mas há outro exemplo, contemporâneo ao Mestre e relacionado a Ele.

Os essênios

Os essênios foram um grupo de espíritos que programaram reencarnar na Palestina especificamente para dar suporte à missão de Jesus. Haja vista que apareceram no cenário terrestre por volta de 150 anos antes de Sua vinda, e desaparecem logo depois, ali pelo ano 68. Eram judeus, mas constituíram pequenas comunidades *sui generis*, que foram objeto de admiração dos contemporâneos e de alguns autores da época.

A base delas eram a igualdade e a fraternidade absolutas, com total comunhão de bens. Não possuíam propriedade privada, e tudo era utilizado em comum. Viviam do produto da terra, que cultivavam juntos; eram pequenos artesãos; não se dedicavam ao comércio nem habitavam as cidades, e os líderes de cada comunidade eram os mais velhos. Eram vegetarianos, e conhecidos como terapeutas ou curadores; curavam pela imposição das mãos e ervas medicinais. Crença fundamental deles era a espera do Messias, anunciada pelos profetas de Israel, que sabiam estar próxima. Os essênios do Círculo Interno eram grandes iniciados, e os conhecimentos que pautavam a comunidade eram baseados no conhecimento das Leis Eternas, como a evolução, a sobrevivência do espírito e a reencarnação.

Jesus teve estreita convivência com os essênios. Eram dos poucos que tinham condições de avaliar a sua estatura angélica e a natureza de sua missão.

Os cristãos primitivos[8]

Nos primeiros séculos do cristianismo, vê-se que permanecia a crença de que o ideal de vida e sociedade compatível com o cristianismo e por ele inspirado era o dessa comunhão de bens, um coletivismo natural que rechaçava como egoísta, imoral e antifraterna a posse individual de riqueza, bens e produtos, em detrimento da comunidade de seus irmãos. Esse ideal fortemente ancorado na moral cristã nos faz concluir que o ensino do Mestre foi o inspirador direto do modelo, aceito – como o ideal – pelos maiores vultos do cristianismo nascente.

Inspirados nos Atos dos Apóstolos, e na vida da comunidade cristã primeva de Jerusalém, os mais nobres espíritos do cristianismo, aí inclusos os primeiros padres e bispos da Igreja, preconizavam uma vida calcada no espírito de comunidade. É fácil constatar isso nos seus escritos. (Tenhamos em mente que à época, eles representavam praticamente tudo o que se poderia conhecer como cristãos.)

Barnabé (um dos primeiros discípulos mencionados nos Atos) ordenou aos cristãos: "Deverás repartir tudo, em tudo e

[8] Cristianismo primitivo é uma etapa da história do cristianismo de aproximadamente três séculos (I, II, III e parte do IV), que se inicia após a Ressurreição de Jesus (33 d.C.) e termina em 325 com o Primeiro Concílio de Niceia.

por tudo com o teu próximo, e não falar em propriedade. Porque, se do ponto de vista dos bens espirituais já consideras o próximo como teu irmão, com muito mais razão deves assim considerá-lo em tudo o que se refere a bens materiais transitórios". Ele possuía terras em Chipre, que vendeu e doou o produto aos apóstolos.

São Cipriano de Cartago (bispo do Cartago, no Norte da África entre 249 e 258.): "Desfrutamos em comum todas as dádivas divinas. Ninguém está excluído de seus benefícios. Todos os homens podem usufruir igualmente os bens e a benevolência de Deus...Todo aquele que divide seus lucros com os irmãos segue o exemplo de Deus".

Tertuliano (erudito autor cristão): "Nós, cristãos, somos irmãos em tudo que se refere a propriedade, que entre vós produz tantos conflitos. Unidos pelo coração e pelas almas, consideramos todas as coisas uma propriedade comum, de todos".

Basílio de Cesareia (330-379, também chamado São Basílio Magno, foi bispo de Cesareia, na Capadócia – Turquia) pregava a comunidade de bens: "Nós, que somos seres providos de razão, poderemos mostrar-nos mais cruéis que os animais? Estes consomem em comum os produtos da terra. Os rebanhos de carneiros pastam no mesmo lugar da montanha e os cavalos no mesmo prado. Mas nós, nós nos apropriamos de bens que devem pertencer a todos e queremos possuir sozinhos o que pertence à comunidade".

Clemente de Alexandria (teólogo e escritor, santo na Igreja Ortodoxa), escreve: "Deus nos deu a possibilidade de usufruir livremente dos bens da Terra, mas apenas na medida das nossas necessidades, e ordenou ainda que usufruamos tudo em comum".

São João Crisóstomo (arcebispo de Constantinopla, doutor da Igreja) declara taxativamente: "Ninguém pode enriquecer honestamente. Mas, poderão me objetar, se um homem herdar riquezas de seu pai? Pois bem, ele herdará riquezas adquiridas desonestamente".

(Isso não significa que foram adquiridas com fraudes ou roubos, mas simplesmente que, para um homem enriquecer, é fatal que outros tenham trabalhado para ele – sem deixarem de ser pobres e de perpetuar com isso a desigualdade).

Santo Ambrósio (arcebispo de Milão no século IV, um dos doutores originais da Igreja) considerava a propriedade privada como pecaminosa, e afirmava: "A Natureza dá tudo em comum a todos. Deus criou os bens da Terra para os homens gozarem-nos em comum, para que sejam propriedade comum a todos. Portanto, foi a natureza que criou o comunismo (modelo de vida em comum). A violência é que estabeleceu a propriedade privada."

Seu discípulo, Santo Agostinho, concorda: "A propriedade privada origina dissenções, guerras, insurreições, carnificinas, pecados graves e veniais. Nós possuímos grande número de coisas supérfluas. Contentemo-nos com o que Deus nos deu e tomemos só aquilo de que necessitamos para viver. Porque o necessário é obra de Deus, mas o supérfluo é obra da cobiça humana. O supérfluo dos ricos é a necessidade dos pobres". (Palavras de absoluta atualidade, em nossa sociedade escrava do supérfluo e do consumismo desenfreado).

O que fica evidente aqui é que a mensagem espiritual do Nazareno estabeleceu, como um corolário natural, um novo MODELO de vida. Se "nos amamos uns aos outros", sendo todos filhos do mesmo Deus, fica inconcebível que haja desigualdade entre os adeptos de Sua doutrina, enquanto no mundo transitório da matéria. Isso pareceu, aos primeiros cristãos e aos cristãos primitivos, um imperativo, e o desvio dessa prática parecia condenável. O óbvio.

Se mudamos nossos valores espirituais, os materiais devem refletir isso. Caso contrário...

Cedo, porém, esses ideais de vida em comum, frugalidade, igualdade e posse comunitária da terra e dos bens produzidos, foram se desgastando dentro da comunidade cristã. A cobiça, o orgulho e o egoísmo inerentes à natureza humana involuída cedo pesaram mais que o "olhai os lírios do campo" do Messias. A Igreja, depois de oficializada como religião do império romano, foi presa da inferioridade dos homens e transformou-se numa instituição poderosa, rica, dominante tanto das consciências como da política dos Estados. Os papas coroavam os reis e instituíam dogmas, decidiam quais crenças e atitudes eram permitidas aos cristãos, e mantinham com mão de ferro e com uma hierarquia eclesiástica implacável a autoridade inquestionada de Roma.

Já em 756 se estabeleceram os chamados Estados Pontifícios, que incluíam toda a região central da Itália, e duraram 11 séculos (até 1870), com o papa como mandatário – além de bispo de Roma. O *mundo de césar* já havia suplantado em muito o de Deus. Um exército próprio (esquecido já o "não matarás"), a opulência crescente e o beneplácito aos reis, aristocratas e senhores de terras, sem qualquer preocupação com a desigualdade ou o espírito cristão original, tornaram-se a política da Santa Sé. Os papas eram chefes de estado e legisladores do Ocidente em matéria de fé, modelo social e força de repressão das consciências – a anos-luz de distância daqueles palestinos de sandálias que tudo possuíam em comum, sobretudo as luzes do Evangelho.

E a massa ignara, sem acesso sequer aos textos evangélicos[9] e muito menos a uma visão mais verdadeira da doutrina cristã, aceitou o *status quo* e mergulhou nele pelos próximos mil anos – os privilegiados, lampeiros e sem remorsos, e os miseráveis, de cabeça baixa e esperando ser libertados no paraíso.

---

[9] Aí incluídos até mesmo reis, que costumavam ser analfabetos, durante séculos. Sem falar que os evangelhos eram escritos em grego.

Capítulo 3
Mensagem: Os sonhadores da igualdade

O que para vós hoje é História, foi em inúmeros momentos luta, dor e sangue. Mesmo aquelas lutas que aparentemente não tiveram êxito e não colheram avanços na direção do grande ideal, trouxeram algo: deixaram, no organismo coletivo, tanto na consciência dos homens como na esfera invisível do pensamento, onde as energias jamais se extinguem, mas se somam por semelhança e afinidade, um conteúdo poderoso, uma base vibratória que foi se somando e fortalecendo a poderosa ideia da igualdade. Nessa perspectiva, nada foi perdido, nada foi inútil. Cada ideia, cada palavra, cada ação heroica e sincera, cada gemido de dor e cada gota de sangue, cada masmorra, fogueira e cadafalso, cada exemplo de generosidade em prol do "nós" versus o "eu", cada rosto que enfrentou o martírio com a serenidade dos que têm a justiça por manto – tudo isso significou uma construção gradual que, na esteira dos séculos humanos, foi sendo tecida, ainda que em inúmeros momentos com lágrimas e gemidos de seus mártires e heróis.

E se depois as tenazes da tortura e as chamas da fogueira foram substituídas pelo pelourinho moral, as flechas da incompreensão e as masmorras morais da condenação sem exame, se até o presente a sublime ideia da *igualdade* não encontrou abrigo no coração dos homens, não foi por falta de sonhadores conscientes do grande sonho que o Galileu humilde e manso veio trazer como ninguém antes.

Esse ideal volita sobre o pensamento da humanidade como alada visão e, século após século, busca em vão um pouso definitivo nas concepções humanas, e um assento nos plenários onde se decide os destinos dos Estados e a trajetória da raça humana. Enxotada dos códigos e das cartas magnas pela pequenez da alma humana que ainda se encolhe na cela estreita e fria do egoísmo, não permitindo que essa visão luminosa venha assentar-se junto dos legisladores e soprar-lhes aos ouvidos o recado que traz do infinito, do próprio coração do Cosmo: foi com a essência da igualdade que o Divino Artífice modelou Sua Criação, já que todos, do átomo ao arcanjo, estão inseridos no mesmo código moral e na mesma programação indesviável que os há de conduzir, sem exceção, dos abismos da inconsciência e da obscuridade da caverna, para a plenitude da Consciência Cósmica.

Se o próprio Criador não estabelece diferenças, se faz com que "o Seu Sol se levante sobre maus e bons, e a chuva desça sobre justos e injustos", como lembrou o Nazareno, por que não podemos ter no próximo um igual, para que "sejamos filhos do Pai que está no Céu"? Que sombria distorção do sentimento nos permite repousar a cabeça, à noite, sabendo que um único irmão nosso permanece faminto, com frio e sem abrigo? Que sinceridade tem a prece em que rogamos que "venha a nós o reino de Deus", se nos contentamos satisfeitos em viver no mundo de mamom,[10] reforçando despreocupados, com nossas práticas quotidianas e nossas atitudes enquanto cidadãos, a desigualdade em torno de nós?

Não, esse reino nunca há de cair do céu trazido por "outros"; ele não é responsabilidade dos que detêm – ainda – os poderes do mundo. Ele terá que ser construído, passo a passo, pelos sobreviventes da grande maré de sofrimentos que se avizinha para lavar da face do planeta a indignidade de tantas eras, os gemidos dos milhões que vêm atravessando os séculos como os párias da indiferença coletiva. Enquanto eles existirem, não imagineis que jamais este planeta de expiações poderá ver a aurora da Nova Era que andais sonhando.

É ilusão do egoísmo acreditar que podereis atingir essa nova condição evolutiva e merecer a acolhida do Alto, chegando ao topo da colina do Mundo Novo, deixando esquecidos na planície os que tombam diariamente ao vosso lado, indefesos,

[10] Mamom é palavra oriunda do hebraico, onde significa literalmente "dinheiro". "Não podeis servir a Deus e a mamom", disse o Nazareno.

vítimas do coração frio e da mente cerrada dos venturosos da mundo, entre os quais, dolorosamente, se situa grande número dos que se adornam com as luzes do cristianismo e às vezes, mais grave ainda, do espiritismo e do espiritualismo.

Meditai, enquanto é tempo, nas palavras eternas do Nazareno que vos advertiu:

> E o Filho do Homem apartará uns dos outros, como o pastor aparta dos bodes as ovelhas;
> E porá as ovelhas à sua direita, mas os bodes à esquerda.
> Então dirá também aos que estiverem à sua esquerda: Apartai-vos de mim... porque tive fome, e não me destes de comer; tive sede, e não me destes de beber; sendo estrangeiro, não me recolhestes; estando nu, não me vestistes; e enfermo, e na prisão, não me visitastes.
> Então eles também lhe responderão, dizendo: Senhor, quando te vimos com fome ou com sede, ou estrangeiro, ou nu, ou enfermo, ou na prisão, e não te servimos?
> Então lhes responderá, dizendo: Em verdade vos digo que quando a um destes pequeninos o não fizestes, não o fizestes a mim.
>
> Mateus (25,31-46)

Ramatís

Capítulo 4

Idade de trevas e pontos de luz

> Em nome do Cristo, espalharam-se, nestes vinte séculos, todas as discórdias e todas as amarguras do mundo.
>
> Emmanuel

A Idade Média foi um período de dominação da Igreja Romana, sim – mas o espírito do verdadeiro cristianismo não estava morto, apenas sufocado pelo poder eclesiástico, que tinha se transformado em temporal e opressivo. Além disso, o poder dos senhores feudais era absoluto. Só havia três classes sociais: o clero, a nobreza e os servos. Ao final da Idade Média, começaram a criar-se os burgos e neles pequenos artesãos e comerciantes.

Por toda parte, na Europa ocidental e central, grupos de pessoas, conduzidos por diversos líderes, começaram a se insurgir contra a degeneração que a ideia cristã sofrera nas mãos de homens, questionando os dogmas forjados pela Igreja, a opulência de seus ministros, as práticas escusas e a conivência com os poderes temporais para manter a pungente desigualdade entre uma maioria de camponeses miseráveis, destituídos de qualquer direito e servos dos donos das terras,[11] e uma minoria constituída por reis, príncipes, e uma aristocracia de senhores feudais para os quais trabalhava a massa sem esperança.

Esses grupos, diferenciados por alguns detalhes, tinham em comum o desejo de retorno a um modelo inspirado nos pri-

[11] Além de trabalhar de graça para o senhor durante vários dias da semana, o camponês tinha que pagar vários tributos a ele, ao rei e à Igreja. Além disso, pagavam taxas para utilizar o moinho, o forno, o celeiro, etc., que pertenciam ao senhor. Os servos não podiam abandonar as terras de seu senhor sem permissão

meiros cristãos: uma vida comunal, sem propriedade privada, com os bens igualitariamente divididos, baseada na virtude e na vivência evangélica; questionavam os dogmas e sacramentos da Igreja, rejeitavam sua opulência, pregavam a pobreza para os bispos e padres, repudiavam a desigualdade entre aqueles que *Deus criara iguais,* conforme Jesus ensinara.

Muitos desses grupos, por vezes numerosos e ramificados por vários países, lograram estabelecer comunidades baseadas nesses princípios, com existências de duração variada. Em geral eram pacifistas, repudiavam a violência, a guerra, a matança de qualquer tipo, alguns mesmo a de animais.

Obviamente, essas contestações teológico-sociais foram duramente atacadas pela Igreja, que qualificou a todas as ideias divergentes das suas de *heresias*, e não hesitou em empregar a violência máxima contra seus seguidores. Perseguição, tortura e morte escreveram páginas infamantes da história medieval, contra esses que ousaram sonhar com os ideais do Cristo em meio a um mundo de césar.

Pela religião e pelo pão – as rebeliões medievais

Para entender os movimentos sumariamente denominados de "heréticos" que brotaram por toda a Europa na época medieval, sobretudo ao final e ao início da Idade Moderna, é forçoso lembrarmos que no mundo medievo a situação social era profundamente entremeada pela dominação religiosa. A presença da Igreja era tão absoluta, permeava de tal forma o quotidiano, os costumes, o direito, a ciência, a cultura, a política – que era o próprio pilar da sociedade. Isso porque não havia separação entre Estado e Igreja – eram mais que geminados, eram imbricados.

O poder religioso servia de sustentação do poder dos soberanos e nobres, uma vez que declarava o *direito divino* dos reis e pregava a obediência das massas de camponeses e artesãos a seus senhores como sendo a vontade de Deus – senhores entre os quais se incluíam, é claro, os próprios clérigos, que eram tão proprietários de terras quanto os senhores feudais. O papa era quem sagrava/coroava os reis – e imagine o que isso significava (como sabia Napoleão, que protagonizou aquela cena de malcriação célebre, como quem diz: "Coroam até por aí; mas não exagerem".[12]

A Igreja possuía um braço armado, e seus exércitos não atuaram somente em Cruzadas contra os *infiéis (também contra os fieis!)*. A sanção social da excomunhão era temível, porque proibia as comunidades de terem qualquer relação com os excomungados. Seus temíveis tribunais não hesitavam em condenar e executar a quem o clero entendesse incômodo ou perigoso, mediante torturas variadas, com destaque para as fogueiras – espetáculo preferido pela ostensiva exibição de poder intimidante e o acontecimento que oferecia às massas, numa época quase sem espetáculos visuais. Em suma, a Igreja detinha um poder de vida e morte, literalmente; era o pano de fundo da sociedade medieval.

Daí porque as divergências e revoltas das classes oprimidas – camponeses, basicamente, e pequenos artesãos dos burgos nascentes – contra sua situação de miserabilidade, exploração, desigualdade profunda e desesperançada, se confundia com frequência com as divergências religiosas, contra o poder clerical que também detinha o poder temporal, aliado dos senhores feudais e dos reis. O poder religioso era a base do poder econômico.

Pretender um outro modelo de comunidade, outra forma de religiosidade, leia-se de cristianismo, era o cúmulo da ousadia, era enfrentar os representantes do próprio Deus na Terra – daí serem rotulados sumariamente de *heresias*, isto é, ideias subversivas *da fé*. Assim era mais fácil combatê-las: os hereges não eram reformistas que pretendiam um mundo melhor, baseado na doutrina pura do Cristo, na paz e na igualdade entre os homens, na dignidade do trabalho, sem exploradores nem explorados: eram perigosos subversores da FÉ, portanto inspirados pelo Mal. Fogueira neles. (Ou fio de espada, se fossem muito numerosos e ousassem defender-se).

Interessante notar que em nenhum dos casos das ditas heresias ou rebeliões de camponeses se propunha uma revolta contra a *fé cristã* em si. Nenhuma proposta de instaurar comunidades ateias, maometanas, budistas ou hinduístas ou

[12] Consta que ele estava para ser coroado pelo papa como imperador da França (num desmentido formal aos ideais da Revolução Francesa) quando, impaciente com o discurso papal, tomou da coroa e a colocou na própria cabeça. Mas isso foi no século XIX!

o que fosse. Ao contrário; a proposta, sempre, era de comunidades voltadas para o modelo do **cristianismo original** – fraterno, *igualitário*, despido dos penduricalhos rituais e dos exclusivismos clericais, com a partilha dos bens, da terra e do fruto do trabalho de todos, calcado na simplicidade. (E isso incomodava, como ainda incomoda, aos detentores dos privilégios. Daí serem estigmatizados, como ainda são hoje seus similares, como perigosos e "do Mal").

Vamos recordar alguns mais significativos para nosso propósito.

Cátaros: Rencarnacionistas e Igualitários

> Estudar, divulgar e praticar o cristianismo é a palavra de ordem, com o propósito de edificar uma sociedade justa e solidária.[13]

Era o inicio do século XII. A Igreja de Cristo tinha se transformado em algo que lembrava tudo, menos o Cristo. Da doutrina pura do Nazareno, haviam erigido uma instituição poderosa e rica; junto da nobreza secular, imperava a de batina. O povo, entre a submissão a ambas, o povo simples que o Galileu tanto amava, era uma presa inerme, sustentando as duas. Para a nobreza, os servos trabalhavam, explorados e sem direitos; a Igreja vivia da submissão dos fieis e dos seus dízimos, enquanto lhes impunha uma teia de dogmas, sacramentos e crenças que recobriam, como uma erva daninha, a semente da mensagem cristã, para atender às conveniências de um sacerdócio elitista, parasitário, que não hesitava em esquecer a moral cristã quando lhe convinha. A opulência da Igreja e seus ministros se opunha à simplicidade apostólica, e o ensinamento singelo do Nazareno era sufocado pelo aparato ritualístico das missas e sacramentos em latim, o que para o povo nada dizia. Iletrados, tampouco tinham acesso aos textos evangélicos, aliás escassos e caros em sua versão manuscrita. Um homem do povo não teria acesso jamais à carreira eclesiástica (que era, aliás, isso – uma carreira, otimamente remunerada); e as mulheres nem existiam nesse universo.

Tal era o contexto em que começou a surgir, primeiro na

[13] DABUS, Mônica. *França, um romance no tempo dos cátaros*. Bauru-SP, CEAC, 2014.

Europa Central e depois ramificando-se para o sul da França, na região do Languedoc, um movimento que visava a um retorno ao cristianismo mais puro – os cátaros (do grego katharos=puro), rejeitando o aparato clerical, os dogmas e sacramentos da Igreja Romana, o seu modelo de classe sacerdotal e exclusivista, e a desigualdade social que sancionava e da qual tirava proveito, em sua parceria com os poderosos da Terra.

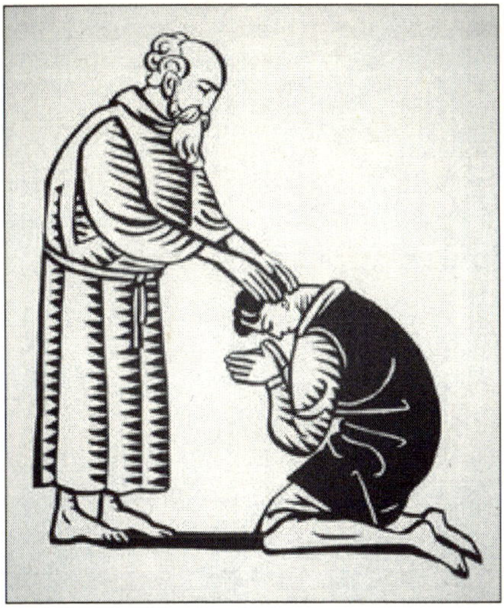

O *consolamentum*

Foram homens e mulheres singulares. Que espíritos seriam esses cátaros, que floresceram em terras do Midi francês por pouco tempo, e se deixaram imolar por um ideal de pureza, simplicidade, fraternidade e igualdade, como os primeiros cristãos? Seriam acaso aqueles próprios, retornando à vida física e ansiando por reviver as crenças originais da mensagem cristã?

O fato é que delas mantinham, entre outras, a crença na reencarnação, que era um ensinamento básico. Não tinham sacramentos nem rituais, exceto o da imposição de mãos – o chamado *consolamentum,* uma bênção ou espécie de passe, que era dado em momentos especiais. Seus pregadores não usavam o latim, mas a língua comum. Eram fundamentalmente igualitários: seus sacerdotes não eram uma casta à parte; os "perfeitos", como eram chamados, eram aqueles que renunciavam ao mundo, numa existência ascética, condição à qual qualquer um – inclusive as mulheres – podia chegar. Os demais seguidores eram chamados de "crentes". Mas uns e outros viviam do seu trabalho, não tinham propriedade privada, e levavam existências de simplicidade e se pautavam pela fraternidade e a pureza de costumes. Eram vegetarianos rigorosos e não ingeriam nada de origem animal – veganos medievais! Consideravam inferior o mundo da matéria, e seu objetivo era servir ao bem, servir os outros e escapar do ciclo de renascimentos para retornar à "casa do Pai".

É claro que a Igreja não os tolerou.

Que perigo, esse cristianismo realmente cristão, confrontando a deturpação institucionalizada da Igreja! Que exemplo subversivo, ameaçando contaminar os espíritos e solapar os alicerces do poder eclesiástico!

Em 1167 quatro paróquias de Languedoc tinham abandonado formalmente o credo católico, abraçando as novas idéias: Toulouse, Carcassone, Albi e Agen.

A Igreja tentou inicialmente persuadi-los, depois reprimi--los (com punições e mortes) e satanizá-los (espalhando calúnias sobre suas crenças e práticas). Não logrando dissolver ou submeter o movimento, o Vaticano montou uma cruzada contra eles – a primeira cruzada contra *cristãos* da História!

A guerra se desenrolou em diversas etapas e durou décadas, com muitos episódios sangrentos, em que tortura e mortes cruéis foram comuns.

No cerco a Béziers, em julho de 1209, sete mil fiéis foram chacinados, entre eles mulheres e crianças. Na vila de Lavaur, a 3 de maio de 1211 o senhor Aymeri de Montréal e oitenta dos seus cavaleiros foram enforcados, a sua irmã Guiraude, grávida, foi lapidada no fundo de um poço e quatrocentos cátaros foram queimados vivos. Em 1244, 200 cátaros foram queimados vivos numa grande fogueira nas redondezas da fortaleza de Montségur. Em Carcassone, onde havia uma população de maioria cátara, o exército francês fez um cerco que cortou a água da cidade. O Visconde de Trencavel, senhor da cidade, negociou uma rendição, a cidade foi ocupada e ele preso (depois morto), sendo com isso esmagado "o sonho de estabelecer a justiça e a igualdade social na região, em revivescência dos postulados do Evangelho".[14] Era 1209.

Em 1326, o último cátaro foi queimado em Carcassone.

Eles se foram, mas deixaram uma pegada singular na areia do tempo. O sonho de uma espiritualidade pura, com os princípios originais do cristianismo... e a igualdade fundamental de todos os homens.[15]

A queima dos cátaros em Montségur.

Palavra de rei volta atrás: A revolta dos camponeses na Inglaterra

Eles cansaram.

Cansaram da servidão, pela qual os camponeses deviam trabalhar para os senhores, únicos proprietários das terras, por pouco mais que o pão de cada dia. Cansaram dos impos-

[14] Monica Dabus, ibidem.
[15] Podemos arriscar dizer que deixaram também, no território invisível da França, uma semente energética dessas crenças, baseadas na lei da reencarnação, que iria juntar-se à dos celtas/gauleses, que também a cultivavam – e deve ter servido de substrato espiritual para o advento do espiritismo.

tos pesados e crescentes que o rei e o parlamento decretavam. Cansaram de ser explorados. Cansaram de ver os padres, supostos representantes do Cristo na Terra, viverem como abastados proprietários de terras e receberem dízimos e subsídios. Cansaram da desigualdade que não lhes oferecia nenhum horizonte, enquanto os reis, nobres e o clero viviam do fruto do trabalho deles.

Estamos na Inglaterra, em 1381, quando a peste negra e a Guerra dos Cem Anos haviam castigado e empobrecido ainda mais a população de servos rurais e pequenos artesãos dos burgos.

A insatisfação com a hegemonia da Igreja Romana havia se alastrado aqui e ali.

John Wycliffe, um padre formado em Oxford, ficara famoso como pregador, contestando os privilégios clericais e as práticas da Igreja, distantes do cristianismo do Cristo. Escrevia e pregava contra a riqueza e a corrupção do papado, queria que a Igreja retornasse à pobreza e simplicidade do cristianismo primitivo, tão distante do poder temporal e a opulência do clero. Denunciava a venda das indulgências, e a vida luxuosa dos padres e bispos sustentados pelo povo. Os cristãos, afirmava, deviam ter livre acesso a Deus, amparados diretamente nas Escrituras, e não mediados pelas ordenações da Igreja. "Não precisamos de um papa: nosso papa é Deus" – afirmava, diante do escândalo de dois papas (um em Avignon, na França, e outro em Roma, disputando o poder da Igreja). Também contestava a confissão, a transubstanciação (ideia de que mediante palavras do sacerdote, o pão e o vinho se transformavam literalmente no corpo e no sangue de Cristo). Aliás, propunha o confisco das propriedades eclesiásticas. Uma das atitudes subversivas de Wycliffe foi a tradução da Bíblia para o inglês, permitindo que os leigos tivessem acesso à mensagem cristã, até então privilégio exclusivo da elite clerical.

O contágio das ideias do eloquente pregador e escritor desencadeou ondas sucessivamente ampliadas de conscientização e revolta, vindo a influenciar os precursores da Reforma e a própria cisão protestante.

Mas *antes disso*, inspiraram um movimento, na própria Inglaterra, tão pouco comentado ao sul do Equador quanto emblemático do espírito de contestação, liberdade e igualdade que começava a vicejar nos espíritos nos últimos tempos medievais – a Baixa Idade Média (séculos XI a XV) – precursores das grandes mudanças que iriam sacudir a Europa no alvorecer da Idade Moderna.

John Wycliffe

Pregadores itinerantes – os lolardos, organizados por Wycliffe – percorriam o interior da Inglaterra, semeando as ideias de libertação dos espíritos e contestando o domínio da Igreja e do sistema feudal de servidão. O mais importante deles foi John Ball, um padre de ideias ousadas, que tanto ousou criticar a Igreja e seus privilégios que acabou sendo preso, apesar da popularidade de que desfrutava – ou por causa dela. Mas a taça da justa revolta estava cheia, e em 1381, estalou a revolta dos camponeses. Rapidamente se espalhou por diversas regiões do país, com apoio dos trabalhadores dos burgos. Uma das primeiras atitudes foi resgatarem John Ball da prisão a que o Arcebispo o condenara. A fala que dirigiu ao povo, nessa ocasião, ficou célebre:

> Quando Adão lavrava e Eva fiava, quem era então fidalgo? Desde o início todos os homens foram naturalmente criados iguais, e nossa sujeição ou servidão resultaram da opressão

injusta de homens maldosos. Pois, se Deus quisesse desde o início que houvesse servos, teria determinado quem devia ser servo e quem devia ser livre. Por isso os exorto a acreditar que chegou o momento, indicado por Deus a nós, em que poderemos (se quisermos) nos livrar do jugo da servidão, e recobrar a liberdade.

John Ball animando os camponeses de Wat Tyler

Liderados por Wat Tyler, Jack Straw, John Bull, John Littlewood e Richard Walligford, a massa humana, que recebia adesões por onde passava, dirigiu-se a Londres. Tomou a cidade, devastou palácios, queimou documentos, executou figurões, e acabou convocando o rei a um encontro – ao qual ele não teve como se esquivar. Os delegados do povo apresentaram-lhe suas reivindicações: liberdade (fim da servidão) e igualdade de direitos para os camponeses, e anistia para todos os atos dos rebeldes durante o movimento. Assustado, o rei adolescente (com seus péssimos conselheiros) concordou com tudo, exigindo apenas que os rebelados retornassem a suas casas, deixando só um pequeno grupo armado na cidade, até a concretização final do ato de libertação.

Os camponeses acreditaram na palavra e no documento firmado pelo rei e voltaram para casa – naturalmente festejando a nova liberdade conquistada. (Note-se que não era grande coisa: só um quebrar dos grilhões da *servidão*, uma versão pouco mais light que a escravidão, mas tão opressiva e cheia de miséria quanto).

O documento firmado pelo rei dizia:

> Eu, abaixo assinado, Ricardo, rei da Inglaterra e da França,[16] e soberano da Irlanda pela graça de Deus, saúdo a todos os meus fieis súditos que tiverem conhecimento deste decreto, e ordeno o seguinte: por iniciativa própria, declaramos livres os servos e outras pessoas independentes. Declaramos que eles ficam libertos de todas as formas de servidão e perdoamos os crimes e delitos que porventura tenham cometido. A todos em geral, e a cada um em particular, prometemos conceder nossa real clemência.

Era 14 de junho de 1381.[17]

Com os camponeses afastados da cidade, o rei e seus conselheiros encarnaram perfeitamente o papel milenar dos poderosos astutos e vis. No dia 17, encontraram-se frente a frente o pequeno grupo armado de camponeses, com Wat Tyler à frente, e uma comitiva real. O líder Wat Tyler pediu ao rei que colocasse em execução o decreto que terminava com a servidão, conforme acordado e assinado - *fair play*, jogo limpo, *gentlemen*, etc.

A resposta foi um golpe desferido por um cavaleiro do rei, que o derrubou da sela, e de imediato Tyler foi cercado e morto.

Apesar disso, o rei ainda conseguiu iludir os camponeses, garantindo-lhes solenemente que manteria a liberdade prometida. Era a supersticiosa confiança na *palavra do rei*, que supostamente "não volta atrás".

Voltou. Covardemente.

---

[16] Era a pretensão dos soberanos ingleses, motivo da Guerra dos Cem Anos.
[17] Durou exatamente 408 anos e um mês a paciência do povo oprimido – até o 14 de julho de 1789, na queda da Bastilha.

Os nobres se aproveitaram da passividade dos camponeses, e todos os seus líderes acabaram presos e enforcados ou decapitados, inclusive John Ball. Todos os que haviam participado da rebelião foram cruelmente castigados. E o rei teve a tranquilidade cara-de-pau de declarar aos camponeses: "Vocês eram servos e servos continuarão. Não nas mesmas condições anteriores, mas em outras piores".

(Se você se revoltou com essa história, saiba que não está sozinho. E que ela é verdadeira ponto por ponto).

Deixe um lugar na galeria dos mártires da Igualdade no planeta para todos eles.

Foram muitos

Depois da Reforma Luterana, o clima para a contestação se expandiu na Europa. Na Alemanha, em meados do século XVI, os camponeses que somavam havia séculos a exploração a que eram submetidos pelos nobres, revoltaram-se.

Nas cidades, também havia insatisfação nas camadas populares.

Em agosto de 1524 teve início a Guerra dos Camponeses. A guerra começou com revoltas separadas, no sudoeste da atual Alemanha e na Alsácia, e se espalhou por outras regiões da Alemanha e da atual Áustria,

Cerca de 300 mil camponeses acabaram se unindo contra as forças da nobreza; porém não dispunham de cavalaria e tinham poucas armas, obtidas nos saques aos castelos, além de foices e machados. Cerca de sessenta castelos foram destruídos pelos revoltosos.

Eles reivindicavam a abolição da servidão, a diminuição dos impostos e liberdade para caçar nas florestas da nobreza. Além de destruírem castelos, os camponeses se apropriavam de alimentos e distribuíram as terras tomadas dos bispados e da nobreza. Nas regiões que conquistavam, aboliam as obrigações feudais.

A certa altura, tornou-se uma liderança dos camponeses uma figura complexa, um teólogo que começou abraçando as ideias de Lutero mas depois se distanciou dele: Thomas Munzer. Ele aderiu aos anabatistas, e passou a criticar violentamente os privilégios da nobreza e do catolicismo. Criticava a propriedade privada e pregava a igualdade entre todos, acreditando que se aproximava uma nova era em que as injustiças sociais desapareceriam. Sua critica à nobreza era radical, dizendo:

> A maior infâmia da terra consiste em que ninguém quer tomar para si a miséria do pobre; os grandes desse mundo agem como querem. Eis, pois, o auge da avareza, do sonho e da pilhagem dos nossos príncipes e senhores: apossam-se de toda criatura, sejam peixes n'água, aves no céu ou plantas na terra; tudo deve ser seu. Em seguida espalham o mandamento de Deus entre os pobres, e dizem: Deus ordenou que não roubeis! Contudo, não acharam uso deste mandamento para si mesmos.

A guerra durou apenas um ano. Seu fim foi uma chacina, em maio de 1525. Em Krankenhausen, onde se tinha recolhido, Munzer foi atacado por um exército da nobreza. Entre oito e dez mil camponeses, sem conhecimento militar, enfrentaram os oponentes, e foram dizimados Cerca de cinco mil camponeses foram mortos, seiscentos feitos prisioneiros, e os demais fugiram para as florestas. O exército dos nobres perdeu seis homens.

Thomas Munzer foi capturado, torturado e decapitado.

Cerca de cem mil camponeses pereceram durante a guerra.

Outra rebelião camponesa – sempre com os mesmos objetivos – foi a Jacquerie, uma revolta tão breve – dois meses – como brutal de parte a parte, dos camponeses do norte da França, em 1358, onde mais de 20.000 deles pereceram.

A história sempre se repetiu, variando apenas cenário e atores: o lobo e o cordeiro.

Capítulo 5

Kardec antes de ser Kardec

Os três grandes vultos

As raízes da Reforma Protestante do século XV surgiram no pensamento europeu do século precedente – XIV. Houve precursores e mártires das ideias que iriam inspirar Lutero. Temos que mencionar três figuras que se destacaram na contestação da hegemonia da Igreja, de seus dogmas e práticas, pregando a volta à essência do cristianismo original, e deixaram o nome engastado na História, capítulo "retorno ao cristianismo primitivo": John Wycliffe, Jerônimo de Praga e Jan Huss – três "j" relacionados por análogos ideais.

Jerônimo de Praga

O teólogo inglês Wycliffe, já mencionado em capítulo anterior, influenciou não apenas os camponeses revoltados de Wat Tyler e John Ball, e posteriormente Lutero e Calvino, mas também os outros dois precursores: Jerônimo de Praga e Jan Huss. Há uma ligação direta entre esses três.

Jeronimo nasceu em Praga, de uma família de posses. Bacharelou-se na Universidade de Praga, foi à Inglaterra e estudou na Universidade de Oxford, onde copiou as obras de John Wycliffe. Viajou a Jerusalém, depois estudou nas Universidade de Paris, Colônia e Heidelberg, em todas obtendo o grau de mestre. Jerônimo começou a pronunciar-se defendendo as ideias de Wycliffe, e acabou excomungado. O mais importante na sua trajetória foi a adesão às teses pregadas por Jan Huss, de quem veio a tornar-se o discípulo mais chegado e melhor amigo. A erudição de Jerônimo e sua eloquência marcaram suas críticas à Igreja. Quando Jan Huss foi convocado a ir ao Concílio de Constança, onde foi preso, acusado e depois queimado, Jerônimo o seguiu e teve a mesma sorte. A sua morte foi a gota d'água final para inflamar a revolta nacionalista da Boêmia contra a opressão da Igreja.

Guardemos esses três nomes, porque eles retornarão, alguns séculos depois, bem próximos e novamente empenhados na mesma luta pela restauração do evangelho e da justiça, para além da circunscrição da Igreja – isso no século XIX. Mas seus laços espirituais permaneceram, como veremos.

Kardec, num capítulo anterior

Kardec precisou de inquebrantável coragem moral para se contrapor à sombra da Igreja que ainda pairava soberana sobre o mundo ocidental, apenas equilibrada pelo protestantismo com suas diversas ramificações. Precisou dessa coragem para, amparado nas vozes do Além, declarar que era necessário voltar às raízes do cristianismo; que dogmas, sacramentos e ordenações eram dispensáveis; que o homem era livre para dirigir-se a Deus e buscar o próprio caminho evolutivo, sem

Jan Huss

necessidade da mediação de sacerdotes; que acima e além de quaisquer práticas ou barganhas com a Divindade, apenas o amor ao próximo, e nada mais, como ensinou o Mestre, é o caminho da libertação do espírito. Tendo apenas a moral do evangelho como catecismo, o Cristo como guia, e a caridade como princípio.

E não era a primeira vez que o fazia.

Quando desceu à Terra no final do século XIV, reencarnando na Boêmia (atual República Tcheca) como Jan Huss,[18] Allan Kardec prefaciava de certo modo a sua futura missão de introdutor de uma nova doutrina, que iria se erguer como contraponto à da Igreja Romana. O que ele realizou naquela existência como padre na cidade de Praga, foi isso: pregar uma nova igreja, baseada no cristianismo puro de seus primórdios, orientada tão só pela doutrina contida nas Escrituras, e não aquela que no correr dos séculos havia se deteriorado.

Jan Huss, oriundo de uma família simples, ordenou-se sacerdote em 1400, e, de professor de teologia da Universidade de Praga, tornou-se mais tarde reitor. Sintonizando com as ideias de John Wycliffe, cujas obras Jerônimo de Praga trouxera da Inglaterra, passou a questionar as práticas e o próprio conceito de Igreja.

Sustentava que a Igreja Universal de Cristo não é a Igreja de Roma, e o papa não é o chefe dessa Igreja Universal: a cabeça dela é o Cristo, não Pedro. A palavra papa não está nas Escrituras, dizia, e a Igreja cristã poderia sustentar-se muito bem sem papas. "Devemos obedecer a Deus em vez de aos homens". O cristianismo do Cristo, não o que os homens fizeram dele.

As Escrituras, pregava, são a autoridade máxima, suficientes como modelo de fé e de conduta. A mediação clerical não é necessária para se chegar a Deus. Portanto, nem o papa ou qualquer sacerdote pode absolver alguém de pecados, só Deus. O poder dado aos apóstolos e seus sucessores foi o de evangelizar, não de perdoar pecados.

[18] O original da mensagem psicografada em 1857 por Ermance Dufaux para Kardec (que jamais a comentou) dando essa informação, encontrava-se na Livraria de Leymarie, em Paris, onde foi copiada pelo pesquisador espírita Canuto de Abreu.

Huss questionou também o modelo da comunhão, em que somente o sacerdote podia usar o vinho, reservando-se aos fieis somente o pão – porque simbolizava o poder eclesiástico, excludente e superior, estabelecendo uma hierarquia intransponível entre os cristãos.

Além disso, ele denunciava a opulência clerical, e pregava uma Igreja pobre, em que os clérigos deviam possuir todas as coisas em comunidade – isso, numa Europa em que a Igreja era proprietária da maioria das terras, e rivalizava em posses e luxo com os reis. Um dos pontos de denúncia de Huss era a venda de indulgências, uma das fontes de lucro do papado.

O próprio rei da Boêmia, Vaclav IV, apoiou as ideias de Huss, e construiu em Praga uma igreja – a Capela de Belém – onde o destemido padre pregava, não em latim, mas na língua pátria (Se você pensar que só no século XX a Igreja por fim se rendeu a isso, vai ver como era revolucionária aquela atitude).

Para complicar a situação, suas ideias de instauração de um mundo de justiça social se contrapunham às condições de miséria e exploração em que se encontravam os camponeses da Boêmia e grande parte da população.

As críticas contra a Igreja e sua posição contra a venda das indulgências o levaram a ser acusado de heresia. Não se retratou, e em 1412, Huss foi excomungado. O papa ordenou a demolição da Capela de Belém, mas o povo da Boêmia não obedeceu.

Acontecia à época a caótica situação conhecida como o Cisma do Ocidente, em que se digladiavam não só dois, mas três papas disputando a tiara.[19] Para tentar resolver a situação foi convocado um Concílio na cidade de Constança, na atual Alemanha, em 1414, onde também seriam julgados alguns casos de heresia. Jan Huss foi convocado a comparecer para julgamento de suas ideias. Preso durante os sete meses que durou seu julgamento, e não tendo logrado convencer os dignitários da Igreja de suas posições, tampouco renunciando a elas, foi condenado como herético.

E no dia 6 de julho de 1415 Jan Huss foi morto na fogueira.

Ele havia dito antes: "Quanto a fugir da verdade, confio

[19] Bizarro, mas verdadeiro. E eles propunham a guerra – sim, literalmente a guerra, espadas e tudo mais, uns contra os outros.

que o Senhor me dará a oportunidade de morrer por ela".

Singular espírito, que foi o inspirador de duas reformas revolucionárias da religião ocidental: a Reforma Protestante (Lutero foi inspirado por suas ideias), e o espiritismo.

Os hussitas

O estandarte e símbolo dos taboritas: o cálice da comunhão

A condenação de Jan Huss e Jerônimo de Praga foi a gota d'água.

À revolta contra a Igreja se adicionava o descontentamento dos boêmios com a elite católica alemã, que buscava dominar o país, enquanto a maior parte da população era tcheca ou eslava.[20]

Após a ignóbil execução de Huss e de seu fiel discípulo Jerônimo, os nobres da Boêmia e da Morávia se revoltaram. Organizaram um congresso, e se declararam contra as decisões do Concilio de Constança, contra a execução de Jan Huss e até mesmo contra a eleição do novo papa, Martinho V.

A resposta do Concílio? Autorizou Sigismundo, rei da Hungria e irmão (sim irmão!) de Vaclav IV a, simplesmente, organizar um exército e invadir a Boemia! (tudo muito cristão

[20] O rei Vaclav (Venceslau) IV tinha tentado se contrapor a essa influência germânica – ele apoiou Jan Huss, nomeando-o reitor da Universidade de Praga, e permitia os cultos em língua tcheca de Huss; assim oportunizou a liberdade de culto no reino.

e fraterno, como se vê).

Mas os indignados cidadãos de Praga não quiseram conversa, e rejeitando a tentativa do rei Vaclav IV de conciliação, invadiram o palácio do Conselho e lançaram pela janela os membros do mesmo. O ato ficou conhecido como a Defenestração de Praga e marcou o início de uma rebelião extremamente importante, social e religiosa, que a História consagrou com o nome de Revolução Hussita.

Hussitas, foi como começaram a ser conhecidos os seguidores das ideias de Jan Huss.

O movimento como um todo se opunha à hegemonia da Igreja, seguia as ideias reformistas de Jan Huss e buscava a independência da Boêmia. Mas logo começaram a se delinear duas alas distintas dentro do movimento: os mais radicais (mais tarde taboritas) e os utraquistas.

Os utraquistas,[21] membros da pequena nobreza e da burguesia urbana, eram moderados, tinham uma visão mais liberal e muitos eram ricos. Diziam-se os verdadeiros seguidores de Jan Huss.

Diante da ameaça externa à Boêmia, todos se uniram e fizeram um acordo em torno do que se chamou *Os Quatro Artigos de Praga*, que determinavam: 1. liberdade para a pregação; 2. comunhão através do pão e vinho para todos; 3. privação das riquezas pelo clero; 4. Castigo público dos pecados capitais, fosse qual fosse o status social.

O rei Sigismund, obviamente, não aceitou esses artigos, e as ações militares contra os hussitas começaram, com o papa enviando forças militares contra eles.

Tabor – um sonho no alto da colina

De início, os seguidores de Jan Huss começaram a fazer prédicas e celebrar serviços religiosos ao ar livre, em diversos lugares. Havia grande aceitação e apoio a essas ideias por toda a Boêmia. Eles reuniam pessoas em pleno campo, nas colinas, e ali os pregadores reformistas oficiavam. Isso durou

[21] Utraquistas – do latim *sub utraque specie*, ou seja, "em ambas as espécies". É a ideia de que a comunhão deve sempre ser administrada a todos os fiéis em "ambas as espécies", ou seja, pão e vinho. Foi tão marcante essa ideia que os hussitas adotaram como seu símbolo o cálice da comunhão.

por alguns anos.

Finalmente, os hussitas, liderados por Jan Zizka, terminaram por se estabelecer numa colina ao lado do rio Lužnicí, a aproximados 80 km. ao sul de Praga e ali iniciaram, em 1420, a criação de uma comunidade *sui generis*, à qual deram o nome de Tabor – o monte da Galileia onde houve a transfiguração de Jesus.

O modelo em que estruturaram a cidade buscava concretizar os ideais do cristianismo primitivo, de igualdade e simplicidade. Não havia propriedade privada, todos trabalhavam para todos, havia uma distribuição equitativa de bens. Era uma forma de realizar os ideais de Jan Huss de uma sociedade justa e com igualdade. Devido ao nome da cidade, eles passaram a ser conhecidos como *taboritas*.

A maioria dos integrantes era de camponeses, fugidos das injustiças sociais e da opressão do feudalismo.

Praticavam um cristianismo simples, rejeitando a pompa e o exclusivismo do clero, os sacramentos (com exceção do batismo e da comunhão, que era dada a todos com pão e vinho), rituais, relíquias, imagens, a veneração dos santos, o jejum, a confissão. Acreditavam que devido à situação de injustiça e degradação da mensagem cristã, a vinda de Cristo não tardaria, instaurando um novo mundo fundado na igualdade e no desaparecimento das classes, com as riquezas divididas por todos.

A igualdade social e econômica era absoluta, e eles se chamavam uns aos outros de irmãos e irmãs. Foi um dos maiores exemplos de sociedade comunal da Era Cristã – ainda que transitória, como era de se esperar num mundo como este.

Era o sonho de uma sociedade igualitária concretizada. Durou 30 anos, apesar da violência desencadeada contra os taboritas pela Igreja e pelo imperador do Sacro Império Romano Germânico, que a essa altura vinha a ser o próprio Sigismundo.

As guerras hussitas

Esse foi um capítulo tão heroico quanto deprimente da saga dos hussitas. O deprimente reside na intolerância abusiva – por um lado, do papado, que negava a quem quer que fosse o direito de exercitar – pasmem, o verdadeiro cristianismo! – e por outro, do poder temporal do Império, secundado pela nobreza, que não admitiria a proposta igualitária, perigosa, do exemplo de uma sociedade sem classes, sem privilegiados, sem opulência nem propriedade privada da terra.

Jan Ziska

Era preciso terminar com aquela experiência perigosa.

E a violência se desencadeou. Nada menos que cinco cruzadas foram enviadas pelos papas para derrotar os taboritas!

Eles tiveram que lutar pela própria vida e de suas famílias. Alimentados por seu ideal e guiados por dois líderes excepcionais, Jan Ziska e Procopio, o Grande, lograram durante 15 anos defender o sonho de Tabor.

Jan Ziska foi um comandante excepcional, um dos mais notáveis de sua época. Ele havia perdido a visão de um olho numa batalha. Formou um exército de camponeses e alguns nobres, com o qual enfrentou as hostes papais, batalha após batalha, sem uma única derrota. Mesmo depois de perder o outro olho acertado por uma flecha, não deixou de liderar. Era um gênio militar nato, estrategista e inventivo. Com o uso de táticas inteligentes, suas forças conseguiram vencer sucessivos exércitos papais numerosos e bem treinados, em duas cruzadas sucessivas. Mas não morreu no campo de batalha: foi vítima da peste negra, e morreu com 64 anos.

Quem assumiu a liderança das tropas taboritas foi Procópio o Grande, também um comandante habilidoso e bravo. O papa Martin IV enviou contra eles, em 1427, uma terceira cruzada, para ser novamente derrotada. Então enviou mais outra, que teve a mesma sorte. Em 1431, o papa Eugênio IV ordenou uma quinta cruzada – e novamente as forças hussitas venceram. O que motivava os taboritas era sua fé num mundo mais justo que acreditavam ter que instaurar.

Entretanto, a cisão interna do movimento hussita foi-lhes fatal. Os utraquistas acabaram aceitando um acordo com a Igreja, e em 1434, passaram a lutar contra os taboritas. E finalmente, em maio de 1434, dez anos após a morte de Jan Zizka, os taboritas foram vencidos na batalha de Lipany, em que pereceu Procópio o Grande.

Os utraquistas entraram num acordo com Roma, que aceitou durante certo tempo a existência das duas práticas cristãs. Mas em 1458, sob o papa Pio II, o acordo foi desfeito, e o catolicismo romano passou a ser a única religião aceita oficialmente na Boêmia.

Apesar de tudo, os taboritas continuaram a resistir até uma batalha final em 1452, em que Tabor foi capturada.

Restaram[22] a lembrança de seu ideal e a bravura de sua luta – uma luta que não desejavam. O seu sonho era apenas um mundo melhor e uma igreja melhor, que não lhes permitiram manter.

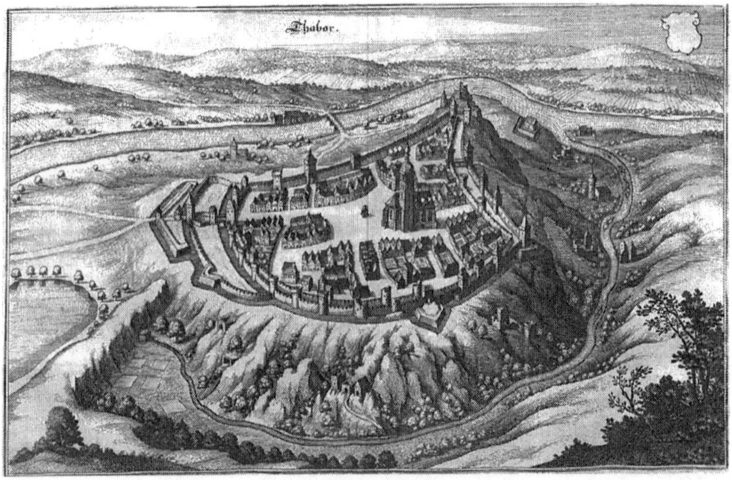

A cidade de Tabor nos anos 1600

[22] Restou deles também um canto intitulado "Vós que sois os combatentes de Deus", cuja melodia foi imortalizada, no século XIX, pelo compositor tcheco Smetana, que fez dela o tema do poema sinfônico "Tabor", incluído em seu célebre ciclo *Minha Pátria*. Um belo vídeo com a execução dele, tendo por cenário a moderna Tabor, pode ser visto em: https://www.youtube.com/watch?v=YsC5KSjlJL4

Capítulo 6

Comunidades cristãs comunalistas: Huterittas

Por incrível que pareça, há um exemplo de comunidades cristãs pautadas pelo comunalismo/comunismo (embora eles talvez desmaiassem ouvindo este termo, que afinal só significa "vida em comum"), cristianismo e uma vida simples e igualitária, que se perpetuou, embora com muitos altos e baixos, desde o século XVI até os nossos dias. Merece ser olhado de perto.

A história começa em Zurich, pouco depois da virada luterana.

O que aconteceu naquele dia de verão de 1525, na casa de um jovem chamado Felix, iria mudar a vida de milhares de pessoas. Felix e mais dois amigos, Conrad e George, que eram seguidores de Zwinglio (líder protestante suíço), começaram a analisar a Bíblia e chegaram à conclusão de que, se era para tomá-la por único guia de crença (espinha dorsal do protestantismo), ali não existia essa história de batizar crianças recém-nascidas, então o batismo só devia ser recebido por adultos, que optassem de forma clara pelo cristianismo. Muito lógico. Diversas pessoas começaram a aderir à ideia, e começaram a se reunir na casa de Felix para cultos inspirados no modelo dos primeiros cristãos. E num belo dia, 21 de janeiro de 1525, depois de rezarem juntos, eles se batizaram uns aos outros.

Pronto. Estava lançada a semente do que veio a ser o movimento *anabatista* ("batizar novamente"). Eles insistiram também na separação da igreja do Estado – e com isso tornaram-se o que se chamou de adeptos da Reforma Radical.

É claro que foram radicalmente condenados tanto pela

Igreja como pelas autoridades, e violentamente reprimidos.[23] Para resumir, Felix Manz e George Blaurock acabaram executados, respectivamente por afogamento e na fogueira. Mas a semente estava plantada. O anabatismo, apesar de seus muitos mártires, começou a se irradiar, primeiro pela Suiça e a Alemanha, depois a outros países. Não foi um movimento único; teve diversos ramos, que ficaram conhecidos pelo nome de seus líderes.

Foram movimentos ao mesmo tempo religiosos e sociais: refletiam a inconformação das vítimas daquela sociedade desigual. Ao mesmo tempo que rejeitavam as invenções eclesiásticas como o batismo infantil, o culto dos santos, o celibato clerical, as indulgências, etc, pregavam o retorno à pureza do cristianismo primitivo, a um modelo de vida simples e pautada pela comunhão total de bens.

E distribuíram-se em duas tendências: pacifistas e revolucionários.

Fogueira para os que divergiam

Foi quando surgiu um líder, Jacob Hutter, pregando e reunindo anabatistas nas aldeias que se espraiavam pelos vales do Tirol. Para variar, as perseguições começaram. Quando a situação ficou insustentável, eles decidiram emigrar para a Morávia (Rep. Tcheca hoje), em 1533. Hutter acabou (adivinhe) preso, torturado barbaramente e morto na fogueira.

[23] E também condenados, quem diria, pelos próprios protestantes luteranos, que não desejavam radicalizar-se e muito menos apoiar a separação da nova igreja do Estado – lembre-se que Lutero só conseguiu escapar incólume e implantar o protestantismo porque teve o apoio dos príncipes alemães. Nada, portanto, de questionar demais as estruturas sociais!

Mas já tinha deixado impresso nos seus anabatistas o ideal do modelo igualitário de vida e comunhão de bens. Em compensação, eles passaram a chamar-se hutteritas. E a serem perseguidos.

Mas tiveram a sina de se tornar os "hutteritas errantes" – acabaram tendo que emigrar mais tarde para a Transilvânia (Romênia) e depois para a Ucrânia. Sua crença pacifista os impedia de pegar em armas, e se tornou difícil resistir à pressão para prestarem serviço militar. Então, finalmente, decidiram, em 1873, buscar outros ares, mais novos e livres: emigraram em massa para a América do Norte, primeiro localizando-se no Dakota (EUA) e depois espalhando-se também para o Canadá.

E aqui vem a parte singular.

O que você diria se lhe contassem que hoje, neste momento, existe um grupo de pessoas que vive um modelo de cristianismo baseado na comunidade dos primeiros cristãos – ancorado na fraternidade, numa vida simples, e na comunhão total de bens, no trabalho em conjunto, sem propriedade privada, em igualdade social absoluta, praticantes do pacifismo radical? E que são, não um punhado, porém cerca de 45 mil pessoas? E que eles vivem assim desde meados do século XVI?

São as comunidades hutteritas que vivem hoje em 462 colônias na América do Norte – EUA (25%) e Canadá (75%) (2).

E possuem até um site na internet onde você pode conferir (em inglês) tudo a respeito deles, da história às crenças e outros detalhes: *www.hutterites.org*

São colônias basicamente agrícolas, com alguma produção de animais, e perfeitamente organizadas. O que chama a atenção logo: as boas casas, todas perfeitamente iguais. Há escolas, refeitórios e lavanderias comunais – e, claro, uma igreja. Os trajes estacionaram em modelos dos séculos passados, mas o resto não. Eles possuem maquinaria agrícola moderna, silos, veículos, etc. (Vendem sua produção para fora). E acabaram possuindo computadores. Mas televisão não entra, assim como telefones. O interior das casas é confortável, móveis e utensílios são modernos, assim como equipamentos das reluzentes lavanderias, das cozinhas, etc. Uma curiosa mescla de tradição e modernidade.

O modelo se baseia na comunidade total de bens e na

ausência de propriedade privada. A inspiração é a vida dos cristãos primitivos. Acreditam que partilhar os bens da vida é seguir a orientação divina de igualdade e fraternidade. Assim, a terra, as casas, os celeiros, os veículos etc., são da comunidade. Os pertences pessoais são – bem, pessoais. Assim como os móveis e pertences das casas, que são privadas, de cada família. E permanecem pacifistas radicais. Claro que o trabalho é a regra de ouro. Todos trabalham juntos; ninguém recebe salário, mas todas as necessidades de todos são providas pela comunidade.

Um modelo assim, radicalmente oposto ao da sociedade circundante, precisou sempre existir distanciado dela. Mesmo que eles usassem calças jeans e camisetas, ainda seriam, neste momento planetário, uma ilha ancorada no oceano da desigualdade, cercados pelos tubarões do lucro, da ganância, da indiferença pelo outro, da vaidade, do supérfluo, do consumismo vazio, do poder achatante dos cifrões.

Há um reverso da moeda de sua realidade? Sim, e basicamente decorre justo desse isolamento que lhe garante a continuidade – como a falta de horizontes e opções profissionais e culturais, e o estilo patriarcal. Mas foi o isolamento que os manteve assim, por *cinco séculos* – unidos pelo cimento da fé cristã.

É um exemplo *sui gêneris* no planeta, e pode nos ensinar algumas coisas.

Primeiro, que o egoísmo inato da espécie humana pode ser contornado e dar lugar a existências moldadas pela igualdade, em vez do orgulho e da cobiça. Crianças nascidas sob esses valores os adotam naturalmente, sem esforço. (Assim como outras se viciam precocemente em consumismo, ostentação e individualismo).

Segundo, que modelos comunais de vida podem funcionar perfeitamente, séculos a fio, atualizando-se tecnologicamente e oferecendo conforto e bem-estar a todos os seus integrantes, na mesma medida.

Terceiro, que a condição *sine qua non* para o êxito e a continuidade de tal modelo tem que ser a **adesão interior** a um *ideal*. Nenhuma força externa tem a capacidade de formatar um modelo social assim e manter as pessoas dentro dele voluntariamente – só uma imposição totalitária ou a força insuperável de um ideal. No caso dos hutteritas, é a busca de implementar um estilo de vida que reproduza o mais possível o modelo original de sua crença – a sociedade dos primeiros apóstolos, ancorada na mensagem de Jesus.

Capítulo 7

Utopia – o grande modelo

Poucos livros exerceram uma influência tão poderosa na história do pensamento humano quanto *A Utopia*, de Thomas Morus. Basta lembrar que ele inspirou, dois séculos depois (anos 1800), toda uma corrente de pensamento, que levou o seu nome – "Socialismo Utópico", de idealistas como Saint-Simon, Charles Fourier, Louis Blanc e Robert Owen; e que batizou uma categoria linguística: utopia passou a ser sinônimo de *ideal imaginário dificilmente concretizável* – ou mais ou menos isso – quando deveria, se a humanidade tivesse juízo, indicar *modelo ideal que deveríamos buscar.*

Um homem para qualquer tempo

Thomas Morus nasceu em Londres, em 1477 ou 78. Formou-se em direito em Oxford. Fez carreira como advogado e exerceu a cátedra universitária, fez parte da Câmara dos Comuns, que presidiu. Foi embaixador do rei Henrique VIII várias vezes, e finalmente Chanceler do reino. Durante uma de suas missões diplomáticas na Flandres foi que escreveu, em latim, sua obra mais importante, *A Utopia*.

Morus era um cristão profundamente convicto, um humanista, amigo de Erasmo de Roterdam; um erudito que aliava a profunda seriedade de caráter ao bom humor e à gentileza. Dele disse Robert Whittinton (um gramático da época, que estudou e lecionou em Oxford):

> Thomas Morus é um homem de espírito admirável e singular erudição. É um homem de muitas virtudes raras. Pois onde se acha um homem (...) de igual benignidade, modéstia e afabilidade? (...) excelente na alegria (...) e outras vezes de profunda gravidade; o que se poderia chamar: **um homem para qualquer tempo**.

Mal sabia ele que estava descrevendo, além do homem, a obra, pois a Utopia atravessou os séculos como um protótipo ideal e, quinhentos anos passados, aguarda ainda a geração que possa realizá-la.

Morus foi vítima de sua integridade de caráter. Incorreu na vingança de Henrique VIII por recusar-se a apoiar as manobras políticas que engendrou para separar-se da primeira de suas seis esposas e casar-se com a segunda, Ana Bolena.[24] Acusado de alta traição, Morus foi encarcerado e decapitado em 1535.

O livro

A Utopia é a descrição detalhada de uma sociedade ideal, igualitária e justa, baseada na comunidade de bens, no humanismo e na liberdade religiosa; uma república democrática, calcada no modelo dos primeiros cristãos, em comunalismo e espiritualidade, mas de uma elegância social e moral que lembra muito a grega...

Morus usa o recurso de um narrador imaginário, Rafael Hitlodeu, o qual, tendo se ligado às navegações de Américo

---

[24] E de passagem, romper com Roma, inventar a Igreja Anglicana, e mandar matar 72.000 súditos inconformados com a situação.

Vespúcio, foi encontrar, em alguma região remota do Novo Mundo, numa grande ilha, uma nação – Utopia – cuja constituição e sociedade então descreve ao autor.

Se pretendemos ir em busca de um ideal de sociedade que possa convir ao planeta Terra do Terceiro Milênio, no que sobrar dele depois da Grande Transição, é imprescindível partir da Utopia – do grego, termo que significa "lugar nenhum" – já que jamais outro melhor foi proposto até agora,[25] desde sua publicação original, em 1518. A Utopia saiu de sua ilha e espalhou-se no tempo e no espaço, no território do ideal de todos os sonhadores de um mundo melhor. Impossível não se fascinar por ela.

Uma visita à ilha feliz

Não é fácil dar uma ideia resumida dessa república ideal, e que parece (e quem diz que não foi?) ter sido inspirada por uma visão superior ou um ET descrevendo seu próprio mundo. Por isso, e receando desviar-nos do essencial, pedimos o auxílio de alguém que a conheceu bem, e a quem chamaremos de Professor, para levar-nos num *tour guiado* para conhecer Utopia, a ilha feliz, tal como a descreveu a genialidade de Thomas Morus.[26]

Volitemos com o Professor, aproximando-nos de Amaurota, a capital entre as 54 cidades semelhantes da grande ilha; e, segundo ele, *quem viu uma viu todas.*

Enquanto íamos chegando, me pareceu oportuno indagar:

– Professor, numa síntese rápida, como nos poderia caracterizar a essência da sociedade de Utopia? É possível?

Olhou-me de forma penetrante, embora amável:

– É fácil. Lembre que *o alicerce sobre o qual foi erguida é a comunidade de vida e de bens, sem tráfico de dinheiro. Ainda que ninguém tenha nada de seu, no entanto todos são ricos.*

Enquanto eu ruminava esse incrível paradoxo, nos aproximamos da capital, e fui percebendo que uma grande extensão de campos cultivados a cerca, e o Professor aponta grupos

[25] Aliás, espero que, se houver – como exceção – uma única estátua na futura capital dos Estados Unidos da Terra, seja de Morus. Capital essa que, por justiça, mereceria chamar-se Utopia.

[26] Todas as transcrições literais do texto de Morus estarão em itálico.

de agricultores, homens e mulheres conversando em pequenos grupos, em passo tranquilo. Primeira pergunta curiosa:

– Professor, são muitos os agricultores em Utopia?

Primeiro sorriso divertido: – Todos os cidadãos.

– Como assim? Não fazem outra coisa? – espanto profundo.

– Fazem! Acontece que todos os habitantes das cidades devem oferecer dois anos de serviço no campo, em rodízio. A cada ano, metade deles são substituídos por outros. E assim, todos, a seu turno, colaboram na produção dos alimentos. E ninguém fica atrelado por muito tempo a essa atividade.

– Ah... Isso lembra as famosas *comunidades* que surgiram lá pelos anos 60... gente Nova Era... e também o ***kibutz*** dos colonos israelenses...Todo mundo tinha que trabalhar no campo pelo menos meio dia. O senhor já ouviu falar?

– Sim, claro. Mas aqui eles se dedicam só à lavoura, durante o seu período. Às vezes alguns acabam tomando gosto pela coisa, e pedem para ficar por muito mais tempo. É agradável, o contato com a natureza.

Acenei concordando.

– E como é o dia de trabalho?

– Como em toda a Utopia, ninguém trabalha mais que seis horas por dia. Três de manhã e três de tarde, com o intervalo de duas horas do almoço.

– Seis horas só? E é suficiente?

– Mais do que suficiente. Como todas as necessidades de consumo são previstas, inclusive com uma reserva, e ninguém desperdiça nem abusa, o trabalho é tranquilo e na medida do humano. Ninguém deve se esfalfar nem escravizar. O bem-estar de todos é o supremo objetivo na sociedade de Utopia. *Não se deve pensar que os utopianos se atrelem ao trabalho como bestas de carga, da madrugada até a noite. Essa vida, embrutecedora para o espírito e o corpo, seria pior que a tortura e a escravidão. E entretanto, tal é, em qualquer outro lugar, a triste sorte do operário!*

– Exatamente! E diga, Professor, como são remunerados, esses cultivadores?

O Professor sorriu novamente:

– Em Utopia não existe dinheiro nem remuneração de qualquer tipo. Para quê? Se todos possuem tudo, e ninguém é empregador de ninguém, para que iriam pagar-se a si mesmos? – E com um olhar divertido: – Aqui todos são patrões de si próprios. E bons patrões, asseguro.

Enquanto eu digeria aquilo, fomos nos aproximando da cidade. Mal começava o dia, mas um bom número de pessoas, de todas as idades, andava pelas ruas, dirigindo-se a determinados locais aonde convergiam.

– Vão para as aulas matinais, que começam bem cedo. É o momento de folga, porque o horário de trabalho matinal começa mais tarde.

– Ah! E o que estudam?

– Desde os conhecimentos básicos até altos estudos, passando pelo que vocês chamariam de aperfeiçoamento profissional. Os cursos são abertos a todos, homens e mulheres, e são opcionais. Só os que se destinam às letras são obrigados a segui-los.

– Destinam-se, como?

– Pela capacidade que demonstram. Os jovens que mostram muita aptidão para a ciência e as artes são isentos do trabalho manual, assim como os magistrados. Mas qualquer operário pode, adquirindo instrução suficiente, se o quiser, fazer parte deles, o que aliás é frequente.

– E as profissões são quais, por aqui, Professor?

– Não esqueça que estamos tratando de uma sociedade criada nos **moldes medievais**. O que pouco importa, para nos inspirar como modelo. Basta transpor os seus *princípios* para qualquer sociedade tecnologicamente avançada. As facilidades da tecnologia só irão facilitar mais a vida. Na Utopia original, as atividades são aquelas básicas, além da agricultura: tecem a lã ou o linho, são pedreiros ou oleiros; trabalham a madeira e os metais, e por aí. Além daquelas que diríamos intelectuais.

– E nada de salário?

Novo sorriso. O Professor parecia divertir-se bastante com isso.

– O que fariam com um salário?

– Bom... O que a gente faz geralmente... morar, comer, vestir-se, comprar aquilo que se gosta...

– Então venha ver como funciona a cidade.

Já estávamos volitando por ela. Nas ruas largas, belas casas de três andares se alinhavam, todas semelhantes, e parecendo amplas e confortáveis. Todas cercadas de belíssimos jardins e pomares, que faziam a divisa. Flores em canteiros caprichados, muita grama, arbustos artísticos e árvores cobertas de frutas.

– Eles amam a jardinagem, e existe uma amável competição entre os cidadãos para ver quem terá os jardins mais bem cultivados.

– Mas toda a cidade é assim?

– Toda ela. Venha ver. Amaurota é dividida em quatro grandes quarteirões, ou bairros, e eles só diferem pelo gosto artístico dos jardins.

De fato, percorrendo rapidamente a cidade, o padrão das construções era o mesmo, e muito agradável. A certa altura, o Professor conduziu-me para o centro de um dos bairros, onde uma grande construção (havia uma semelhante em todos os outros) concentrava pessoas entrando e saindo, transportando produtos variados.

– Aqui é o mercado. Vamos entrar.

Dentro, havia primeiro o setor dos bens e utensílios. Tudo que se pode imaginar de necessário à vida se exibia ordenado em prateleiras: desde móveis e utensílios domésticos a tecidos, lãs, ferramentas, objetos de madeira e metal, coisas de todo tipo, desde as essenciais até supérfluos. Ao lado, o setor de comestíveis, com toda a espécie de produtos agrícolas, lácteos, peixes e, lamento dizê-lo, algumas carnes.

– Aqui – esclareceu o Professor – se armazena todos os bens produzidos por toda a população da cidade, sejam produtos em geral ou agrícolas.

Alguns homens entravam, dirigiam-se aos encarregados, e estes lhes entregavam o que pediam, fossem objetos ou víveres. Ninguém pagava ou dava nada em troca.

– Como é que funciona isso, Professor? Ninguém paga nada... Qual é o limite para alguém levar coisas daqui? Algum sistema de registro, de controle?

– Não, não há controle algum. Esses que você vê são os pais de família. A cidade é composta de famílias, seis mil ao todo, com muitos membros de todas as idades. O mais idoso é o chefe. *Cada pai de família vai procurar no mercado aquilo de que necessita para si e os seus. Tira o que precisa sem que seja exigido dele nem dinheiro nem troca. Jamais se recusa alguma coisa aos pais de família.*

– Mas não há nenhum abuso? Ninguém pede mais que os outros, mais do que precisa ou vai usar, para estocar, por exemplo?

– Para quê? Se a qualquer momento todos podem se abastecer de tudo que precisarem, e havendo mais que o suficiente para todos, que têm a certeza de que nunca lhes faltará nada? *A abundância sendo extrema, em todas as coisas, não se teme que alguém tire além de sua necessidade. De fato, aquele que tem a certeza de que nada faltará jamais, não procurará possuir mais do que é preciso. O que torna, em geral, os animais cúpidos e rapaces é o temor das privações no futuro.*

Tive que indagar: – Mas ninguém pensa em "ter mais que os outros", ter mais ou melhores coisas que os amigos ou vizinhos, por exemplo?

– A sociedade de Utopia já entendeu que a posse de bens materiais não preenche as necessidades verdadeiras do ser humano, que são os prazeres da mente e do espírito. Gostam de coisas belas e agradáveis, e usufruem delas, mas desde que todos também as possam ter, e não avaramente só para uns privilegiados. Pois além do temor da falta, *existe no homem outra causa de avareza - o orgulho, que o excita a ultrapassar em opulência os seus iguais e a deslumbrá-los pelo aparato de um luxo supérfluo. Mas as instituições utopianas tornam este vício impossível.*

– Não há classes sociais, então? Nenhuma diferença?

– Acredite: em Utopia o centro da vida funda-se na *igualdade*. Acreditam que, tendo sido criados iguais por Deus, não há motivo para que uns tenham mais em detrimento de outros, nem se sentiriam felizes vendo seus iguais em necessidade, quando podem ser todos perfeitamente atendidos em suas necessidades e anseios.

– E quanto às casas, por exemplo? Como funciona? São.... (ia dizer alugadas, mas me contive a tempo) emprestadas, cada um possui a sua, ou o quê?

– Simples – sorriu suavemente o Professor – Ninguém em

Utopia "possui" propriedades, mas elas são de toda a comunidade. Cada família tem o direito de morar em uma boa casa, durante toda sua vida – que é só do que seres humanos necessitam neste mundo, vamos convir... E para sublinhar essa igualdade e não reforçar o egoísmo, a cada dez anos há um rodízio: todos trocam de casa, mediante um sorteio entre elas. Não há nenhum sem-teto, não há competição, porque as casas[27] se equivalem. Eis uma preocupação que não precisa ocupar a mente dos utopianos.[28]

– Mas... mas, Professor, trabalhando tão poucas horas, conseguem mesmo assim produzir tudo o que todos necessitam? Mas só o estritamente necessário, então? O padrão de vida será, digamos... muito limitado? (não quis usar o termo pobre).

– Não, em absoluto. Ao contrário, as seis horas de trabalho produzem abundantemente para todas as necessidades e comodidades da vida, e ainda um supérfluo bem superior às exigências do consumo.

– O senhor pode explicar como é isso?

– Facilmente. Pense: em primeiro lugar, em outros povos, não há uma quantidade de pessoas ociosas, que nada produzem? Os ricos proprietários, que fazem os outros trabalharem para si; muitos religiosos (quis ele dizer das religiões tradicionais à época); e diversos outros (aí ele citou vários tipos da sociedade da época).[29] Veja quanta força de trabalho é desperdiçada aí, quanto poderia ser feito, produzindo bens e outras coisas.[30]

---

[27] Eram todas de alvenaria, com vidraças nas janelas (lembre que à época isso ainda era quase um luxo, na Europa) e bem confortáveis, pelo que se via.

[28] Nada de aluguel, condomínio, financiamento, prestações, angústias, apertos no orçamento... aliás, nada de orçamento.

[29] Tive que pensar em rápida sucessão, no mundo atual, na multidão dos desempregados mau grado seu, que a nossa sociedade desaproveita e massacra, por uma estrutura perversa e burra; na legião dos envolvidos na produção, tráfico e uso de drogas e no furto puro e simples, nas indústrias de armamento e nas pesquisas de armas. No famigerado "mercado financeiro" – Bolsas, bancos, corretoras, o escambau; empresas de cartões de crédito; cartórios de vários tipos. No modelo político em que um excesso de representantes municipais, estaduais e federais gasta energia e verbas consideráveis para ocupar a maioria do tempo em articulações visando à obtenção de poder, mais poder ou permanência no poder, raramente priorizando o bem comum, e muito menos dos despossuídos. E nas forças armadas e policiais. E na burocracia inútil. A lista é interminável. Que percentual da força de trabalho humano reside aí?

[30] Na sociedade moderna, as *outras coisas* significariam serviços, pesquisa científica e tecnológica, artes, educação...

– É verdade, e nas sociedades modernas isso ainda acontece.

– Em segundo lugar, pense quão *grande é o número de artes frívolas e vãs que se exercem unicamente a serviço do luxo e do desregramento, neste século de dinheiro, onde o dinheiro é o deus e a medida universal.*

– Ah! Sem dúvida, Professor! E daí para cá, não mudou nada, só piorou![31]

– Assim, todos, em Utopia, vivem ocupados em artes e ofícios realmente úteis. O trabalho material é de curta duração e mesmo assim produz a abundância e o supérfluo. O fim das instituições sociais em Utopia é de prover antes de tudo as necessidades de consumo público e individual; e deixar a cada um o maior tempo possível para se liberar da servidão do corpo, cultivar livremente o espírito, desenvolvendo suas faculdades intelectuais pelo estudo das ciências e das letras.

A justeza e a simplicidade daquele modelo de vida eram sedutoras.

Mas, pensei, e a cobiça, como fica? A ambição da fortuna? Ninguém seria tentado a acumular riqueza, em Utopia? (No caso, à época, ouro e prata). E quis saber:

– Professor, como são considerados o ouro, a prata, para os utopianos? Não são tentados a possuí-los?

– Ah – sorriu ele – *aqui o ouro e a prata são considerados bem abaixo do ferro, tão necessário ao homem. Eles não têm nenhuma virtude, nenhum uso. Foi a loucura humana que pôs tanto valor neles. Com eles não se fabrica nem vasos nem obras artísticas. O ouro e a prata são destinados aos usos mais vis, tanto nas edificações comunitárias como nas casas particulares; são feitos com eles até os vasos noturnos.*

---

[31] Desfilaram num *flash* em minha mente bolsas femininas de milhares de dólares, roupas e sapatos de griffe, carros de luxo, famílias com vários carros, iates, jatinhos particulares, joias, milhares de produtos análogos competindo entre si de forma inútil, alimentos industrializados nocivos à saúde, refrigerantes e cigarros, o absurdo desperdício de roupas devido à moda e à ostentação, o império das indústrias farmacêuticas competindo entre si... E a loucura criminosa dos eletrodomésticos e eletroeletrônicos produzidos com baixa qualidade, que poderiam durar décadas e não passam de poucos anos, a chamada *obsolescência programada*, leia-se "estraga rápido para eu vender um novo"... Bilhões de horas de trabalho e himalaias de matéria-prima inúteis, para a frivolidade, o luxo, o lucro de uma minoria e o prejuízo da maioria e do planeta. Imaginei, num segundo, toda essa força de trabalho produzindo coisas úteis para todos. Suspirei...

Os condenados por crimes infames trazem argolas de ouro nas orelhas e nos dedos, um colar de ouro no pescoço.

Enquanto eu me divertia imaginando isso, chegamos a uma praça diante de um edifício maior, que dava a impressão de um órgão público. Sentamos num banco e me ocorreu indagar:

– Professor, e como se organizam? Existem líderes, autoridades, dirigentes? Leis?

– É claro – riu ele – pode-se imaginar um corpo sem cabeça? Mas veja como eles escolhem seus líderes. Cada grupo de trinta famílias elege, todo ano, um magistrado, chamado filarca.[32] Cada dez filarcas com suas trezentas famílias são regidos por um protofilarca. Todos os filarcas, que são em número de mil e duzentos, elegem então, por voto secreto, um governante máximo que é chamado de *príncipe*.

– Ah! – me permiti interromper – então Utopia é uma república, com um dirigente eleito, apesar de se chamar de príncipe...

O olhar muito divertido do Professor contrastava com a seriedade da face, quando respondeu:

– Melhor o apelido de príncipe numa democracia real, que certas repúblicas onde o presidente pensa que é príncipe...

Sorri e concordei (tristemente, lembrando algumas figuras contemporâneas), enquanto o Professor continuava:

O mandato do príncipe é vitalício, a menos que haja a suspeita de que aspire à tirania. A cada três dias, os protofilarcas (que podemos chamar de senado) se reúnem com ele para deliberar sobre os assuntos de interesse público. Dois filarcas assistem a essas sessões. As questões de importância são por eles comunicadas às famílias, e o caso é examinado em assembleia popular. Depois os filarcas levam ao conselho a vontade do povo. Há muito cuidado com o sistema, para impedir que o príncipe e os protofilarcas possam conspirar contra a liberdade, oprimir o povo com leis tirânicas ou tentar mudar a forma de governo.

– E as leis, como são elas?

– Poucas, muito poucas, para serem bem conhecidas por todos, e lhes bastam. *Sem a quantidade infinita de volumes,*

[32] Filarca, na Grécia Antiga, designava o chefe de uma tribo ou clã.

leis e comentários, que apesar de tudo, não são suficientes para garantir a ordem pública em outros povos.

– E quando alguém precisa recorrer à lei, quando acontece algum conflito entre os cidadãos?

– Bem – sorriu o Professor, divertindo-se de novo – não há advogados em Utopia. – e diante do meu olhar espantado, aduziu: – As partes expõem ao juiz diretamente suas demandas e argumentos, o juiz examina e pesa as razões de cada um *com bom senso e boa fé. Como os juízes não se deixam corromper pelos atrativos da riqueza, tampouco se deixariam levar pelo amor ou pelo ódio*, então julgam com isenção. *Infeliz do país onde a ganância e as afeições privadas sentam-se no banco do magistrado! Adeus justiça, o esteio mais firme dos Estados!*

– E as sentenças, as penas, como são?

– Não existe pena de morte, mesmo para eventuais crimes graves. A pena máxima é o que vocês chamariam de "trabalhos forçados", que entretanto não são cruéis. E mesmo nesse caso, quando o autor demonstra um dia sincero arrependimento, pode ser indultado.

Como passava por nós nesse momento um casal com duas crianças ao lado, me ocorreu indagar:

– E o casamento, como é? Para sempre? Acontecem infidelidades, às vezes?

– O adultério é considerado crime muito grave, e punido como tal. Mas *acontece algumas vezes que o marido e a mulher não podendo conviver juntos por incompatibilidade de gênios, procuram novas metades, que lhes prometam uma vida mais feliz. A demanda de separação deve ser levada aos membros do senado que, após terem escrupulosamente examinado a questão, rejeitam ou autorizam o divórcio. Neste último caso, as duas partes queixosas separam-se com mútuo consentimento e casam-se em segundas núpcias.*[33]

Seguimos adiante, e sem demora meu amável guia indicou-me um prédio magnífico, de grande dimensão, esclarecendo:

– Aí está um dos templos da cidade.

[33] Ideia superavançada para a época (1516), lembrando que apenas em 1690 permitiu-se o divórcio na Inglaterra, mas só para os ricos e poderosos. Na França, teve que aguardar o Código Napoleônico em 1804. Em Portugal em 1910. No Brasil, em 1977; na Espanha, em 2005.

Com grande curiosidade, quis saber da religião ou religiões de Utopia.

– Há diversas crenças espalhadas na população. Alguns gostam de reverenciar o Sol, outros a Lua etc... *Apesar da diversidade de suas crenças, todos os utopianos concordam em uma coisa: que existe um ser supremo Criador de tudo. A maior parte dos habitantes repele as idolatrias e só reconhece esse Deus único, eterno, imenso, acima das percepções do espírito humano, chamado de Pai, a quem atribuem a origem e o fim de todas as coisas.*

– Ah... E no que mais acreditam?

– Que *a alma é imortal, que Deus, que é bom, criou-a para ser feliz. Que devemos viver alegremente, e proporcionar aos nossos semelhantes, que são nossos irmãos, os mesmos benefícios. Em suma, a essência da sua religião é trabalhar pelo bem geral.*

– Parece ser uma religião otimista...

– Sem dúvida! *A natureza, dizem eles, convida os homens a se ajudarem mutuamente e a partilharem em comum do alegre festim da vida. Apreciam os dons mais agradáveis e felizes dessa natureza, os prazeres que ela criou para o homem e fazem a graça e o encanto da vida, como os perfumes, a música... O que ela reprova é aumentar o próprio bem-estar agravando a infelicidade de outrem.*

– Mas esse templo tão belo, é de qual das crenças?

– Na verdade – sorriu o Professor – de todas e de nenhuma.

– Como assim?

– Embora os utopianos não professem a mesma religião, todos os cultos convergem para o mesmo fim – a adoração da natureza divina É por isso que não se encontra nada nos templos que não sirva a todas as crenças em conjunto. Cada um celebra em sua casa, em família, a sua fé particular. O culto público é organizado de maneira a não contradizer em nada o culto doméstico. Não se encontra nos templos nenhuma imagem de deuses, a fim de que fique cada um livre para conceber a Divindade sob a forma de sua crença. Não se faz nenhuma prece que todos não possam repetir sem ferir sua própria consciência religiosa.

Esse universalismo impressionante me pareceu algo de

planetas mais avançados. Eis aí algo mais que a sociedade terráquea ainda não sonhou atingir. Enquanto meditava nisso, ocorreu-me – pelo hábito da inferioridade humana – uma pergunta insidiosa:

– Professor, e por acaso, não existem ateus ou agnósticos em Utopia?

– Existem, é verdade.

– Ah! E isso é aceito?

– Veja: em Utopia, é vedado prejudicar qualquer pessoa em razão de suas crenças. Não aplaudem os materialistas, mas não os condenam. Não fazem ameaças para obrigá-los a dissimular a sua opinião.

– E ninguém tenta convencê-los a crer?

– Costumam ser convidados a palestras e debates particulares, sempre gentis e amistosos, na esperança de que cedam enfim à razão. Pois não é vedado que se tente *propagar a fé pelo raciocínio, com doçura e modéstia*, sem atacar a crença alheia. Há perfeita liberdade e respeito por todos.

– Notável. Pois a nossa sociedade, como o senhor bem sabe, ainda carece muito disso.

O Professor acenou concordando. Depois de instantes de silêncio, como quem se lembra de algo a acrescentar, comentou:

– Quando Hitlodeu e seus amigos contaram aos utopianos sobre o Cristo, sua doutrina, sua vida, seus milagres, tiveram uma grande aceitação. *Talvez o cristianismo lhes parecesse em todos os pontos conforme à seita mais adotada por eles. O que mais os agradou foi* a narração da vida em comum dos primeiros apóstolos.

– Que eles, afinal, estão imitando... melhor do que a esmagadora maioria dos cristãos...

Um sorriso suavemente irônico foi a resposta do meu guia.

Silenciei por um tempo, contemplando as belas linhas arquitetônicas do templo. E afinal lembrei-me de indagar:

– E os utopianos acreditam na sobrevivência da alma?

– Como não acreditariam nessa que é a base de toda religião? Sim, *creem firmemente em uma vida futura, com castigos para os crimes e recompensas para as virtudes. Todos, salvo pequena minoria, alimentam a convicção íntima de que uma felicidade imensa aguarda o homem além-túmulo.*

É por isso que choram pelos doentes e jamais pelos mortos.

Fiquei refletindo nessa elevada convicção, sem imaginar a surpresa que viria (atenção, espíritas e espiritualistas):

– *Os mortos* – continuou o Professor – *segundo a maioria dos utopianos, assistem às conversações dos vivos, ainda que invisíveis ao pequeno alcance dos olhos dos mortais.*

– Não diga! – arregalei os olhos mentais – Como assim, Professor?

- *Ora, não seria próprio de seres felizes não serem livres de se transportar aonde bem quisessem, não acha? E se poderia acusá-los de ingratidão se fossem indiferentes a rever os amigos a que estavam presos na terra por laços de amor, o qual, longe de se extinguir após a morte, deve provavelmente crescer, como todas as outras perfeições. Não é assim?*

– Sim! Mas é notável que os utopianos tenham essa crença, tão moderna e ao mesmo tempo tão antiga, mas esquecida das religiões tradicionais, no Ocidente.

– Pois, *segundo a ideias utopianas, os mortos se misturam à sociedade dos vivos e são testemunhas de suas ações e de suas palavras. Essa crença inspira-lhes uma confiança extrema, porque lhes assegura a proteção e o apoio de poderosos defensores; além disso, impede uma enorme quantidade de crimes ocultos.*

- Fantástico...

– Pois então escute isto. *Grande número de utopianos professa uma sistema que pretende que as almas do animais são imortais como as nossas, ainda que muito inferiores quanto ao quinhão de dignidade e felicidade que lhes são destinadas...*

- Professor! Que incrível! Serão pitagóricos, por acaso?! Ou algum desses "mortos" andou lhes contando a mesma coisa que disseram a Allan Kardec, aquela história de "do átomo ao arcanjo" etc.?

Ele respondeu com uma risadinha benévola e divertida.

E depois disso, após inúmeras informações sobre a vida e os costumes de Utopia, impossíveis de enfeixar aqui, o Professor achou por bem deixar um fecho adequado à natureza daquele povo singular. Contou que HItlodeu e seus amigos, além de presentearem os utopianos com variados livros que possuíam, inclusive os clássicos antigos, acabaram, por insistência destes, ensinando-lhes o grego, que aprenderam com facilidade e satisfação. E acrescentou:

– *Sou de opinião que a grande facilidade com que aprenderam o grego prova que esta língua não lhes era inteiramente desconhecida. Creio que são gregos de origem.*

Quem duvidará disso, diante dessa república ateniense aperfeiçoada, mista de cristianismo original e crenças avançadas, que se implantou num *lugar nenhum* do Novo Mundo, para inspirar idealistas e servir de rumo, quem sabe, um dia, ao Mundo Novo?

As utopias

Thomas Morus, com a Utopia, inaugurou – ou deu nome a – uma nova categoria de criações literárias: as **utopias** (tal foi a força e a substância de sua república ideal). A partir daí, foram inúmeras as "utopias" que brotaram como cogumelos pelo Renascimento e séculos afora. Algumas tornaram-se mais conhecidas e famosas, outras permaneceram no pano de fundo. Nenhuma, contudo, teve o brilho e a força da criação de Morus.[34]

As mais conhecidas são *A Cidade do Sol*, de Tommaso Campanella (1602), *Nova Atlantis*, de Francis Bacon (1626), *Historia dos Sevarambas*, de Vairasse d'Allais (1677), *Viagem a Icaria*, de Étienne Cabet (1842); talvez *A Comunidade de Oceana*, de James Harrington (1656); *Daqui a cem anos*, de Edward Bellamy (1888), até chegarmos a *Uma Utopia Moderna*, de H.G. Wells (1905) ou ao salto futuro de *3001 - A Odisseia Final*, de Arthur Clarke (sem falar em toda a literatura de ficção científica, em que ressalta a série Fundação, de Isaac Asimov).

Desde que os homens passaram a viver em sociedade houve sonhadores que pensaram além delas e imaginaram modelos melhores – mais justos e igualitários. Sempre foi *nesse* sentido o sonho humano. As utopias podem ser chamadas de "sonhos de igualdade" – evidenciando que felicidade terrestre e bem-estar coletivo significam, automaticamente, para qualquer espírito razoavelmente consciente, a vitória sobre

[34] Há sites da internet que listam quase 100 obras na categoria de "utopias"– antigas, modernas e contemporâneas. Deus nos livre de incluí-las aqui.

a desigualdade. Não há paraíso possível com privilegiados e excluídos, por mais que o mercado financeiro, as grandes corporações, a classe política retrógrada e todos os privilegiados tentem se/nos iludir. Um denominador comum das utopias era a posse comunitária da terra, dos bens, a distribuição igualitária da produção e das riquezas, a ausência de diferenciação social – e o trabalho e a educação para todos.

Não será hora de buscarmos concretizar a utopia?

Alguns o tentaram.

Mais adiante trataremos de alguns desses idealistas que tentaram passar do sonho à prática. Jamais se suponha que foram inúteis suas tentativas. Ficaram registradas na memória coletiva, setas que apontam o rumo.

Mas, depois de Thomas Morus, há outra obra que merece ser vista de perto – uma utopia moderna e, pasmem, de um americano, dos fins do século XIX. Hoje, quando muito necessitaríamos dela, pouco conhecida.

Capítulo 8

Uma utopia moderna: *Daqui a Cem Anos*

Em 1889 foi publicado nos Estados Unidos um livro que vendeu milhões de exemplares, foi traduzido em mais de vinte línguas, e considerado por intelectuais americanos a segunda obra mais influente publicada desde 1885, logo depois de *O Capital*. Rapidamente criaram-se 165 grupos, nos Estados Unidos, para a discussão e a divulgação das teses propostas no livro. Um partido político – o People's Party – foi altamente influenciado por elas.

Que livro é esse?

Uma utopia. Erich Fromm, no prefácio à edição de 1960, lembra bem: "Em nosso mundo materialista, utopia significa devaneio ocioso, em vez de capacidade para planejar um mundo verdadeiramente humano e transformá-lo em realidade" – um sistema social baseado na justiça e na solidariedade.

Edward Bellamy foi o criador dessa utopia moderna. Um idealista americano nascido em 1850, de uma família de pastores batistas e calvinistas, talvez não muito ortodoxos. Ele já trazia em si o ideal da igualdade, porque com 24 anos escreveu um livro (não publicado à época), *The Religion of Solidarity* (A religião da solidariedade). Bellamy trocou a carreira de advogado pela de jornalista, e por fim acabou se tornando só escritor.

O livro que o fez famoso é *Looking Backward*, traduzido como *Daqui a cem anos*.[35]

[35] Bellamy, Edward. *Daqui a Cem Anos*, RJ Record.

A história

O protagonista é Julian West, um jovem de Boston, de família abastada, e que portanto, como ele diz, "retirava os meios de meu sustento do trabalho dos outros, sem prestar em troca nenhum tipo de serviço. Meus pais e avós tinham vivido da mesma forma".[36]

Ele se identificava, portanto, como membro daquela parte parasitária da sociedade que hoje nós denominamos *rentistas*. Julian tinha 30 anos em 1887, e estava noivo da jovem Edith. Eis que de improviso, depois de entrar num sono magnético (para tratamento da insônia), ele dorme... e ao acordar, vê-se cercado por pessoas desconhecidas, em pleno... ano 2000, na mesma Boston! Desperta em plena utopia.

Que sociedade igualitária eles tinham conseguido criar, de forma pacífica e democrática!

O médico dr. Leete, que o despertara, é o guia de Julian para as surpresas da nova sociedade. O termo socialismo nunca é usado, por razões obvias (a alergia, etc), mas sem dúvida é o que existe. O foco é nas indústrias (estamos, lembre-se, em plena época da Revolução Industrial, e é o que parecia ir dominar o mundo). Todas tinham sido encampadas pelo governo – por um consenso racional, como explica o dr. Leete:

> Nunca se poderia ter imaginado um modo mais insensato para a utilização da energia humana (que) deixar as indústrias da nação para as empresas privadas. ... Seu sistema de indústrias antagonistas era tão absurdo economicamente quanto abominável moralmente O egoísmo era sua única ciência, e na produção industrial o egoísmo é suicídio. A competição, que é o instinto de egoísmo, é sinônimo de dissipação de energia, ao passo que a combinação é o segredo da produção eficiente.

[36] Ele já define o eixo central da obra na primeira página, quando ironiza: "Mas como podia eu viver sem servir ao mundo? pergunta-me o leitor. Por que o mundo deveria sustentar em completo ócio alguém capaz de trabalhar? A resposta é que meu avô acumulara uma soma de dinheiro, da qual seus descendentes sempre tinham vivido. A soma original não fora muito grande. Era na verdade muito maior agora, depois que três gerações tinham sido sustentadas por ela. O mistério do uso sem consumo, do calor sem combustão, parece mágica, mas era apenas...a arte de mover o fardo dos ombros de uns para os de outros:...era o juro do capital".

> Poderia conceber-se uma demonstração mais convincente da imbecilidade do sistema de empresas privadas do que o fato de que os capitalistas tinham de se estrangular uns aos outros para encontrar um modo seguro de investir seu capital, e os trabalhadores se amotinavam e incendiavam por não encontrarem trabalho?

O trabalho, organizado e eficiente – como convinha à sociedade americana – no entanto se realiza em bases humanas. Todos trabalham no ramo e ofício de sua preferência. O trabalho se inicia depois do período de estudos, que vai até os 21 anos, e continua até a aposentadoria, aos 45 anos, depois do que os cidadãos se dedicam ao aperfeiçoamento pessoal e ao lazer. Homens e mulheres. As atividades de menor esforço físico têm menos horas de trabalho, as mais cansativas, menos. Ponto fundamental: todos – absolutamente *todos*, façam o que fizerem, ganham exatamente o mesmo valor em créditos para gastar no que quiserem. Um valor ótimo, que lhes permite ter excelente qualidade de vida, lazer, viagens, etc. Os créditos são oferecidos no início de cada ano a todos os cidadãos. Os deficientes ou enfermos são providos igualmente.

Julian, fruto de uma sociedade egoística, surpreende-se: "– A titulo de que o indivíduo exige sua parcela individual? Qual é a base para a distribuição? – A título de que? – Da humanidade – respondeu o dr Leete. A base de sua exigência é *ele ser homem*. – Ele ser homem! – repeti incrédulo – Por acaso quer dizer que todos têm a mesma parcela? – Sem dúvida nenhuma". E o doutor acrescenta:

"– A solidariedade da raça e a fraternidade do homem

, que para vocês eram apenas palavras bonitas, são, para o nosso modo de pensar e sentir, um laço verdadeiro e vital".

Não existe comércio! Todos os bens produzidos são estocados em armazéns públicos, de onde os cidadãos recebem os que desejarem. Não existe dinheiro, portanto nem bancos, nem nada de "sistema financeiro" (que povo inteligente!). O doutor Leete esclarece ao perplexo Julian: "– O sentimento de comunidade de interesses é a base de nosso sistema social. Comprar e vender são essencialmente ações antissociais. É uma educação de egoísmo a expensas dos outros, e nenhuma sociedade cujos cidadãos são educados assim pode erguer-se além de um nível muito baixo de civilização".[37]

Julian digere aos poucos aquele mundo novo, quando o doutor acrescenta:

"– O século XIX era cristão no nome, e toda a estrutura comercial e industrial da sociedade era a encarnação do espírito anticristão. Parecia-lhes aceitável que os homens vivessem juntos apenas para se lograrem e se oprimirem uns aos outros".

É claro que o sistema educacional, todo público e universal, era ali da melhor qualidade possível. Todos podiam, e deviam, chegar à educação superior. "Educar alguns até o mais elevado grau e deixar a massa totalmente inculta, como vocês faziam, é o dr. Leete apontando – tornava a diferença entre eles quase como a existente entre as espécies naturais (ele queria dizer, elegantemente, entre homens e irracionais). Nada poderia ser mais desumano. Só a universalidade da melhor educação pode ser tolerada agora".

Não há necessidade de códigos, leis, advogados... Um pequeno número de regras supre as necessidades sociais. Onde todos são iguais, não há espaço para ganância, supremacia, tentativas de enganar o próximo. Não há prisões, porque desapareceram os crimes, cuja quase totalidade era, direta ou indiretamente, motivada pela cobiça de dinheiro. Volta o dr. Leete: "– Quando tornamos a nação a única tutora da riqueza do povo e garantimos a abundância para todos, abolindo

[37] Baixo mesmo, como o nosso em pleno século XXI. Esqueça a tecnologia. Moralmente, estamos a pouca distância da saída da caverna, com nossas guerras, terrorismo, mendigos, racismo, ditaduras, tráfico e consumo de drogas, sexo degradado, indústrias bélicas, agrotóxicos, juros, ações da Bolsa, pedofilia, feminicídios, consumismo e bailes funk.

de um lado a penúria e de outro controlando o acúmulo de riqueza, cortamos essa raiz, e a árvore venenosa que sombreava a sociedade murchou".

E ele acrescenta: "O medo da necessidade e a ânsia do ganho tornaram-se extintos quando a abundância foi assegurada a todos e quando se tornou impossível obter riquezas imoderadas".

Edição londrina do livro

Mas, poderemos pensar, não haveria ainda, nessa utopia perfeita, egoístas ou gananciosos? Se houvesse, eles simplesmente não teriam clima para se expandir, porque a opinião pública e a sanção coletiva os desencorajaria: "Enquanto na antiga sociedade o generoso, o justo, o de coração terno, estavam em desvantagem, na nova sociedade os de coração frio, os gananciosos e os egoístas descobriam-se fora de sintonia com o mundo" – informa o doutor. E, onde todos eram iguais, não haveria espaço para inveja.

Quanto às trocas entre as nações, eram igualitárias e racionais, devido ao "sentimento de comunidade de interesses, tanto internacional quanto nacional, e a convicção da *loucura do egoísmo*... Todos nós aspiramos à unificação do mundo como uma só nação".

Enfim, era "o antigo sonho da humanidade – liberdade, igualdade, fraternidade – escarnecido por tantas épocas, finalmente realizado".

Bellamy – evolucionista e reencarnacionista?

Bellamy, quando bem jovem e antes de iniciar-se como jornalista, foi passar um ano na Europa, e diz-se que voltou de lá "revoltado com a injustiça da sociedade". Não se sabe exatamente o que ele andou lendo ou contatando por lá, mas uma coisa é certa: dentro dele, pelo que ressalta de sua obra, havia duas crenças estabelecidas, embora não faça delas uma apologia direta[38].

Primeiro, a reencarnação. Tema espinhoso entre os americanos, imagine-se naquela época. De onde Bellamy tirou a ideia? O que ele teria lido/visto/sabido na Europa? Só podemos cogitar. Mas é inquestionável que ele deixou essa pegada impressa em seu livro, da seguinte forma. A trama romântica da história, tecida dentro da utopia, fica por conta da filha do dr. Leete, Edith – que tinha o mesmo nome de sua ex-noiva. E mais: suprema coincidência, ela vinha a ser... bisneta, no ano 2000, daquela outra Edith de 1887, de quem herdara o nome. Até aí, apenas um recurso da trama para juntar um colorido ao fato de que, inevitavelmente, Julian e ela se apaixonam. Mas aí vem o toque mágico: Edith-2000 confessa a Julian, perto do fim do livro:

> – Vou lhe dizer algo que pode parecer estranho. Não acredita que os espíritos às vezes voltam ao mundo para realizar uma obra grata a seus corações? E se eu lhe dissesse que tenho pensado às vezes que o espírito dela vive em mim... que meu verdadeiro nome é Edith Bartlett, e não Edith Leete. Não posso saber isso; é claro que não podemos saber quem somos realmente, mas posso senti-lo.

Esse "às vezes voltam" vem da mesma diplomática cautela pela qual Bellamy nunca passou perto do termo "socialista", ainda que obviamente soubesse do que tratava a sua obra principal, e aconselhou vivamente aos simpatizantes do novo partido que estava se preparando – que viria a ser o People's Party, integrado por muitos adeptos de suas teses – que não adotassem como plataforma o termo "socialista", e sim *nacionalista* – o que foi feito. Ele conhecia seus patrícios.

.E depois, a evolução. Não apenas mero progresso material, mas aquela que é o cerne da Lei Cósmica. Eis o que diz o

[38] Especulação, mas baseada em raciocínio: Bellamy, na Europa, aonde teria ido? Um falante de inglês, muito possivelmente, teria estado na Inglaterra. Ali fervilhavam as ideias socialistas de vários matizes, do marxismo à Sociedade Fabiana. Mas também atuavam o famoso Ghost Club, a Sociedade de Pesquisas Psíquicas, e médiuns de vários naipes eram populares. Mesmo noutros países tais ideias estavam na crista da onda. Difícil imaginar que um espírito idealista e inquieto como Bellamy deixasse de ter contato com elas, e o que se segue parece confirmar isso.

porta-voz da nova civilização, dr. Leete:

> A que aspiramos quando um sem-número de gerações tiverem passado? Eu respondo: o caminho se estende muito para diante de nós, mas seu final se perde na luz. Pois duplo é o retorno do homem para Deus, que é nossa pátria: o retorno do indivíduo pelo caminho da morte e o retorno da raça pelo preenchimento de sua evolução, quando o segredo divino contido no germe desabrochar completamente.

Esse "segredo divino contido no germe" soa como os velhos textos iniciáticos de todas as tradições, ou como textos kardequianos falando da evolução, ou como o "vós sois deuses" do Evangelho.

Bellamy nos oferece uma perspectiva que pode se adequar ao que será a Nova Era, depois da Transição Planetária. Quem sabe alguém a resgatará um dia, depois de um choque de surpresa ao encontrar num velho exemplar de seu livro[39] essa descrição da utopia finalmente realizada:

> Não era apenas uma melhoria em detalhes de sua condição, mas a ascensão da raça a um novo plano de existência.
> O longo e extenuante inverno da raça terminou. Começou seu verão. A humanidade rompeu a crisálida. Os céus estão diante dela.

[39] A essa altura, livros impressos provavelmente serão mantidos em museus, como objetos do passado, visitados por ex-leitores reencarnados com inconsciente nostalgia.

Capítulo 9

Renasce o homem

Todo mundo sabe o que aconteceu, e como, quando as sombras medievais foram afastadas para deixar entrar a Idade Moderna. A sociedade feudal começou a se esgarçar. As cidades passaram a concentrar um comércio florescente, as guildas de artesãos e as manufaturas prepararam o surgimento de uma nova classe, que não eram os camponeses nem os nobres, mas os habitantes cada vez mais prósperos dos burgos – os burgueses. O Império Romano do Ocidente deu lugar progressivamente aos estados nacionais. O latim era substituído pelas novas línguas desses estados.

E assim como o mundo físico se ampliou com as grandes navegações e o descobrimento do Novo Mundo, sincronicamente a invenção da imprensa e a redescoberta da cultura clássica (grega e romana) descortinaram um *mundo novo* de conhecimentos e, sobretudo, a germinação de uma nova visão de mundo: o *humanismo*, recolocando o ser humano como um valor central, em contraponto ao teocentrismo medieval. Essa ampliação de consciência, em que se inclui o advento da Reforma Protestante, começou a solapar a hegemonia da Igreja. Alterava-se progressivamente o cenário para os grandes saltos sociais e culturais dos séculos XVI e XVII.

O crescimento do comércio e da indústria, a pressão da nova burguesia e o fortalecimento do poder nacional dos reis lentamente foram erodindo o tecido feudal. Lentamente. A figura do servo, atrelado ao feudo e pouco mais que uma besta de carga a produzir para o senhor, foi sofrendo modificações, embora as taxas e tributos opressivos e vergonhosos perdurassem ainda por muito tempo. A aristocracia – o penúltimo reduto da desigualdade do planeta – relutou quanto pôde para entregar os pontos. (Hoje, com meia dúzia de reis e rainhas ainda assombrando como fantasmas do passado alguns países da Europa, e títulos de nobreza praticamente inúteis fora de seriados, o último reduto voltou a ser aquele vigente desde o início da sociedade agropastoril do planeta: as posses).

Voltamos ao começo (que nunca mudou) da sociedade humana: a desigualdade da riqueza. Hoje são ações da Bolsa e dólares em paraísos fiscais, em vez de rebanhos e escravos, mas a essência é a mesma. Milênios e milênios após. Inutilmente? Não.

A trajetória humana neste planeta tem sido uma longa e penosíssima jornada para desbastar o nosso egoísmo básico (resto da herança animal). A História social da humanidade foi – sobretudo se a olhamos com a consciência da evolução espiritual – nada mais que a da *desconstrução da desigualdade.* Tivemos que experimentar, uma por uma, as alternativas desiguais, para nos convencermos de sua inutilidade e absurdo. E chegarmos ao *homem* – à noção, que vai se aproximando finalmente da consciência coletiva, de que só existe um modelo de *sapiens* neste planeta, pouco importando a embalagem, e que a sobrevivência da tribo planetária exige o enterro definitivo da última desigualdade.

Por que não, se as outras, que pareciam pétreas, e foram naturalizadas por séculos, foram sepultadas ou estão em estágio terminal?

Milênios tendo escravos, até ficar assimilado na consciência coletiva que isso é intolerável. Depois de toda a experiência, estamos convencidos. Parece que – quem diria, não? – os homens *são,* afinal, todos criados iguais. (Alguns ainda continuando "mais iguais"). (Contudo, o *trabalho em condições análogas à escravidão* persiste mundo afora, o Brasil sendo um foco permanente).

Milênios de patriarcalismo e opressão das mulheres. Ainda não resolvido, mas no Ocidente, pelo menos é feio admiti-lo (embora não se deixe de executar namoradas, esposas e ex-mulheres). Grandes progressos, porém, se analisarmos apenas os últimos cem anos (no Ocidente!). Esperem mais uns dez e verão.

Milênios de discriminação racial. Ainda em processamento, para vergonha geral. Mas pelo menos nos códigos, já não o admitimos, e é socialmente vergonhoso ostentá-lo (com exceção de alguns círculos doentios).

Milênios de classes sociais estanques, com faraós casando com irmãs, reis por direito divino, aristocratas com hemácias azuis repudiando aliança com plebeus sem títulos, mesmo prósperos. Disso, parece que, depois da Bastilha, da Declaração dos Direitos do Homem e de duas guerras mundiais, mais as evidências práticas, estamos livres. Hoje uma conta bancária substitui o sangue azul; as classes continuam.

Milênios de preconceito e mortes por opção religiosa, sexual, pela posse de faculdades paranormais, por ser canhoto, doente mental, mãe solteira, artista... Se compararmos com alguns séculos atrás (e milênios atrás) estamos menos pior. Quando alguma coisa chega aos códigos civis como inadmissível, é sinal de que uma massa crítica da consciência coletiva já a assimilou como tal. Os retardatários logo acabarão passando vergonha, como os fumantes.

Em suma, milênios a fio de experimentação para lentamente irmos chegando a essa interessante conclusão: somos iguais.

Milênios de desigualdade econômica, ricos e pobres disputando para ver quem é o mais infeliz, fazendo "que morram uns de suas necessidade e os outros de seus excessos" – e a conclusão: como ainda *estamos* desiguais.

Mas não por muito tempo. O conceito de *ser humano,* pouco importando os adjetivos, a simples condição de membro da espécie humana, está lentamente começando a ter um valor substantivo, que independe dos qualificativos. O alvorecer da Era de Aquário, após as grandes transições que irão puxar o tapete desta civilização, e jogar no lixo da História as migalhas da desigualdade, vai completar o processo. Falta derrubarmos o último reduto da ignorância, que é a desigualdade econômica.

O grande salto histórico foi dado quando o Renascimento ressuscitou o humanismo – o primado do ser humano como centro de importância. Qualquer ser humano, só pelo fato de o ser. A herança da cultura grega e da democracia ateniense

A Escola de Atenas – quadro do renascentista Rafael. Platão e Aristóteles ao centro.

aos poucos provocaram a abertura que iria finalmente desaguar na Revolução Francesa e na guinada posterior da civilização ocidental – e por contágio, da oriental, em certa medida.

É na fase dos anos 1600 e 1700 que precisamos focalizar algumas experiências e contribuições singulares, culminando com a grande virada que foi a Revolução Francesa, para nossa história da desigualdade planetária e suas alternativas – algumas bastante esquecidas.

Nessa época, a descoberta da América trouxe para a consciência europeia o conhecimento de povos que ali viviam sem Estado e sem propriedade privada, em sociedades comunalistas e igualitárias.

Será útil lembrar de duas experiência singulares que vicejaram no continente americano, do norte e do sul. Dois ramos de um povo ancestral, a raça vermelha do continente atlante, que vieram se asilar na América em época imemorial, para escapar do cataclismo que iria afundar sua terra. Vieram, orientados por seus guias, para preservar uma semente que deveria ser conservada. (Assim como outros grupos emigraram para leste, para regiões da Europa). Várias obras sérias de pesquisadores – Platão à frente – tratam do tema com profundidade e evidências de todo tipo.

E há também depoimentos inspirados, mediúnicos e clarividentes, contando recortes da civilização atlante. Povos indígenas do Brasil descendentes de atlantes podem ser encontrados no relato autêntico de *A Terra das Araras Vermelhas*, de Roger Feraudy.[40]

[40] Ed. do Conhecimento, Limeira, SP, 1999.

Capítulo 10

A única socidade igualitária da história

Existiu neste planeta uma única sociedade que vivenciou de forma duradoura e extensa o modelo de absoluta igualdade social.

Uma sociedade sem classes, sem propriedade privada, totalmente igualitária – e sem totalitarismo. Com um grau de felicidade e satisfação das necessidades de todos os seus membros pouco igualado. Sua espiritualidade e consciência ecológica eram de dar inveja.

Não foram pequenos grupos isolados. Eles foram os donos de um continente inteiro durante séculos, até que o maior genocídio da História os destroçou.

Estamos falando, claro, dos povos indígenas da América – os *americanos nativos*, como finalmente acabaram sendo chamados hoje na América do Norte, num reconhecimento tardio.

O que nos impediu até hoje de deter o olhar sobre eles e nos beneficiar – e envergonhar – do modelo solidário e de real igualdade que nos oferecem? O hábito instaurado pela visão arrogante do conquistador, que passou como um flagelo sobre as sociedades da América pré-colombiana. Sem se deter, evidentemente, para avaliar-lhes os valores e conteúdo. Um juízo superficial e comprometido com os valores europeus do século XVI.

A raça branca pulverizou as culturas americanas sem se interessar por sua espiritualidade e seu modelo igualitário de sociedade. Seu pior castigo[41] foi que a cegueira desse olhar arrogante a impediu de aproveitar o maior tesouro que a raça

[41] Além do carma terrível que essa raça branca adquiriu, e evidentemente não passará em brancas nuvens)

vermelha possuía e podia partilhar – o seu modelo de sociedade.

Enquanto os conquistadores cruzavam o oceano, acobertados pelo símbolo da cruz, para cometerem em nome do cristianismo o maior genocídio de que se tem registro na História, os povos de pele vermelha viviam havia séculos um modelo fraterno, não-egoísta, de convivência, que permanece até hoje como a materialização mais aproximada do ideal cristão de sociedade de que já se teve notícia *numa raça inteira*.

Parece exagero?

É que estamos tristemente condicionados aos rótulos europeus e arianos de "selvagens" e "civilizados" – fundamentados em tons de pele, convenientemente acrescidos de fuzis, contas bancárias e hipnose do supérfluo, além de um materialismo míope que ignora toda a dimensão espiritual do ser humano.

O fato de os índios americanos não terem à época da invasão casas de alvenaria, coleções de roupas, livros, carruagens, igrejas e quinquilharias, significa apenas detalhes – ou se quiserem, um dos lados da moeda. Quanto ao essencial: eles tinham mais saúde, eram mais limpos, mais espiritualizados, mais fraternos e igualitários, mais democráticos, tratavam melhor suas crianças e velhos, respeitavam infinitamente mais a natureza. E, sem dúvida, igualariam ou ultrapassariam o índice de felicidade de qualquer país hoje.[42]

O modelo social dos peles-vermelhas

Seria útil à nossa busca de um modelo analisar de perto a vida de uma nação pele-vermelha da América do Norte, antes da invasão branca, através das lembranças de alguém que viveu ali uma encarnação por volta dos anos 1600.

Como dispomos desse depoimento, de uma jovem da tribo dos mohawks, uma das Cinco Nações iroquesas,[43] que viviam no território oeste do hoje estado de Nova Iorque, iremos utilizar essa amostra do povo iroquês registrada em livro há anos atrás[44] como exemplo – que cremos válido – da organização social dos povos ameríndios da América do Norte. Depoimento esse que garantimos fidedigno.

A primeira palavra que nos vem ao pensar nas nações pele-vermelhas é *liberdade*, no mais amplo sentido. Não apenas a de viverem sem submissões ou totalitarismos, livres como o vento das campinas e sem nada dever a ninguém; mas também numa estrutura democrática, em que os líderes eram escolhidos e não havia poder hereditário. Três eram as autoridades que regiam cada uma das Cinco Nações: o Conselho dos Mais Velhos, escolhidos entre os mais sábios da tribo (uma espécie de senado); o chefe, o poder executivo; e o xamã, o *olho-que-vê*, sacerdote, curador e oráculo. Nenhum

[42] Como vivem as pessoas nos países mais felizes do mundo? Eis o que diz o consenso das pesquisas: 1) Elas tiram férias. O trabalho é importante para o bem estar das pessoas, mas, em países felizes, as pessoas também priorizam o tempo livre. 2) Elas vão para o trabalho a pé ou pedalando. 3) Elas equilibram a vida pessoal e o trabalho. 4) Elas passam o tempo com amigos e familiares.5) Elas confiam nas outras pessoas. O pessoal americano nativo tirava dez em tudo isso.

[43] Eram cinco nações – mohawks, oneidas, cayugas, sênecas e onondagas – todos do mesmo tronco, que em época ancestral se haviam dividido, e que finalmente, por ação do Grande Enviado, Haiawatha, acabaram se constituindo na Federação Iroquesa, um modelo micro da União Europeia de hoje, inclusive com um parlamento (Conselho) comum, numa paz duradoura, e que durou cerca de 200 anos, até a chegada do homem branco.

[44] *Haiawatha*, de Roger Féraudy e Mariléa de Castro. Ed do Conhecimento, Limeira-SP, 2005.

deles ganhava nada por isso, a não ser a consideração geral. Enquanto a Europa estacionava no feudalismo, com um punhado de senhores feudais e legiões de servos miseráveis, mais alguns reis cuja principal ocupação era guerrearem-se entre si, esses "primitivos" escolhiam democraticamente os seus representantes e tomavam decisões por consenso, nos conselhos, onde a palavra, a discussão, era altamente considerada.

A segunda palavra é *igualdade*. Todos os membros da tribo se chamavam de *irmãos de sangue*, e o status social não poderia ser mais idêntico. Todos partilhavam igualmente da abundância ou da penúria, plantavam e colhiam juntos, caçavam, festejavam e moravam em igualdade de condições. As tendas – *os wigwans* – eram semelhantes; as roupas, os mocassins, os cardápios, os utensílios, idem. Ninguém *possuía* a terra, as florestas, os lagos cristalinos, os animais. Mesmo os cavalos, que eram mantidos num cercado comum, não eram *posse* de ninguém em particular, embora houvesse preferências no uso; eram de todos. Ninguém era "mais igual" perante a lei. Era uma sociedade que alimentava, vestia e abrigava a todos de forma igualitária, e garantia assistência de saúde, imediata e gratuita, da melhor qualidade existente – sem filas – para todos.

A terceira – vejam só – é *fraternidade*. As alegrias e desventuras eram partilhadas prontamente. Seria impensável ver alguém necessitando de algo que se pudesse dividir e não fazê-lo. Valia a mesma regra que para os indígenas brasileiros até hoje: "você só passa fome se todos estiverem passando fome" (como disse textualmente uma antropóloga que conviveu com eles).

Nossa perspectiva consumista e competitiva logo reclamaria da falta de quinquilharias inúteis e do que ostentar para sentir-se *mais do que os outros*. A propaganda – braço doentio que sustenta a sociedade de consumo – acostumou a sociedade contemporânea a ser conduzida, numa hipnose de que raros se dão conta, ao consumo infantil, desnecessário, de uma quantidade tremenda de objetos supérfluos.

Os peles-vermelhas usavam um mocassim de cada vez. Se a criatura só tem um par de pés, para que precisa de mais de um par de sapatos de cada vez – se considerarmos o calçado apenas como o que *realmente é* – uma proteção para os pés? Agora, se acrescentarmos a isso um símbolo de vaidade, status e ostentação – o sapato deixa de ser apenas o que é, e transforma-se numa ilusão, num repositório de emoções, num ditador que exige imensas horas de trabalho de nossas vidas, preocupações, canseira e *stress* – e frustração, se for menos chique, moderno e caro que o dos outros. Passamos a ser reféns do sapato, que representa: 1) a ditadura da moda, inventada pelos fabricantes e periodicamente alterada para garantir um consumo permanente e os ganhos contínuos *deles*; 2) o símbolo de nossa escravidão, em vidas que se consomem em longas jornadas de trabalho, por vezes exaustivas, e na maioria mal remuneradas, numa disparidade gigantesca entre quem paga e quem é pago; 3) o testemunho de nossa cegueira, deixando-nos manipular pela minoria da sociedade que lucra com a ingenuidade da maioria, usando como cordéis das marionetes a vaidade, o orgulho e a inconsciência. Substitua o sapato por todos os objetos dispensáveis e supérfluos que nos fazem de reféns, dos menores aos maiores, e cujo mecanismo de dominação sobre nós é o mesmo.

Os peles-vermelhas preferiam ter um par de mocassins de cada vez, e usar o seu tempo livre desfrutando da natureza, nadando, remando, pescando, explorando, e convivendo com os amigos. Os laços sociais eram fortes e permanentes. Os velhos eram respeitadíssimos, como fontes de sabedoria e detentores da memória do grupo, e envelheciam no meio da família e amigos, protegidos e cuidados, entre risos de crianças e trocas humanas gratificantes. Depressão era desconhecida, porque os laços entre todos eram fortes e a convivência, significativa. Não existia terreno para solidão, abandono, pessoas esquecidas ou carentes. As crianças eram muito amadas, vistas como presentes do Grande Espírito; ninguém batia nelas, e protegê-las era prioritário. Qualquer psicólogo atestará que não há indicadores melhores de saúde mental e de felicidade verdadeira.

As crenças desses povos eram uma herança de suas origens[45] ancestrais. Todos na Criação eram filhos do Grande

[45] Reza a História Oculta do planeta que os peles-vermelhas da América do Norte foram originários da Atlântida. Antes do afundamento, em diversas épo-

Espírito, e portanto, todas as formas de vida deviam ser respeitadas. Da natureza devia-se tirar só o necessário para a sobrevivência. Ninguém duvidava de que se possuía uma alma, muito além do corpo, e a sobrevivência era inquestionável. Ao deixar esta vida, ia-se para os Campos Floridos, onde a vida continuava. Acreditava-se que as almas provinham do alto, das estrelas, e para lá retornariam. O intercâmbio com os espíritos era fato comum, mediado pelos xamãs de cada tribo, e invocados para dar orientação, promover curas, etc. Não havia ateus, nem "religião oficial": a crença era algo natural como respirar.

Pode-se alegar que esse era um modelo rústico de sociedade, longe do ideal de conforto da nossa. De fato, não havia chuveiro quente, colchões de espuma, livros, luz elétrica, cinema, sorvete, escova de dentes, fogão a gás, geladeira. Em compensação, não havia privilegiados, pobreza, miséria, exploração dos semelhantes, corrupção, sem-tetos, líderes parasitando os recursos comuns, magistrados desonestos, ostentação, consumo irracional, acumulação, trabalhadores humilhados, juros, velhice desamparada, pessoas ao abandono, meninos de rua, drogaditos, traficantes de drogas ou armas, alcoólatras, assaltantes com ou sem colarinho branco, prostituição, pedofilia, jogatina, maltrato de animais, agrotóxicos, refrigerantes, margarina, telemarketing e funk. Os xamãs não pediam dízimos ou doações "para o Grande Espírito", não cobravam por seus serviços, não ameaçavam ninguém com penas eternas nem precisavam de templos, considerando-se toda a natureza o templo do Criador. E a mentira, sobretudo em causa própria, era desprezível e abominada.

Havia desviantes, espíritos ainda inferiorizados, entre eles? Claro, como em qualquer comunidade humana.

Mas o que importa considerar é que um modelo igualitário, comunalista e solidário de sociedade sobreviveu por séculos sem desvirtuar o seu núcleo estrutural, sem ceder à constituição de classes, à desigualdade, à triste ilusão que coloca seres humanos irmãos em situação diferente na comunidade de filhos do Grande Ser. Que divide a terra, que Ele

---

cas, sabe-se que levas de migrantes, conduzidos por seus guias, foram direcionadas para outras regiões do planeta, tanto a leste como a oeste, preservando variados contingentes da população atlante e seus conhecimentos.

deu a todos, em retalhos egoísticos; que rotula criaturas filhas da mesma Luz Divina em possuidores e despossuídos; que é capaz, num mundo fértil que pode alimentar o dobro dos habitantes que possui, de manter criaturas humanas na condição indigna de famintos, enquanto outras se locupletam com o supérfluo.

Acaso sonhamos, para o futuro de nossa casa planetária, um modelo cristão de sociedade? Comparando os dois, o dos povos ameríndios e o nosso, qual se parece mais com o ensinado há dois mil anos na Palestina? Qual parece mais *crístico* – mesmo sem altares com cruzes e o vulto do Crucificado atestando nossa ingratidão?[46]

[46] Poderia ser hinduísta, budista, hermético, iogue, rosacruz, teosofista, etc, desde que também fiel à ética original. "Crístico", no dizer de Ramatís, significa a essência do amor cósmico ensinada por todos os grandes Enviados, e é mais abrangente que "cristão".

Capítulo 11

Uma utopia real – a república guarani

> O caminho é longo e difícil para a realização de um mundo fraternal. Não é necessário ser profeta para saber que a humanidade passará por outras tentativas parcialmente bem sucedidas, antes de acercar-se de sua meta final. – Padre Clovis Lugon[47]

O inicio

O cacique chamava-se Guayrá. Dele nada sabemos, exceto que vivia ali e deu nome àquela região onde as gralhas azuis multiplicavam por sua conta as infinitas araucárias, e muitos povos indígenas vagavam pelos pinheirais – antes da chegada dos brancos de peles claras e obscuros corações. Quando mais tarde os homens riscaram em papeis e dividiram a terra de Deus, que não tem limites, deram àquela região o nome que hoje possui – Estado do Paraná. Mas naquele tempo antigo, sua porção oeste era Guayrá. Era no lado do rio Paraná onde o Sol nasce – o Paraná que se lançava outrora em sete quedas de inigualável beleza.[48]

Foi assim que, logo depois da América ser descoberta, espanhóis e portugueses lançaram-se como lobos famintos em busca de suas riquezas, de ouro para perderem suas almas e

[47] LUGON, Clovis. *A República comunista cristã dos guaranis*. RJ, Paz e Terra. 1976

[48] Os homens brancos, assim como destruíram os irmãos de Guayrá naqueles tempos longínquos, acabaram destruindo as Sete Quedas – maior volume de água do mundo numa cachoeira, beleza inigualável. Foram submergidas para a criação da Usina de Itaipú, num crime ambiental irreparável, uma burrice sem nome e sem volta. Acham que foi por um bom motivo. Mas a beleza que acaba não se recria. O desrespeito ao homem é o mesmo que se tem com a natureza.

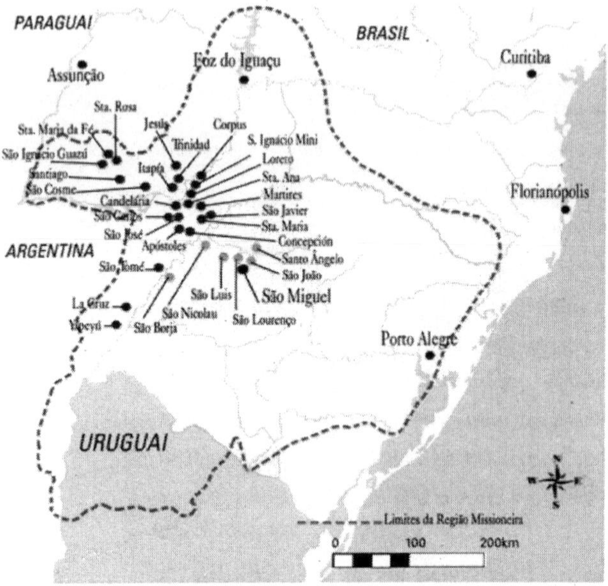

As Missões Guaraníticas

filhos da terra para escravizar.

Na região de Guayrá (oeste do Paraná), como não encontraram ouro nem prata, os colonizadores espanhois se lançaram ao cultivo da erva mate, explorando brutalmente para isso a mão de obra servil dos nativos, índios guaranis e outros. Logo trataram de fundar algumas cidades por ali.[49] Naquele tempo, em função do Tratado de Tordesilhas, a área pertencia à coroa espanhola. Porém os portugueses – paulistas cúpidos e cruéis, mais tarde apelidados e disfarçados com o nome de "bandeirantes", quando não passaram de genocidas brutais – costumavam romper os limites do Tratado e fazer incursões furiosas em busca de índios para arrastar e vender em São Paulo, para a escravidão das lavouras.

Foi nesse cenário que uns seres diferentes começaram a aparecer: os jesuítas. Impelidos pelo afã de converter os indígenas, sem dúvida, que era o móvel da Companhia de Jesus. Mas que com isso criaram a mais incrível experiência – o modelo mais original de sociedade civilizada (nos moldes europeus), totalmente igualitário, que jamais floresceu na América

[49] Ontiveros, em 1554, Ciudad Real em 1557 e Villa Rica del Espiritu Santo em 1570.

do Sul e, vamos ser claros, sem similar no planeta, com exceção das nações pele-vermelhas da América do Norte. Uma experiência que envolveu até cerca de 150.000 índios, distribuídos em 57 núcleos – as reduções – e que durou 150 anos! Só Deus sabe o que teria resultado se lhes tivessem permitido continuar. A "República Guarani", ou as Missões Jesuíticas.

Embora sejam mais conhecidos aqui os "Sete Povos das Missões" do Rio Grande do Sul, a história é muito mais ampla e complexa. O primeiro capítulo dela foi na área do Guairá, onde em 1610 dois jesuítas, os padres José Cataldino e Simon Mazet, fundaram as reduções de N. Sra de Loreto e San Ignacio Mini. Foram precursoras das 13 *reduções* que na sequência ali se desenvolveram.

Em 1612, uma figura marcante foi enviada para o Guairá: o jesuíta padre Antonio Ruiz de Montoya, Superior-Geral das reduções de 1620 a 1637.

As *reduções* eram povoações onde os jesuítas agruparam de 5.000 a 7.000 índios em cada, por vezes até mais, protegendo-os da sanha escravizadora tanto de espanhóis como portugueses, e desenvolveram um modelo social e econômico peculiar. Os aldeamentos foram se expandindo, e acabaram se constituindo em algumas áreas principais: a do Guairá, a do Tape (oeste do RS, as chamadas "Missões Orientais"), a do Itatim, do Uruguai e Paraná. Sempre seguindo um planejamento básico e estrutura de funcionamento idêntica em todas as reduções, na economia, na forma de governo, na vida social e religiosa.

No Guairá, por volta de 1624, calcula-se que as reduções contavam entre setenta mil a cem mil pessoas, sendo em geral dois padres em cada uma, e os habitantes predominantemente guaranis, com algumas outras etnias indígenas ocasionais.

República del Guaira

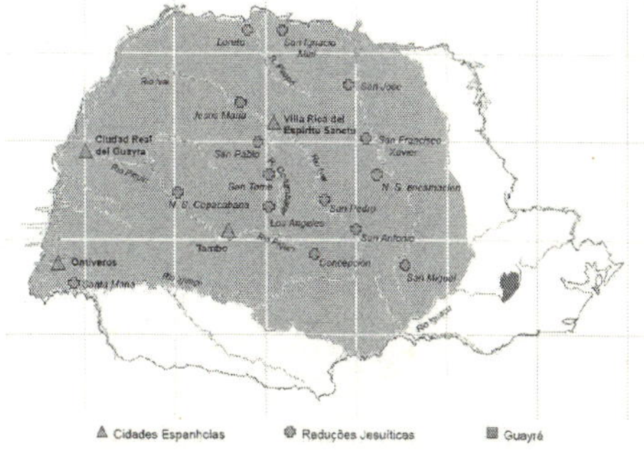

O total de reduções é dado como 57 ao todo, em territórios que são hoje do Brasil, Argentina e Paraguai.

A vida nas reduções

O "plano urbanístico" dos jesuítas, que se repetiu em todos os povoados missioneiros, era simples e funcional.

O centro da redução era uma grande praça quadrangular, cercada de árvores, em geral com uma fonte, e com a estátua do padroeiro local. Numa das faces do quadrilátero ficava a igreja, tendo de um lado o cemitério, o "hospital" e o cotiguaçu (casa das viúvas e dos órfãos), e de outro, a casa dos jesuítas, o colégio e o prédio das oficinas. Atrás uma horta e pomar. Na face oposta da praça, o cabildo, que era a sede da administração. Partindo da praça, estendiam-se ruas amplas e perfeitamente retas, formando um quadrilátero, onde se situavam as habitações dos índios, todas idênticas. De início, as casas eram simples cabanas, revestidas de taipa. Depois passaram a ser feitas de pedra, de tijolos.

O cerne, a espinha dorsal dos povos missioneiros era o modelo comunal de vida. Uma sociedade igualitária, sem distinções sociais, cuja economia era absolutamente comunitária – e que, pelo visto, tornou felizes os seus integrantes, durante o século e meio em que lhes permitiram continuar.

Antes disso, os guaranis eram seminômades; cultivavam pequenas plantações de milho, mandioca, batata-doce e erva mate, caçavam e pescavam, coletavam frutos e raízes.

Modelo urbanístico das reduções

Nas reduções, os jesuítas introduziram, além dessas, as culturas do trigo, da cevada, do arroz, da cana de açúcar, do algodão e do cânhamo para tecidos. Cada redução possuía hortas e pomares, que produziam o ano inteiro variados hortigranjeiros, plantas medicinais, e abundavam as laranjeiras, pessegueiros, limoeiros, figueiras, romãzeiras, abacaxis e outros frutos nativos. Grandes rebanhos de bovinos, com vacas leiteiras, e ovelhas, pastavam livremente nos limites das reduções.

Toda a terra, sem divisões, pertencia à comunidade. Não havia posse individual. O produto das colheitas era guardado nos armazéns públicos, e periodicamente dividido entre as famílias, proporcionalmente a seu tamanho, assim com as roupas, utensílios, ferramentas etc.

Nas oficinas, trabalhavam pintores, escultores, relojoeiros, serralheiros, carpinteiros, marceneiros, alfaiates, padeiros, torneiros, correeiros, telhadores, fabricantes de instrumentos agrícolas e carroças, ceramistas. Havia teares que confeccionavam roupas para toda a população.

Existiam moinhos de vento e de água, bem como serrarias e curtumes, usinas de açúcar e azeite, fornos de tijolos e telhas. As ruínas e as poucas edificações que sobreviveram atestam a qualidade das construções e a pericia dos construtores. Às margens dos rios eram fabricados barcos de transporte e canoas de guerra.

As reduções eram administradas pelos próprios indígenas, tendo à frente o que chamaríamos hoje de prefeito – o *corregedor*, um cacique geral, que era eleito pela comunidade, com um mandato de um ano. Os padres ficavam como espécie de conselheiros, orientadores, guias religiosos.

Não havia a menor sombra de distinções sociais – como, aliás, não havia antes entre os guaranis em estado natural. Deve-se lembrar que as nações indígenas americanas eram sociedades sem classes, que já viviam antes modelos de vida comunal, com estreitos vínculos familiares, e como tal – e talvez só por isso – constituíram a matéria prima ideal para o estabelecimento desse modelo ímpar da chamada "República Guarani", uma utopia erguida entre as matas e planuras do Cone Sul. O lucro, esse câncer moral da humanidade, inexis-

Ruínas da igreja de S. Miguel – RS

tia; tampouco o comércio. As reduções mantinham contato e trocas entre si, dos produtos que sobravam numas e escasseavam noutras, mas em regime de cooperação mútua. Qualquer tipo de dinheiro, nem pensar.

Nunca é demais sublinhar a bem documentada habilidade manual, criatividade e dons artísticos dos guaranis. Eram particularmente dotados para a música, e os padres organizaram corais muito afinados para acompanhar as missas e as diversas festas periódicas das reduções. Tocavam com competência instrumentos musicais por eles mesmos fabricados, até violinos e órgãos. Da escultura em madeira ficaram-nos belos exemplares, que restam em alguns poucos museus anexos às ruinas que sobraram das reduções no Rio Grande do Sul, na Argentina (província de Missiones) e no Paraguai. Há testemunhos, em relatos de diversos padres, sobre as artes exercidas pelos índios.[50] Algumas igrejas muito belas, construídas pelos índios sob projeto de arquitetos europeus, testemunham até hoje com suas ruínas o alto grau de qualidade dos construtores. A de S. Miguel, no RS, é das maiores e mais conhecidas.

[50] "Eles fabricam relógios, clarinetes e trombetas tão bem quanto na Alemanha". "Vi quadros muito belos, de sua autoria, e livros corretamente impressos", registra o padre Sepp. (C.Lugon, ibidem). Sobre os instrumento musicais, diz o padre Perams: "...são instrumentos tão bem acabados quanto os dos melhores fabricantes da Europa" (C. Lugon, ibidem).

Escultura produzida pelos guaranis
– Museu das Missões, S Miguel – RS

O genocídio bandeirante e as migrações

Desde 1618, os paulistas realizavam pequenas expedições para sequestrar índios na região do Guairá. Depois, vieram com verdadeiros exércitos, arrebatando os trabalhadores dos campos, atacando e devastando as reduções, pondo os índios a ferros, e levando-os em marchas forçadas na direção de Piratininga (SP). As crianças e velhos eram massacrados ou abandonados pelo caminho.

Foi trágico. Mais que isso, cruel e odioso. Em 1627, o "famoso" bandeirante Raposo Tavares, mais um certo Manoel Preto, montaram uma super expedição – as chamadas *bandeiras* – para caçar índios para vender. Eram mais de 3000 homens bem armados, entre brancos, mamelucos e índios cooptados. Em janeiro de 1628, atacaram as reduções do Guairá. Arrasaram nove delas, chacinaram milhares de pessoas, sobretudo velhos, enfermos e crianças, e levaram prisioneiros a ferros 30.000 índios, como se fossem gado. O Guairá ficou devastado. Em 1637, das doze reduções não restavam mais que três.[51]

Foi então que o padre Montoya decidiu, para salvar os que haviam fugido das reduções arrasadas e os de Loreto e Santo Inácio Mini ainda de pé, promover uma grande migração. Em 1631, com setecentas canoas, duas mil e quinhentas famílias desceram até o rio Paraná e enfrentaram as cataratas de Sete Quedas, mortes, marchas forçadas pela floresta, fome, epidemias... Um êxodo épico. Ao final, das cem mil ou mais pessoas das reduções do Guairá, antes das invasões dos paulistas, não restavam mais que doze mil. O padre Montoya reconstruiu Loreto e Santo Inácio nas margens do rio Jubaburu.

Mas não foi essa a única migração. Em 1636, houve novas incursões dos paulistas. Loreto, Santo Inácio, Sta. Maria Maior, Natividad e outras reduções do Alto Paraná e da Serra do Tape foram atacadas. Após alguns combates, ficou evidente que uma nova migração seria imperiosa. E, depois de muita relutância, lá se foram de novo as colunas de fugitivos. Agora decidiram estabelecer-se na região de Entre-Rios, entre o Paraná e o Uruguai, que constituiriam duas barreiras naturais de proteção.

Mas o padre Montoya tinha feito algo mais além de rezar. Em 1637, foi a Madri, e passando por cima de todas as autoridades coloniais, conseguiu avistar-se com o rei da Espanha e convenceu-o da necessidade de permitir que os índios se armassem. O resultado não se fez esperar muito.

Em 1640, os paulistas atacam novamente. Mas então os guaranis já possuíam armas. E num pequeno afluente do rio Uruguai, o Mbororé, teve curso a famosa batalha de mesmo nome. Munidos de apenas 300 rifles, mas em canoas de guerra que até canhões primitivos possuíam[52] e com a força dos que defendem as próprias vidas e de seu povo, os guaranis, sob

---

[51] O governador do Rio da Prata, Pedro Estéban de Avila, observa num relatório ao rei: "Verifiquei que entre 1628 e 1630 os habitantes de São Paulo arrebataram mais de sessenta mil almas das reduções, tanto nesta província como na do Paraguai; que eles aí exerceram crueldades e desumanidades incríveis, comportando-se de maneira que não era possível crer que fossem cristãos e católicos".

[52] Os índios conseguiam montar pequenos canhões feitos de taquaras de grande diâmetro, tapados com couro na extremidade, usando pólvora e pedras. Embora aparentemente só servindo para um único disparo, tinham eficácia. Vide, a propósito, o vídeo de Eduardo Bueno, no Canal Buenas Ideias, *youtube*. *https://www.youtube.com/watch?v=Ca6q3TSOEyI*

o comando do chefe Abiaru, e dois padres jesuítas, em três dias de luta, acabaram dando o troco aos paulistas e mamelucos. Dos 1000 que haviam atacado, só cerca de 120 sobraram para retornar a São Paulo de Piratininga. Após a batalha de Mbororé, acabou a caça aos índios pelos paulistas, que foram em busca de ouro em outras paragens para contentar-lhes a ambição e a ferocidade.

Ocaso

Era previsível que esse sistema ímpar, extremamente organizado, autossuficiente, com liberdade e bem-estar para os índios, assim subtraídos aos escravizadores, tanto colonos espanhóis como paulistas predadores, despertaria inveja e cobiça. Tanto que os padres tiveram que arcar com a desconfiança, a má vontade e finalmente com os ataques morais que os seccionaram do Novo Mundo. Como aponta Clovis Lugon, em sua obra clássica,[53] "o mundo colonial de maneira alguma aceitava e não podia aceitar a existência dessas comunidades indígenas livres".

Em 1750, depois de décadas de existência pacífica e florescente, um golpe trágico se abateu sobre a comunidade das reduções. Depois de longas querelas e confrontos, as duas coroas, espanhola e portuguesa, assinaram um tratado transacionando a cobiça mútua. A Espanha cobiçava a Colônia do Sacramento (hoje no Uruguai), estabelecida no Rio da Prata; Portugal cobiçava a região do atual Rio Grande do Sul onde se situavam as sete Missões Orientais (do Leste). No toma-lá-dá-cá, o Tratado de Madri estabeleceu a troca de ambos. E como resultado, os sete povos das missões orientais receberam um ultimato: vocês têm seis meses para desocupar a área; sumam-se com tudo – aí inclusos os jesuítas, as cidades, as casas, as igrejas, as lavouras, o gado, tudo que havia sido construído ao longo de décadas.

Os guaranis chegaram a seu limite. E disseram "não". "Não sairemos". Resultaram as chamadas Guerras Guaraníticas, onde despontou a figura mítica de Sepé Tiaraju, corregedor da redução de S. Miguel, que liderou as tropas indígenas contra os exércitos coligados de espanhóis e portugueses. Sepé, que

[53] Op.cit.

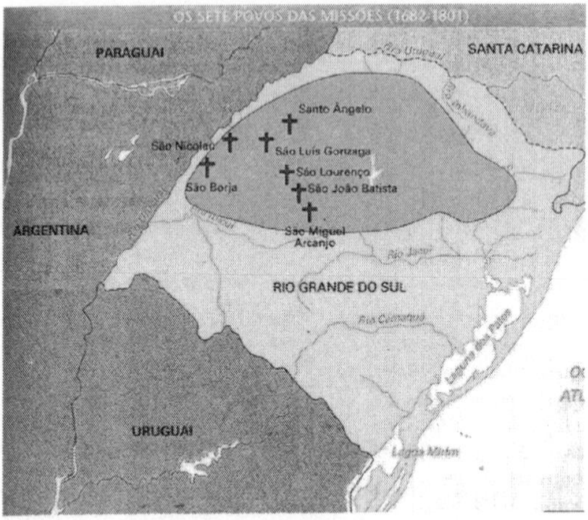

Os Sete Povos das Missões Orientais

teria dito a famosa frase "Esta terra tem dono" – e se não disse, devia. Que foi morto em batalha. Que virou heroi nesta terra onde viveu e lutou; que virou São Sepé.[54] E esse foi o ocaso das Missões Orientais.

Mas não ficou nisso. A cobiça, a ambição e a suspeita rondavam aquela experiência florescente da República Guarani. Havia o medo de que os jesuítas pretendessem criar uma nação independente formada por aquele sistema das reduções, tão ordenadas, tão prósperas. Intrigas (uma das especialidades do ser humano) rolaram na Europa como no mundo colonial. E finalmente os jesuítas foram abominados e proscritos. O Marquês de Pombal determinou a expulsão dos jesuítas de Portugal e do Brasil, em 1762; e em 1768, o mesmo ocorreu em todo o império espanhol.

Só os Arquivos do Tempo, indelevelmente registrados no Invisível, poderão atestar a verdadeira natureza da atuação dos jesuítas no cenário americano. Mas o que nos parece é que *estes* jesuítas, os que vieram para o Brasil (lembre-se Nóbrega e Anchieta) e os que formaram as reduções guaraníticas, eram espíritos do bem. "Pelos seus frutos os conhecereis". É sintomática, para mostrar o que significaram para os indígenas das missões os seus jesuítas, uma carta que foi endereçada logo após a partida deles ao governador de Buenos Aires, Marquês de Bucareli, escrita em guarani pela municipalidade da Missão de São Luis Gonzaga:

> Nós, a municipalidade e todos os caciques e índios, mulheres e crianças de S. Luis... vimos, com toda a humildade e lágrimas nos olhos,

[54] Hoje um município do Rio Grande do Sul.

> suplicar que seja permitido aos filhos de Santo Inácio, aos padres da Companhia de Jesus, continuarem residindo entre nós e aqui permanecerem sempre...Quanto aos monges e padres que nos foram enviados para substituir os padres da Companhia de Jesus, não os queremos. ...Estes monges e padres não cuidam de nós, ao passo que os filhos de Santo Inacio eram cheios de bondade por nós.

As missões, depois disso, passaram a ser dirigidas por militares, com membros de outras ordens religiosas, mas a depredação, os saques e abusos acabaram corroendo as reduções e delas, afinal, acabaram restando umas poucas ruinas que hoje recordam imperfeitamente a sua realidade.

Um legado

> A vida em comum é uma experiência incomensurável de que a humanidade vai lentamente fazendo a aprendizagem, no risco, nas tentativas mais ou menos vacilantes, nas aberrações, nos impasses e, não poucas vezes, no sangue.
>
> Henri-Charles Desroches

Sobre a vida religiosa, o quotidiano, as festas, os hábitos da população nas reduções, muito poderia ser dito (e são centenas as obras e textos com detalhes), mas nosso propósito essencial é registrar a existência dessa experiência singular de vida em comum, essa utopia que, de alguma forma, foi instaurada e mantida por século e meio nas regiões agrestes do Cone Sul, envolvendo quase 60 comunidades – verdadeiras cidades autossuficientes, mas compondo um sistema interligado, sintônico e altamente eficiente, que oferecia abundância e bem-estar a seus habitantes. Em que outro lugar, antes, durante e depois, a simplicidade, a harmonia e um sistema democrático surtiram tanto efeito?

Pode-se alegar que os jesuítas doutrinaram os índios e impuseram uma base religiosa – o catolicismo – sem alternativa. É fato. Mas todos os depoimentos apontam para a brandura de seus métodos, a dedicação heroica que tiveram para com seus protegidos e em defesa deles, defendendo-os da escravidão e da extinção. O próprio "sistema penal" das reduções o atesta. As penalidades para os infratores das regras da comunidade eram brandas, jamais existiu pena de morte (Compare-se com a Europa à época). Não havia penúria (exceto quando era geral, devido à seca, por exemplo), não existia roubo, violência, disputa de bens, exploração do trabalhador, jornada de 14 horas, abandono de incapazes, nem todas as misérias morais que acompanham nossas sofisticadas sociedades acumuladoras e consumistas, repletas de bugigangas tecnológicas e ostentatórias, e vazias de solidariedade e espírito fraterno.

Não existia a exploração de mão de obra escrava. Eram homens livres, que trabalhavam para si e suas famílias. E que escolhiam seus dirigentes!

E, acima de tudo, essa experiência existiu e mostrou que é possível. Em outras bases, sem os confortos e avanços da modernidade, mas na estrutura essencial, permanece como um modelo que, atravessando os séculos, nos envia sua mensagem silenciosa, oferecendo-nos uma possibilidade para inspirar – quem sabe? – num mundo do futuro, a verdadeira "Terra sem males" da tradição guarani.

Para tanto, só o que precisaríamos seria de *almas* singelas, afeitas ao trabalho, amantes da igualdade, isentas dos delírios do consumismo inútil, e guiadas por um ideal de fraternidade. Livres dos *bandeirantes* – de todas as origens, mas sempre de armas na mão e dureza no coração, que hoje ainda infelicitam o planeta, na ânsia de conquistas para seus egos insaciáveis – poderiam recriar, em outro nível civilizatório, um mundo feliz. Talvez comunidades de tamanho moderado, onde relações amigáveis fossem a regra, e o bem-estar geral e a abundância fossem o substrato para vidas focadas no crescimento interior e na conquista da felicidade cósmica.

> No caso ... em que os homens... desejassem livrar-se da sociedade capitalista, a pureza da fórmula social aplicada pela República Guarani brilharia com uma luz quase exemplar.
>
> Padre Clovis Lugon

Capítulo 12
Rousseau: uma inspiração

Século dezoito: o alvorecer da nova era

O século XVIII foi predestinado. Trazia inscrito, no projeto oculto que orienta a evolução do planeta,[55] um divisor de águas. Era preciso que um modelo multimilenar que até então fora o da organização da sociedade – o Estado monárquico e a aristocracia – fosse substituído, e a noção de escravos e senhores, e homens com direitos "divinos" e arbitrários sobre outros, fosse trocado pela noção de *cidadania* – a *igualdade* de todos os componentes da sociedade, a valorização do homem enquanto tal, independente de classes. E capaz de eleger os próprios dirigentes. Democracia – o velho molde da antiga Atenas.

Terminava um ciclo; o velho mundo estava prestes a virar a página para a humanidade ingressar – ainda que tropeçando, como costuma esta gente terráquea – na Era de Aquário. Um novo *status* planetário estava prestes a se instaurar.[56]

A Era de Peixes ia chegando ao ocaso, e com ela uma longa etapa de primarismo social, que vinha do alvorecer das civilizações, até chegar naqueles anos 1700, com seus reis absolutistas e aristocratas de perucas cacheadas.

E, como não há parto incruento nas humanidades primárias, o da Nova Era seguiu o esquema possível. Não o desejá-

[55] Como qualquer escola, é claro que esta Escola Terra possui um programa, um projeto delimitado no tempo que deve ser cumprido. Do contrário seria o caos.
[56] Era a irradiação poderosa de uma energia simbolizada no signo de Aquário, cujo regente, Urano, tem por divisa, exatamente, LIBERDADE, IGUALDADE, FRATERNIDADE. Não por acaso o lema da Revolução Francesa. E não por acaso o planeta Urano foi descoberto, exatamente... em 1781, às vésperas da Revolução.

vel pela Administração Planetária – mas o *possível*, dadas as condições de consciência deste povinho recalcitrante do planeta Terra. O que ainda havia de primitivismo no sentimento dos terráqueos fez da Revolução Francesa, que poderia ter sido uma *renovação*, exatamente isso – uma *revolução*, onde novos conceitos de sociedade foram soletrados com sangue.

Mas as grandes mudanças foram partejadas e vieram à luz, dentro das convulsões sociais. E para embasar a nova tomada de consciência, era preciso que novas ideias germinassem, antes. Era preciso que a fatia da sociedade capaz de reflexão se nutrisse de conceitos que fundamentassem as transformações. Em suma, que a ideia da IGUALDADE essencial de todos os homens fosse legitimada, e o poder real recolocado em sua verdadeira condição. Que as diferenças sociais estabelecidas pela *posse da riqueza* fossem dissecadas desde sua origem e denunciadas, não como uma condição natural ou justa, mas pelo que verdadeiramente são: um abuso consentido.

O iluminismo

O início se deu com o Renascimento, quando a mentalidade europeia começou a sacudir o torpor medieval e redescobriu o instigante pensamento dos gregos, esses curiosos de entender o funcionamento do Cosmo. No século XVII, acentuou-se o movimento com a entrada em cena de figuras como Descartes e Isaac Newton, protagonizando a Revolução Científica. A partir da observação e do experimento, Newton, p.ex., chegou a descobrir uma série de leis (a mais famosa a da gravitação universal) que regem o universo material. Com tudo isso, foi se instaurando o primado da *razão* – a noção de que refletindo, observando e experimentando, o intelecto humano podia compreender o mundo. Das ciências físicas, essa noção se estendeu para as relações sociais, a política, a economia, a história, etc.

A chegada do século XVIII viu a chegada ao cenário material de um conjunto de espíritos, filósofos e escritores, que foram protagonistas do movimento que ficou conhecido como Iluminismo – porque a *luz da razão* estava aclarando a visão do espírito humano. Estendeu-se sobretudo pela França Inglaterra e Holanda, mas da França são seus expoentes mais importantes.

As ideias dos filósofos iluministas incluíam a liberdade individual, o progresso, tolerância, liberdade de expressão, fraternidade, governo constitucional e separação da Igreja e do Estado. Questionava-se a ortodoxia religiosa, entronizava-se a razão em lugar dos dogmas.

As ideias fervilhavam nas academias científicas, nas lojas maçônicas, nos salões literários e cafés. Os livros começavam a difundir essas ideias, e os panfletos, um instrumento característico da época, foram largamente utilizados e voavam por toda parte, transportando ideias novas e contestando a autoridade da monarquia e da Igreja.

O grande monumento do Iluminismo, sua obra emblemática, foi, como não podia deixar de ser – um livro. Um conjunto deles, na verdade. A Enciclopédia – 28 volumes -, que pretendeu reunir a síntese de todo o conhecimento da humanidade disponível até então. Diderot, filósofo e homem de letras, um espírito notável, foi o organizador, durante algum tempo junto com d'Alembert. Em julho de 1751 saiu o primeiro volume; o total estendeu-se por 21 anos, até 1772. Foi o espelho de sua época. Diderot convidou para escrever artigos *o crème de la crème* da intelectualidade francesa: 140 colaboradores, entre cientistas, cirurgiões, economistas, naturalistas, gramáticos etc e naturalmente filósofos; os mais famosos Jean-Jacques Rousseau, Voltaire e Montesquieu, produzindo 72 mil artigos

Violentamente atacada, pelo clero (o papa Clemente XIII a condenou) e em consequência pelas autoridades, a *Encyclcopédie* escapou da fogueira, embora não do apedrejamento dos críticos, e moldou o espírito de uma época, solapando o Antigo Regime e preparando o caminho para a Revolução Francesa, oxigenando os espíritos e reforçando nas consciências de vanguarda o anseio por reformas da sociedade.

É aí que entra um dos enciclopedistas, uma voz fundamental para pavimentar o caminho que levou ao 14 de julho e seus desdobramentos: Jean Jacques Rousseau com sua obra, sobretudo dois títulos essenciais dela: *O Contrato Social* (1762) e *Discurso sobre a origem da Desigualdade entre os homens (1753).*

Rousseau – um precursor

Todo mundo ouviu na escola que as ideias de Rousseau influenciaram os revolucionários na França e os reformistas sociais em toda parte. Mas é preciso ir além dos chavões do "bom selvagem" e "o homem nasce bom e a sociedade o corrompe". Há muito mais do que a noção do *contrato social* que estrutura a sociedade. Há conceitos revolucionários para a época, aliás francamente subversivos do *status quo*, que colocaram ideias inquietas nos cérebros pensantes e iriam acender centelhas de mudança.

É preciso visualizar mentalmente o panorama europeu da época, dominado por monarquias em geral absolutistas, com raras constituições, os restos do Sacro Império ainda de pé, para lembrar como eram revolucionários os conceitos, que hoje nos soam elementares, sobre a igualdade, a soberania do povo, o papel dos reis, enfeixados nas obras de Rousseau.

Como focalizar algumas dessas ideias essenciais, que figuram de forma inequívoca nos bastidores da Revolução?

Suponhamos que conseguíssemos uma entrevista com o próprio autor. Um espírito democrático, cordial, que não se negaria a ser evocado e interrogado, para acrescentar a nosso conhecimento. Suponhamos.

Poderia ser assim[57] a entrevista, enquanto sentados sob os carvalhos de um bosque francês, em plena natureza, que ele tanto amava:

[57] Todos os textos em itálico são citações literais de Rousseau, de uma das duas obras supracitadas – o *Contrato* e o *Discurso*.

– *Monsieur* Rousseau, o senhor, tendo escrito o famoso "Discurso sobre a Desigualdade",[58] como conceituaria em essência essa desigualdade?

- *Concebo na espécie humana dois tipos de desigualdade; uma... estabelecida pela natureza... a diferença das idades, da saúde, das forças do corpo e qualidades do espírito. A outra, a desigualdade moral ou política, depende de uma espécie de convenção e que é estabelecida ou, pelo menos, autorizada pelo consentimento dos homens. Esta consiste nos vários privilégios de que gozam alguns em prejuízo de outros, como o serem mais ricos, mais poderosos e homenageados do que estes, ou ainda por fazerem-se obedecer por eles.*

– Mas como tudo isso começou? Como acabamos tendo uma sociedade tão desigual?

- *O verdadeiro fundador da sociedade civil foi o primeiro que, tendo cercado um terreno, decidiu dizer "isto é meu" e encontrou pessoas suficientemente ingênuas para acreditá-lo. Quantos crimes, guerras, assassínios, misérias e horrores não pouparia ao gênero humano aquele que, arrancando as estacas, tivesse gritado a seus semelhantes: "Guardai-vos de ouvir esse impostor; estareis perdidos se esquecerdes que os frutos são de todos e que a terra não pertence a ninguém.*

– Então com a agricultura, que fixou o homem à terra, com a posse dessa terra, tudo começou... Tinha que ser assim?

– Não tinha, mas o foi pela inferioridade dos homens. *Qual seria o homem que iria se dedicar à cultura de um campo de que o primeiro a chegar o despojaria? Como iriam os homens cultivar a terra enquanto não fosse dividida entre eles* – devido a seu egoísmo?

– E aí, como o senhor observa, para garantir-lhes as posses, os homens se juntaram e fizeram um pacto... um contrato... o contrato social... Que deu no que deu.

O entrevistado sacudiu a cabeça, um ar pesaroso lhe ensombreceu a face.

– Pois é... *Reconhecendo suas vantagens, não contavam com a suficiente experiência para prever-lhe os perigos. Tal*

[58] Em 1753, a Academia de Dijon, França, instituiu um concurso, com premiação, para a resposta à questão: "Qual a origem da desigualdade entre os homens e será ela permitida pela lei natural?". Rousseau decidiu concorrer. Em 1750, ele tinha recebido o premio da mesma academia pelo discurso *Sobre as Ciências e Artes*. O prêmio não se repetiu – é fácil ver por quê.

foi a origem da sociedade e das leis, que deram novos entraves ao fraco e novas forças ao rico e fixaram para sempre a lei da propriedade e da desigualdade, fizeram de uma usurpação um direito e, para lucro de alguns ambiciosos, daí por diante sujeitaram todo o gênero humano ao trabalho, à servidão e à miséria.

– Então se ganhou por um lado e se perdeu por outro?

– Sim. *O que o homem perde pelo contrato social é a liberdade natural e um direito ilimitado a tudo quanto pode alcançar. O que ganha com ele é a liberdade civil e a propriedade de tudo que possui.*

- Antes disso, as posses do homem eram bem mais simples, não é?

- Ah... (suspiro). – O entrevistado relanceou o olhar pelo bosque, ficou ouvindo o canto dos pássaros, e por instantes pareceu alheio à situação. Depois retornou, e fixando-me com profundeza, continuou: – Ah, a miséria dos homens é o império do supérfluo! *As necessidades fictícias que surgiram com a vida em sociedade... O homem, de livre e independente que antes era, devido a uma multidão de novas necessidades passou a estar sujeito a seus semelhantes, dos quais se torna escravo, mesmo quando se torna senhor; rico, tem necessidade de seus serviços; pobre, precisa de seu socorro.*

– O senhor sabe que isso, em vez de melhorar, só piorou na sociedade atual, onde um só traje da *haute couture* pode custar o que alimentaria uma família durante um ano.

– *É a loucura da humanidade. As inutilidades que consideramos tão necessárias. É manifestamente contra a lei da natureza um punhado de pessoas regurgitar superfluidades enquanto à multidão faminta falta o necessário.*

– Mas isso é quase tão velho como o mundo... isto é, quanto as sociedades. Não é?

– Infelizmente. As classes sociais sempre se definiram pela riqueza, pela propriedade, **como se uma condição antinatural dessas fosse admissível e natural**. Veja que o povo romano, naquela época recuada de Servio Tulio, já foi por ele dividido em seis classes, somente pelos bens! As primeiras classes eram dos ricos, as últimas dos pobres e as médias dos de fortuna medíocre. Parece-me que até hoje não mudou nada a classificação de vocês... só que agora usam letras – e um sorriso irônico sublinhou a tirada (grifamos).

– Mas afinal, por que um rico, já extraordinariamente rico, precisa continuar tornando-se ainda mais rico, e às custas dos outros? O que acha, *monsieur*?

- A ambição devoradora, a ânsia de elevar sua fortuna relativa, menos por verdadeira necessidade do que para colocar-se acima dos outros, inspira a todos os homens uma sombria tendência a prejudicarem-se mutuamente... o desejo oculto de alcançar lucros a expensas de outrem. Todos esses males constituem o primeiro efeito da propriedade e o cortejo inseparável da desigualdade nascente.

– Sua resposta faz concluir que existe um outro móvel por trás da pura ambição.. .é certo? E o que lhe parece que seria?

– Ah... o orgulho, a vaidade...Não basta possuir, não só o necessário como o supérfluo...É preciso possuir **mais do que os outros.** *Se vemos um punhado de poderosos e ricos no cume das grandezas e das fortunas, enquanto a multidão rasteja na obscuridade e na miséria, é porque os primeiros só dão valor às coisas de que gozam por estarem os demais privados delas. Se continuassem no mesmo estado, mas o povo deixasse de ser miserável, deixariam de ser felizes.*

– Mas, monsieur Rousseau, alguns possuidores de fortuna costumam usar o velho argumento de que "ganharam a mesma com o seu trabalho".

– Sabemos o quanto isso é uma falácia. Ninguém ganha fortunas trabalhando sozinho. Sempre terá havido os que trabalharam para ele, com salários que nunca se aproximarão do que acumulou para si. Em uma vida de trabalho, o empregado continua tão pobre ou quase como começou, enquanto o empregador enriqueceu. Como justificar que a uma pessoa seja permitido colocar seus semelhantes a trabalharem para ela, em total desigualdade de condições?

Por mais que dissessem: "Fui eu quem construiu este muro, ganhei este terreno com meu trabalho", outros poderiam responder-lhes: Ignorais que uma multidão de vossos irmãos perece e sofre a necessidade do que tendes a mais e que vos seria necessário um consentimento expresso e unânime do gênero humano para que, da subsistência comum, vos apropriásseis de quanto ultrapasse a vossa?

– Ou seja, se a propriedade é um mal, as grandes propriedades são um mal ainda pior...

- *Oui... Como poderá um homem... assenhorear-se de um imenso território e privar dele todo o gênero humano, a não ser por uma usurpação, porque tira do resto dos homens o abrigo e os alimentos que a natureza lhes deu em comum?*

– E o governo dos povos, *monsieur* Rousseau? Como o senhor vê essa instituição?

- *O Governo é um corpo intermediário... encarregado da execução das leis e da manutenção da liberdade. Os membros desse corpo chamam-se magistrados ou reis, isto é, governantes. O ato pelo qual um povo se submete a chefes não passa... de uma comissão, de um emprego, no qual, como simples funcionários do (povo) soberano, exercem em seu nome o poder de que ele os fez depositários, e que pode limitar, modificar e retomar quando lhe aprouver.*

– Ah! *Monsieur*, fica claro por que o senhor é considerado o inspirador da Revolução! O rei, então, não passa de um empregado, um comissionado do povo, que é o verdadeiro poder soberano... e pode ser substituído quando o povo assim o entender?

– *Mais oui*, certamente!

– Isso muda completamente a perspectiva... é uma guinada radical no direito divino e hereditário dos reis... e quantos revolucionários hão de ter se inspirado em seu texto, sentindo borbulhar no íntimo uma ideia corajosa...[59] O senhor redefinia com isso a monarquia e instituía o povo como a fonte de todo o poder.

– Que é exatamente o que ele é... – sorriu amplamente nosso entrevistado.

Meditei por momentos, contemplando a paisagem, enquanto pássaros sobrevoavam as águas mansas do rio, ali próximo. E me ocorreu a questão:

– Como é que, tendo se começado a instituir chefes ou

[59] No início da período revolucionário, essa foi a ideia: admitia-se a permanência do rei, mas com a soberania nas mãos do povo, uma constituição e uma Assembleia Nacional. Em 1790, Robespierre, que era devoto das ideias de Rousseau, declarou perante a Assembleia, sobre o rei: "É inexato dizer-se o *representante* da nação. O rei é o empregado, o delegado da nação para executar as vontades nacionais". Era o pensamento literal de Rousseau.

monarcas nos povos, eles acabaram se tornando hereditários? Que desculpa se deu a isso, como o povo consentiu nesse absurdo?

- *A ambição dos dirigentes aproveitou para perpetuar seus mandatos em suas famílias (porque) o povo, já acostumado com a dependência, com a calma e as comodidades da vida, e já incapaz de quebrar seus grilhões, consentiu em deixar aumentar a sua servidão para assegurar a sua tranquilidade. Assim, tendo se tornado hereditários, os chefes acostumaram-se a considerar a magistratura como um bem de família e a si próprios proprietários do Estado, do qual a princípio não seriam senão funcionários; a chamar seus concidadãos de escravos, a incluí-los, como o gado, entre as coisas que lhes pertenciam e chamar a si mesmos de iguais aos deuses e de reis dos reis.*

– E a essa altura, o chefe, longe de servir ao povo, não passa de um déspota, com seu interesse acima de tudo... Quando o senhor nasceu, em 1712, ainda reinava Louis XIV..."O Estado sou eu"... E o povo, cada vez mais miserável.

– *O interesse pessoal dos reis estará principalmente em ser o povo fraco, miserável, e que nunca possa oferecer-lhes resistência.*

- *Mas o déspota só é senhor enquanto é o mais forte, e assim que se pode expulsá-lo, não lhe cabe reclamar contra a violência. A rebelião que finalmente degola ou destrona um sultão é um ato tão jurídico quanto aqueles pelos quais ele, na véspera, dispunha das vidas e dos bens de seus súditos. Só a força o mantinha, só a força o derruba.*

- Incrivel... Com isso, o senhor colocou o rei no papel de um homem sujeito ao erro e passível de punição, um criminoso – como realmente o foram, em boa parte, os reis. Que consciência isso trouxe para o espírito revolucionário que estava se formando na França!!! O rei desceu do altar...

– Aonde nunca deveria ter subido...

– Mas, uma questão que intriga muitos, monsieur Rousseau: o senhor acredita que teria sido impossível levar o povo a uma conscientização pacífica, com uma reforma do governo e a instituição de uma democracia?

- *Quando se estabelecem os costumes e se enraízam os*

preconceitos, constitui empresa perigosa e vã querer reformá-los O povo nem sequer admite que se toque em seus males para destruí-los, como aqueles doentes, tolos e sem coragem, que tremem em presença do médico.

– De fato, é impensável acreditar que os reis e a aristocracia abrissem mão de seus privilégios e o povo tivesse a consciência e a força de exigir isso de forma tranquila e amadurecida. Até hoje em dia isso é complicado... imagine naquela época, quando o Estado francês, como os demais da Europa, eram corpos envelhecidos, carcomidos de vícios de poder...

– É exato... *Mas isso não significa que não haja certas vezes, no decurso da vida dos Estados, épocas violentas nas quais as revoluções ocasionam nos povos o que algumas crises determinam nos indivíduos... - O estado abrasado por guerras civis, por assim dizer renasce das cinzas e retoma o vigor da juventude, escapando aos braços da morte.*[60]

– Monsieur Rousseau, depois de tudo que ocorreu, dos excessos revolucionários, do sangue derramado, das idas e vindas do poder na França até que se finalmente se instaurou a república definitiva, o senhor crê que valeu a pena o processo da Revolução?

Pausa. O entrevistado não levou muito, porém, para a resposta firme:

– Qual seria a alternativa ? Essa deve ser a pergunta chave. Sofrer um pequeno grupo ou continuar sofrendo um povo inteiro – sem falar no resto da humanidade? Porque não havia alternativa: eram as classes privilegiadas de um lado – a nobreza e o clero – e o povo sofredor de outro. Sem esperança de alteração. Vocês têm ideia do que eram a vida dura e os tributos escorchantes dos camponeses explorados? Da miséria dos habitantes das cidades? Analfabetos, despossuídos, sem direitos, sem voz, sem justiça... Camponeses e operários trabalhando em condições miseráveis para sustentar uma nobreza ociosa, inconsciente, parasita... e a Igreja recebendo seus dízimos e tributos, como grande proprietária de terras, e sancionando tudo isso...

– Não, nós sabemos que era chegado o momento da mudança e que era imprescindível. Aliás, o senhor fez uma es-

[60] Diz-se que essa declaração teria sido inspiradora direta da Revolução Francesa.

pécie de profecia política em um de seus livros, o Emílio:[61] "Nós nos aproximamos do estado de crise e do século das revoluções", e declarou: "Eu considero impossível que as grandes monarquias da Europa tenham ainda muito tempo para durar".[62] O que lhe inspirou essa certeza? Dedução, ou...?

O grande pensador sorriu, pareceu inquirir-se interiormente, e num tom de quem pensa em voz alta:

– Talvez... talvez eu tenha captado o que estava no ar. As coisas que "estão escritas" pairam na atmosfera do mundo, imponderáveis mas muito reais. A sombra das mudanças já se estendia sobre a alma da França e da Europa; o Plano o exigia, o momento era chegado. Quando chega o verão, os frutos amadurecem, não há força capaz de evitá-lo – independe de quem esteja em baixo da árvore e sobre quem caírem. Eu deduzi, sim, mas também pressenti...

Fez-se uma longa pausa dupla, cheia de reflexões. Que finalmente quebrei:

– Monsieur Rousseau, poderia encerrar solicitando-lhe um conselho – que ninguém é mais qualificado para dar – aos cidadãos atuais do nosso e de outros países, que em boa parte se acham desencantados com a política, desanimados da possibilidade de fazer algo para a melhoria coletiva, tão desiludidos com os governantes como estava o povo seu contemporâneo?

– Não se omitam! Sobretudo isso, não se omitam! O desinteresse, a indiferença diante das mazelas do Estado e do Governo, cobram um alto preço. *Quando alguém disser dos negócios do Estado: Que me importa? - pode-se estar certo de que o Estado está perdido.*

Sociedades melhores não caem do céu, como nunca caíram. É fácil reclamar, cruzar os braços e ficar desejando um mundo melhor, mas isso só tem um nome: comodismo – esperar que outros consigam as mudanças, impeçam as injustiças, obtenham as melhorias para então nos beneficiarmos delas.

---

[61] Um tratado de pedagogia publicado no mesmo ano do *Contrato*, 1762.

[62] Rousseau aconselhava os pais a prepararem os filhos para poderem se sustentar, não se fiando na situação social vigente: "Vós vos fiais na ordem atual da sociedade, sem pensar que essa ordem está sujeita a revoluções inevitáveis, e que vos é impossível prever ou prevenir aquela que pode envolver vossos filhos. O grande se torna pequeno, o rico se torna pobre, o monarca se torna súdito. Nós nos aproximamos do estado de crise e do século das revoluções".

O mundo mudou, hoje a sociedade pode se mobilizar de forma civilizada, sem violência, mas fazendo-se ouvir. Mas isso pede interesse, paciência, idealismo, anseio do bem comum, sem indiferença nem preguiça. E infelizmente muitos povos ainda continuam, séculos depois, a repetir o papel de rebanho passivo. Podendo construir um mundo melhor, permanecem escravos de sua preguiça. E *a única virtude que resta aos escravos é a mais cega obediência É este o último grau da desigualdade.*

Depois disso, nada mais restava que agradecer ao grande pensador, que ainda permanece um lutador das causas sociais, do pensamento igualitário, do mundo melhor...

Capítulo 13

Aquilo em nós que busca acabar com a desigualdade

Por que será que, em todos os tempos e lugares, nas mais diversas situações e contextos, homens têm sonhado, escrito, lutado, pregado e vivido modelos de organização social que se destinavam a acabar com a desigualdade que infelicita esta raça humana?

Por que homens tão diferentes como os primeiros cristãos e os idealistas contemporâneos (estes, por vezes, com o ideal tisnado pela violência dos métodos que acreditam necessários), pobres camponeses ou aristocratas, jovens e idosos, homens e mulheres, letrados e sem cultura, ateus e religiosos de vários rótulos, em tantos lugares e épocas, sofreram com as misérias de seus semelhantes (ainda que não submetidos a elas), com a injusta organização de uma sociedade impiedosa, e sonharam com um mundo melhor, sempre e fundamentalmente baseado na extinção da desigualdade que opõe fortes e fracos, ricos e despossuídos, milionários e miseráveis, patrões e operários?

Por que tantos homens e mulheres, olhando em torno de si e sentindo a alma sofrer e revoltar-se contra as injustiças, sentindo na própria pele como se suas fossem as dores, penas e desesperanças de que é presa a grande massa dos seres oprimidos pela desigualdade, que se perpetua desde que o modelo tribal se extinguiu, que o primeiro homem cercou um pedaço de terra e declarou "é minha", e como tal se estabeleceu, em detrimento do restante de seus irmãos – por que, por toda a parte deste planeta de expiação, tantos corações sonharam um sonho idêntico de igualdade e fraternidade?

Que impulso é esse, qual é a origem comum a todos esses sonhos de utopias felizes, de sociedades fraternais, de homens unidos por leis de justiça verdadeira, emanadas de uma ética diferente da que gerou, nas sociedades humanas, a infelicidade que até agora as caracterizou?

Além do nível óbvio da resposta a essa questão, preciso apontar-vos outro, mais profundo.

Se, como cristãos e espíritas ou espiritualistas, acreditais que o núcleo central do que se denomina espírito humano é a presença intrínseca da divindade; que a longuíssima trajetória da alma, por esses estágios infinitos que se desdobram estrela após estrela, mundo após mundo de matéria ou além dela, só têm por fim o despertar dessa divindade oculta, dessa luz velada de nosso coração eterno, respondei: quando é que se constata que começou a despertar e irradiar sua claridade a centelha divina de uma alma? Qual o indicador mais simples que permite identificar uma criatura em que o *deus adormecido* de sua alma entreabre os olhos da consciência e começa a ver o mundo através de seu olhar?

E eu vos respondo: é bem simples. A primeira consequência que se faz sentir quando uma alma antiga e amadurecida em vidas sem conta está prestes a romper o envoltório, a casca, de seu pequeno ego milenar e aprisionante, a sentir os primeiros apelos do Eu divino que talvez mesmo ignore que lhe habita o centro – a consequência inevitável é que a venda do egocentrismo lhe cai do olhar interno, e uma inquietação, um mal-estar profundo a acomete. Por quê, direis? Porque lhe faz mal contemplar em torno de si os sofrimentos, ainda que não sejam seus. Porque as dores do semelhante lhe doem, porque a injustiça contra o semelhante a revolta, porque – numa palavra, a desigualdade desnecessária das comunidades humanas lhe pesa no coração como insuportável. Porque, em resumo, essa alma começa a experimentar os primeiros lampejos da *unidade* – esse mistério sagrado que os grandes Mestres da humanidade pregaram, e o Cristo Jesus ensinou.

Olhando em torno de si, parece absurdo a uma alma amadurecida e consciente que a sociedade humana estabeleça distinções ali onde a natureza, eco da Divindade, não estabeleceu diferenças, já que todos os homens são criados iguais. Como, então, conviver com escravos e senhores, com oprimidos e opressores, com bem-nascidos e miseráveis, com os que se cobrem do supérfluo e os que penam em busca do essencial?

A consciência divina que em nós habita, quando se desgasta pelo atrito dos milênios a casca que a recobre, vibra em ressonância com essa *unidade*, sente o seu próximo como a si mesmo, não deseja o próprio bem-estar à custa da desventura de ninguém. *A divindade em nós é que reconhece a divindade em todos os outros e busca tratá-los como tal.*

Portanto, a resposta à pergunta inicial é que o caminho único que conduz, da profundeza da caverna ancestral à angelitude, passa de forma inevitável pelo anseio de *igualdade*, expressão da fraternidade que une todos os seres criados. E que em algum momento de sua trajetória, despertará e irá materializar-se no sonho de uma sociedade igualitária, sem classes, solidária e justa, como são igualitárias as de espécies menores que o homem. Os animais, regidos tão só pela lei natural, não possuem privilégios de classe ou posse. Nenhum ser vivo – vegetais e animais de um lado, anjos do outro, incide nesse abuso que implementa o homem sobre seus iguais – usá-los para produzir riquezas para si mesmo, com o trabalho deles, e ocupar o trono das benesses inúteis enquanto o resto de seus iguais rasteja na necessidade.

Pouco importa o nome que lhes deis, a esses sonhos luminosos que hão brotado de almas humanas tempo afora; a sua característica comum é o anseio de *igualdade* para a raça humana, o término da ilusão da separatividade, que o orgulho e o egoísmo nutriram séculos afora, espelhando-a em leis injustas e privilégios indevidos – cuja permanência, ainda neste limiar da grande transição do planeta, caracteriza vossa humanidade como extremamente primitiva, num estágio elementar no conjunto dos mundos. Se quereis candidatar-vos ao apregoado *mundo melhor*, tende bem claro que será inadmissível nele esse modelo, que vos será necessário transformar com urgência: o *império da desigualdade* que é o apanágio do *mundo pior* em que tendes sobrevivido até agora.

Léon Tolstoi

Capítulo 14

Imagine: os homens são iguais! A revolução francesa

> Liberdade – essa palavra
> que o sonho humano alimenta
> que não há ninguém que explique
> e ninguém que não entenda.
>
> Cecília Meireles

A história social da humanidade pode ser dividida em *antes* e *depois* da Revolução Francesa.

Exagero? Não.

Por que foi datado dali – 1789 – o inicio da Idade Contemporânea?

E mais ainda, ela foi o alvorecer da Era de Aquário.

Ali se declarou a IGUALDADE essencial de todos os seres humanos. Uma nação inteira mudou sua forma de governo e de organização social. Alterou a história do continente europeu e, na sequência, a da sociedade contemporânea, do planeta. Virou a página da História.

A democracia ateniense tinha sido um ensaio luminoso, e permanecerá como referência para sempre. Aliás, como já foi dito pela Espiritualidade, foram exatamente os espíritos *daqueles* gregos, já preparados pelo modelo democrático ateniense, que vieram reencarnar na França, no século XVIII, prontos para reviver, em outra volta da espiral e agora de forma plena, o ideal da demo-cracia – *o governo do povo*, ou o povo no governo de si próprio.

O processo foi longo e conflituoso. Não era apenas algo como eliminar um mau rei. Uma consciência de soberania e de cidadania nova precisava ser instaurada na mentalidade ocidental. Fazia parte do Projeto Terra.[63]

As condições prévias tinham se acumulado. O Iluminismo, com seu apelo à razão, à ciência, o anticlericalismo decorrente, as ideias libertárias de Rousseau e seus pares, tinham oxigenado consciências. O povo, oprimido por séculos de exploração, chegando ao limite da suportação; a nova burguesia, mais instruída e consciente; a discrepância entre a miséria campesina e do operariado incipiente e o luxo inconsequente da realeza e da corte, dilapidando o erário, e o ingrediente final da escassez e a fome resultantes das más colheitas de dois anos seguidos. Em Versalhes, a corte vivia numa bolha feérica de vida ociosa e gastança desmedida.

A desigualdade social e econômica continuava extrema. A sociedade ainda era, na tradição feudal, repartida nos chamados Três Estados: o Primeiro Estado, o alto clero; o Segundo Estado, a nobreza, ambos não mais que 3% da população; e o terceiro, todo o resto do povo: a burguesia, os trabalhadores urbanos, artesãos, o baixo clero e sobretudo os camponeses, a grande massa oprimida; este era o chamado Terceiro Estado – e era ele que carregava nas costas, com produção, impostos e taxas, os outros dois, que viviam na ociosidade. Nada parecido com uma ideia de *cidadão*, de integrante de um corpo social em que *todos* significassem o que de fato eram – iguais.

A França desse final de século dezoito era uma nação basicamente agrária. Mas os camponeses raramente eram donos da terra que cultivavam. As relações ainda eram tipicamente feudais. Os nobres e o clero possuíam as terras, os camponeses as cultivavam – e eram achatados por impostos e taxas escorchantes Cálculos atuais indicam que o camponês cultivador da terra só podia ficar, para si, com aproximadamente 35% do que produzia – mal conseguindo sobreviver com sua família.[64]

---

[63] Na obra *A Flor de Lys*, de Roger Feraudy, Ed. do Conhecimento, Limeira, 200., são apresentados bastidores da Revolução Francesa e a intervenção do Alto no processo.

[64] O camponês devia pagar ao dono da terra uma importância anual chamada *censo*; além disso, tinha que entregar-lhe uma parte da colheita, desde a quarta parte até a metade; e ainda as chamados *banalidades*, pelas quais o senhor tinha o direito exclusivo de possuir um moinho, uma forja, um forno de panificação etc cobrando dos camponeses pelo seu uso; e também cobravam pedágio sobre o uso de pontes, estradas etc (Manfred, 1986).

Uma indústria incipiente começava a se estabelecer, principalmente de tecidos de todo tipo; eram manufaturas, com um certo numero de máquinas. Paris, à época da Revolução, contava com cerca de meio milhão de habitantes, dos quais pelo menos um quinto de operários (Manfred, 1986). Imagina-se facilmente as condições de trabalho insalubres e o zero de direitos sociais deles. A jornada de trabalho era de 11 a 14 horas; repouso remunerado, férias, aposentadoria – nada. Se adoecessem, muito comum pelas condições exaustivas, a parca alimentação e as doenças não controladas da época, como a tuberculose, o cólera, a varíola, o tifo etc, morreriam à míngua se a natureza não providenciasse a cura. Hospitais, só os de caridade, pouco mais que depósitos de enfermos pobres. Ruas estreitas, parca higiene, habitações precárias, sem luz e sem ar suficientes, nos bairros pobres onde se amontoavam *os pobres de Paris* (sem nada do charme insinuado na versão em português da famosa canção).

Quanto à burguesia, de vários escalões, também sofria com os impostos reais e a impossibilidade de participar do governo do país.

O resto é História. A situação precária das finanças do reino. O flagelo das colheitas arruinadas em 1788, o inverno inclemente a seguir. O povo passando fome como nunca antes, a mortalidade crescendo. E a corte dançando em Versalhes. Até que foi necessário convocar os Estados Gerais – coisa que não acontecia desde 1614 – sendo a intenção... aumentar os impostos! A essa altura, insurreições de camponeses, revoltas nas cidades, saques de ricos proprietários em Paris estavam acontecendo.

E daí em diante, o inevitável. Os Estados Gerais se reúnem em 5 de maio de 1789. O Terceiro Estado se rebela. Longas discussões. Em 17 de junho, ele proclamou-se uma Assembleia Nacional – passaria a ser o órgão legislativo do povo francês. Susto do rei e da nobreza: *vamos cortar as asas dessa gente*. E literalmente bateram-lhes a porta na cara: quando, no dia 20 de junho, os deputados da Assembleia chegaram para a reunião... encontraram a porta fechada e cercada por tropas. Mas, apoiados pelo povo (que costumava assistir às sessões), partiram em busca de outro local. E acharam: uma sala vazia[65] onde começou a se criar passo a passo uma revolução de cujo alcance nem eles suspeitavam.

Não deu outra: o rei declarou nulas as decisões da Assembleia e ela própria. Obedecer? Jamais. "Estamos aqui pela vontade do povo e só sairemos daqui a poder de baionetas". O baixo clero e alguns nobres aderem à Assembleia.

A efervescência popular aumentava e todo mundo permanecia imantado aos acontecimentos. Concentram-se tropas em Paris, o povo irado responde. Em 14 de julho, a tomada da Bastilha!

Em 26 de agosto, um documento fundamental na história humana foi aprovado: a **Declaração dos Direitos do Homem e do Cidadão**. A verdadeira certidão de nascimento da Nova Era.

O mês de outubro trouxe um novo marco. O povo de Paris, instigado pelo jornal de Marat, *O Amigo do Povo*, marchou em direção a Versalhes. No dia 6, invadiu o palácio, deu um susto na família real e na corte, e obrigou o rei – veja-se o significado disso – a se mudar para Paris, indo para o palácio das Tulherias. Com isso, fechava-se, não apenas o famoso palácio, mas tudo o que ele representava. Era o fim de uma era.

A Declaração dos Direitos do Homem e do Cidadão (26/08/1789)

Ela foi o primeira grande fruto da Revolução. Pelo seu significado, abrangência e pelos efeitos que se estenderiam séculos afora – inspirando diretamente a Declaração Universal dos Direitos do Homem proclamada pela ONU em 1948 – é um dos documentos fundamentais da humanidade.[66]

A sua beleza e ressonância moral são de tal modo avançadas, engastadas naquele momento onde os seres humanos ainda eram escravizados, oprimidos como rebanho inerme; é tão avançado o seu princípio da *igualdade essencial* de todos os homens, quando a desigualdade era a tônica planeta afora, e a aristocracia e os monarcas eram tidos – sobretudo por eles próprios – como uma classe aparte, com direitos naturais sobre o populacho que os servia e sustentava; em que igualdade

[65] A sala do jogo de pela de Versailles.

[66] Aliás, junto com o Baghavad Gîta e os Evangelhos, é o texto que eu tentaria salvar numa eventual inundação universal.

de direitos para as classes despossuídas era miragem – que, sem que pareça despropósito, ouso dizer que naquele momento os deputados da Assembleia Nacional transcenderam por momentos a própria horizontalidade espiritual. O que parece, em verdade, é que uma inspiração maior, um sopro vindo do Mais Alto os tocou, e ditou-lhes aquelas linhas fulgurantes.

Quem poderá afirmar que não se debruçavam sobre eles, naquele instante vital para a humanidade, mentes invisíveis que traziam, por inspiração, diretrizes para uma nova consciência planetária? De tal modo destoavam esses artigos dos conceitos vigentes, e do próprio teor moral dos membros da Assembleia (o que foi quase de imediato revelado, como veremos a seguir) que não parecem ser produto daqueles homens limitados, em sua maioria, pelos interesses pessoais e pelo egocentrismo básico do ser humano. Parecem uma janela para algo maior, uma ilha de ética superior no oceano das inferioridades que iriam se fazer explícitas logo a seguir. Um minuto em que se calou o que era humano e se fez ouvir uma voz oculta, através deles porém maior do que eles.

É a mentalidade aquariana que se faz visível ali. É o embrião de um mundo melhor, mais sábio, justo e fraterno, porque mais igualitário.

Toda a Revolução foi um adendo, uma tentativa de realização daqueles princípios, com os avanços e recuos regulamentares para uma humanidade tão precária de consciência coletiva como a nossa – tentativa, aliás, que continua até este exato momento.

Mas ela, a Declaração, permanece como um farol na neblina de nossas tendências ainda imprecisas, que ora se dirigem ao futuro solidário, ora se pautam pelo retrocesso ao limiar da caverna. Um passo maior que a conquista da Lua; e que, como um laser imponderável, fez ruir, inapelavelmente, os muros medievais remanescentes na estrutura social, e que aponta para o futuro que agora nos cabe finalmente concretizar.

Igualdade, *ma non troppo*

A Declaração foi um ponto culminante. Mas sem demora, entrou em cena a velha tendência atávica do egoísmo e a recaída num elitismo, agora em favor da burguesia, esquecendo as massas infelizes e despossuídas.

A Declaração dos Direitos do Homem e do Cidadão

Apenas cinco dias depois que a Assembleia aprovou a memorável Declaração, ela começou – parece incrível! – a discutir um projeto que eliminava uma grande parte da população do processo eleitoral. E que culminou com a aprovação da nova Constituição, em dezembro, dividindo os cidadãos em duas categorias: cidadãos ativos e cidadãos passivos A diferença? Só uma questão de... dinheiro!!!

Sim: depois de estabelecer a igualdade fundamental de todos os homens, a Constituição a negou. Determinou o espaço de participação política como um território regulado pelas posses! Foi estabelecido um imposto que iria definir os direitos dos cidadãos pela contribuição monetária. Manchou-se a igualdade luminosa da Declaração com essa separação hierárquica degradante, que estabelecia graus sucessivos de "cidadania" eleitoral, dependendo dos valores que cada um pudesse pagar.

Os que não pudessem pagar um imposto mínimo, correspondente ao valor de três jornadas de trabalho, ficavam reduzidos a *cidadãos passivos* – isto é, praticamente à condição de não-cidadãos, de vez que não teriam participação no processo político, não podendo votar nem para síndico de prédio. Os demais eram hierarquizados em três níveis. Os que podiam pagar esse imposto básico teriam condições de votar nas eleições locais, que escolhiam os eleitores. A seguir, um segundo nível seletivo: só os que pudessem pagar o equivalente a dez jornadas de trabalho poderiam participar das assembleias departamentais que elegiam os deputados da Assembleia. E finalmente, para poder ser eleito deputado, só aquele que pudesse pagar o "marco de prata" (cerca de 54 libras) e possuísse uma propriedade! Era, conforme denunciou Marat, o estabelecimento de uma nova aristocracia do dinheiro.

O que tinha essa disposição a ver com os princípios da Declaração que os mesmos deputados tinham estabelecido euforicamente quatro meses antes? Nada.

Essa oscilação pendular entre os dois polos foi, de certa forma, o prenúncio do que viria a seguir. A historia da república francesa foi uma sequência de idas e vindas que espelha bastante bem essa polaridade humana entre grandeza e pequenez, entre o futuro ideal e a conivência, por interesse ou comodismo, com o passado. Em suma: egoísmo individual *versus* ideal coletivo.

A Revolução, num primeiro momento, foi feita por e *a priori* para a burguesia, é forçoso reconhecer. Os trabalhadores dos campos e das cidades só depois de um bom tempo puderam, e após inúmeras revoltas, ver extintos os abusos feudais e conquistados direitos básicos. Com muito sangue pelo meio, infelizmente.

Depois de três anos da Revolução, os direitos feudais ainda continuavam vigentes no campo, e os camponeses ainda não possuíam terras. Centenas de petições eram encaminhadas por eles à Assembleia. Finalmente, e só em agosto de 1792, foi editado um decreto determinando a partilha das terras comunais. As terras dos nobres emigrados seriam repassadas aos camponeses mediante uma pequena taxa. Outro decreto abolia os direitos feudais.

A Assembleia Constituinte – elitista e infiel ao espírito da Declaração, como vimos – preocupava-se em garantir direitos e privilégios do que hoje chamaríamos de classe média, não do conjunto dos cidadãos, incluindo os trabalhadores urbanos e rurais. As condições de trabalho destes eram miseráveis, com jornadas de até 13 e 14 horas, salários precários e nenhum direito social. Aos poucos, uma consciência grupal começou a emergir entre eles, e associações de classes começaram a ser criadas. Em 1791, trabalhadores de Paris e outras cidades levantaram-se em greve pedindo uma redução da jornada de trabalho e aumento de salário. Esses movimentos inquietaram a classe burguesa patronal, que de fato não tinha a menor intenção de reconhecer "homens criados iguais". A resposta da Assembleia? Aprovação da famigerada Lei Le Chapelier (junho de 1791), que proibia os operários de participar de qualquer associação, de fazer greve, e previa penas rigorosas pela transgressão. Essa lei iníqua só foi revogada.... pasmem, em 1884, com a Lei Waldeck Rousseau.

A Declaração foi um rasgo de igualdade, mas a Constituição de 1791 sancionava a desigualdade de bens e de cidadania. Não se instaurou o sufrágio universal masculino, definitivamente, senão em 1848! Mesmo ano em que se aboliu a escravatura nas colônias francesas.

A Revolução prosseguiu aos trancos e barrancos, entre a reação interesseira da alta burguesia, os conchavos dos nobres emigrados, querendo restabelecer a monarquia absoluta, a ameaça dos países europeus que temiam a disseminação da revolução e o risco às suas cabeças coroadas. Luis XVI conspirava por baixo do pano com os aristocratas emigrados, A Áustria ameaçava invadir a França. E a todas essas, a república ainda não fora declarada; mantinha-se em banho-maria a ideia de uma monarquia constitucional. É reveladora uma declaração que expressa o sentimento da burguesia conservadora, feita na Assembleia Constituinte, em 15 de junho de 1971, pelo deputado Barnave: "**Praticamos um grande mal quando perpetuamos esse movimento revolucionário... Hoje, meus senhores, todo mundo deve perceber que o interesse comum é que a Revolução interrompa a sua marcha**".

Esquerda e Direita

Desde o início, a Revolução – como a humanidade! – começou a ser marcada pela divisão entre duas posições conflitantes, como dissemos.

De um lado, todos os que ansiavam pela mudança integral do regime (fim da monarquia), pela igualdade real dos indivíduos (Declaração dos Direitos do Homem), a abolição dos privilégios e a participação do povo (sufrágio universal), bem como o fim da opressão dos camponeses e trabalhadores.

De outro, aqueles que, integrando os vários escalões da classe média – a média e alta burguesia – ou a pequena nobreza, incluindo alguns militares, desejavam manter no máximo uma monarquia constitucional, com certas concessões à própria classe, como participação no processo legislativo, mas sem se preocupar com as condições do povo e muito menos permitir-lhe participar do governo. Entre outras, a divisão dos cidadãos entre ativos e passivos no processo eleitoral – uma verdadeira afronta à igualdade social – mostrava claramente o propósito elitista dessa porção dos participantes. A declaração de Barnave, acima referida, ilustra bem essa posição.

Com o desenrolar dos acontecimentos, essas duas alas – igualitários, republicanos e progressistas de um lado, e monarquistas, elitistas e conservadores de outro – foram se agrupando. A oposição de forças acabou se corporificando em duas tendências, ou grupos, que passaram a intervir no pro-

A Assembleia Nacional

cesso da Revolução. De um lado, os progressistas, identificados como *jacobinos*, entre os quais as figuras exponenciais de Marat, Danton, Robespierre. Do outro, os *girondinos*, representantes da alta burguesia industrial e comercial, que havia obtido terras e conquistado benefícios com a Revolução e queria conservá-los, sem grandes mudanças sociais ou do regime.

No recinto da Assembleia, essas duas alas se agrupavam separadamente, sentando os jacobinos à esquerda e os girondinos à direita. **Daí,** exatamente daí – note-se como foi visceral o processo da Revolução Francesa – é que se passou a identificar essas duas tendências, a progressista e a conservadora, sob os termos de *esquerda* e *direita*, que perduram até hoje.

É preciso entender com clareza o significado dessas duas tendências, que se corporificaram de início no contexto da Revolução, mas que permanecem até hoje, embora, como se sabe, existam ramificações diversas dentro de uma e outra. A visão básica, entretanto, permanece como foi naqueles dias conflituados em que se alteravam os destinos da civilização ocidental.

A **esquerda**, na Revolução e ainda hoje, abrange aqueles que têm como maior valor a **igualdade** social, e como objetivo o bem-estar **coletivo**, acima dos interesses individuais, preocupando-se com os mais frágeis socialmente – os pobres e as minorias, contra os privilégios de classes ou castas, o elitismo que privilegia os que detêm o poder econômico e exploram de variadas formas os que são os verdadeiros construtores da sociedade – os que trabalham

A **direita**, à época da Revolução e até hoje, não se motiva pela igualdade. Seu maior foco, então como agora, é no **indivíduo** e seus interesses. A liberdade individual – a liberdade de enriquecer ilimitadamente, às custas do trabalho alheio; a liberdade de possuir ilimitadamente terras (que o Supremo Ser nos deu a todos), bens e riquezas, pouco se importando com os despossuídos. Essa visão elitista contempla com naturalidade e quer nos fazer naturalizar a desigualdade social e econômica, como se fosse um determinismo da natureza; tenta mascarar as razões delas, joga nos pobres a culpa pela sua pobreza e acredita que, num sistema em que uma elite cultural e econômica detém o poder e os meios de conservá-lo, legislando em causa própria, a "livre iniciativa" substitui tudo – os que estão se afogando têm culpa disso, nada de resgate, já que *nós* estamos nos barcos. Salvo melhor juízo, o nome verdadeiro disso é egoísmo.

(Qual, é o caso de perguntar, corresponde ao modelo não só cristão, mas da ética de todas as grandes religiões e dos grandes filósofos – Sócrates e Pitágoras à frente?)

O que são e têm sido na maioria, séculos afora, os nossos legisladores, chefes de Estado, magistrados e homens públicos em geral, com as devidas exceções, senão representantes do mais escancarado individualismo, atuando em prol de seus interesses e ganhos individuais de riqueza e/ou poder? E não porque a classe política seja vítima de um *vírus egocentricus* peculiar que os acomete no momento da posse. Poupemo-nos de nos queixar dos políticos: nossa queixa deve se dirigir às verdadeiras causas: o egoísmo imperante na humanidade, da qual são escolhidos – geralmente mal – os representantes da sociedade; e a inconsciência que leva o povo a neles votar.

Esse individualismo interesseiro, o mesmo que motivava os direitistas da Revolução em causa própria, é exatamente o diferencial que caracteriza os dois terços da humanidade terrena que não terão condições de permanecer no planeta após a Transição já em curso. A capacidade de pensar no coletivo, na família humana, é que vai caracterizar os remanescentes aos quais se atribuirá a tarefa de reconstruir a sociedade em novas bases. Não mais o *eu* acima de tudo, mas o *nós*.

Rumo à República

A abertura oferecida pela Revolução despertou em todo o país o entusiasmo pela participação na vida pública (não fossem os franceses os antigos atenienses...). Clubes e associações populares foram criados, discussões apaixonadas e jornais, brochuras e panfletos dos novos escritores e políticos se disseminavam. No Clube dos Cordeliers, em Paris, ouvia-se os discursos inflamados do advogado Danton, de Marat, "o amigo do povo", do jornalista Camille Desmoulins, do jornalista e advogado Robert, etc. As revoltas camponesas ecoavam em toda parte.

Todavia, a ala conservadora, "direitista", tentava impedir novas conquistas e queria manter apenas uma monarquia constitucional, sem grandes alterações do *status quo*.[67] Nobres e príncipes da Igreja, inconformados com a Revolução, haviam emigrado e se reuniram em Koblenz, na Alemanha, e passaram a maquinar complôs, em contato com as monarquias europeias. O imperador da Áustria era irmão de Maria Antonieta, e ela apelava a ele para que viesse invadir a França e acabar com aqueles revolucionários desagradáveis.

Finalmente o rei, que jurava desejar uma monarquia constitucional e submeter-se aos ditames da Assembleia, revelou-se. Ele andava maquinando em surdina, com nobres exilados, um plano para, com exércitos de reis estrangeiros (assustados ao extremo com a Revolução e seu possível mau exemplo para os povos europeus), invadir a França e acabar com aquele abuso. E para isso, era preciso que ele saísse de Paris.[68] Tentando fugir de carruagem com a família, disfarçados, foram reconhecidos em Varennes e levados de volta, sob o repúdio popular.[69] Era 21 de junho de 1791.

Logo a facção dissimulada, monarquista, assinalou um triste episódio: o massacre do Champ de Mars. Em 17 de julho de 1791, milhares de pessoas se reuniam no Champ de Mars (junto à Torre Eiffel de hoje) para discutir pacificamente os termos de uma petição contra a monarquia. A Assembleia e a Municipalidade enviaram contra elas tropas comandadas pelo general La Fayette (monarquista e desleal), que atiraram contra a multidão desarmada, matando 50 pessoas.

Em outubro, a nova Assembleia eleita pelos "cidadãos ativos" iniciou os trabalhos. Era composta basicamente por representantes da burguesia, e nada mais pretendia que uma monarquia constitucional. Os líderes da esquerda eram perseguidos, Marat e Danton tiveram que se esconder.

---

[67] Houve traidores como Mirabeau, que secretamente se vendera à corte, por dinheiro mesmo, e tentava conciliar a Assembleia com a monarquia. O general La Fayette era monarquista.

[68] "Provas desse plano foram posteriormente encontradas nos papeis privados de Luis XVI, existentes dentro de um armário de ferro nas Tulherias" (Voltaire Schilling, in *Revolução Francesa*, 2003).

[69] Abdicar e retirar-se com dignidade, preservando sobre o pescoço a própria cabeça e de sua família, não lhe passava pela própria. Os reis julgavam-se bafejados pela Divindade e feitos de um estofo diverso daquele dos mortais comuns – nisto acompanhados pelos aristocratas. "Governo do povo" era uma aberração inadmissível. Mais ou menos como muitos consideram hoje a igualdade social e econômica.

Entrementes, a situação econômica se agravava no país. A produção industrial caíra; as terras tinham passado às mãos da burguesia, porque os camponeses não podiam pagá-las a vista. E as nações europeias ameaçavam a França, temerosos do contágio das novas ideias. Em 20 de abril de 1792, foi declarada a guerra contra a Áustria.

O povo começava a exigir a destituição do rei. Finalmente, em 10 de agosto, a população invadiu o palácio das Tulherias. Houve um combate feroz. Acabou com o rei e sua família levados presos para o Temple. A partir daí, terminada a monarquia, quem assumia o protagonismo era a Comuna de Paris.

A Convenção, eleita pelo povo, substituiu a Assembleia. A França venceu os invasores estrangeiros. E, em 21 de setembro, a Convenção decretou o fim da monarquia e a instituição da República Francesa.

O resto é conhecido. A execução do rei e da rainha. O Terror. O fim do Terror. A Primeira República passou pelas fases da Convenção Nacional (1793-1794), do Diretório (1795-1799) e do Consulado (1799-1804). Aqui já estava em cena o jovem general Napoleão Bonaparte. O qual, depois de dar uma cotovelada nos outros dois cônsules, se tornou Primeiro Cônsul e finalmente... imperador, em 1804, apoiado pela burguesia.[70] Fim da Primeira República e do processo da Revolução Francesa.[71]

Com todo o sangue derramado, todas as lutas e equívocos, o 14 de julho deixou seu legado imprescindível. Muitos revolucionários das duas facções já reencarnaram, e pelo que se sabe, majoritariamente no Brasil. Estão ou estiveram aí, figuras públicas bem conhecidas, militando pelas mesmas ideias que os empolgaram antes.

Não é demais repetir: a história social da humanidade se divide em antes e depois da Revolução Francesa. Suas con-

[70] Napoleão, que reencarnara com uma tarefa bem diversa, que incluía defender a França das monarquias europeias ouriçadas pela instituição da república, não resistiu – ele que tinha sido outrora Alexandre o Grande e Julio Cesar – à sedução da coroa. O Primeiro Império (incluindo o interregno de deposição, exílio em Elba e o retorno efêmero dos Cem Dias) acabou com Waterloo e o exílio final dele em Santa Helena.

[71] Entra o Primeiro Império. Ainda se alternariam as fases de Segunda República, Segundo Império e Terceira República – esta interrompida pela ocupação nazista, para voltar em 1946 a Quarta República. E após a nova Constituição de 1958, a Quinta República – até hoje.

quistas possibilitaram a sociedade que temos hoje – ainda longe da ideal, mas infinitamente mais próxima dele que antes. Onde, pelo que nos tem sido dito pela Espiritualidade, hão de encarnar – ou já estão por aí, nas fraldas ou grudados nas telas de celular – inúmeros daqueles grandes espíritos idealistas, amantes da igualdade e paladinos do mundo melhor, para liderar novas revoluções, não sangrentas, rumo a uma nova sociedade planetária.

Capítulo 15
A república dos iguais

Nós fazemos a estrada, outros farão a viagem.
Victor Hugo

Este capítulo pouco conhecido do grande público foi o epílogo do processo da Revolução Francesa. Foi escrito por um punhado de idealistas da igualdade, que ansiavam pelo retorno aos propósitos originais da Revolução, e encarnavam a voz do povo miserável que continuava sem voz e sem vez na nova situação. Foi no período do Diretório (um executivo de cinco membros) burguês e conservador que assumira o poder depois da queda de Robespierre e dos jacobinos (1784). É conhecido pelo nome de *Conspiração de Babeuf* ou *dos Iguais*. Seu cavalo de batalha foi em primeiro lugar o retorno à constituição republicana de 1793, e depois a implementação da igualdade, que se perdera pelo caminho da Revolução.

A constituição de 1793

Após as insurreições populares de 31 de maio e 2 de junho de 1793,[72] a facção jacobina assumira o poder, num momento crítico. Cinco exércitos invasores marchavam contra a França. A revolta da Vendeia (rebelião na Bretanha) se alastrava. Foi ai que Robespierre demonstrou uma força inflexível, liderando os jacobinos e adotando algumas medidas enérgicas.

A primeira necessidade era dar um novo arcabouço político à nação, coerente com as conquistas revolucionárias, incluindo as províncias. Tornou-se imperioso ter uma nova constituição.

[72] Quando o povo, cansado da situação, invadiu a Assembleia, e depois foram presos 29 deputados girondinos.

Essa nova carta consagrava, além dos direitos da Declaração de 1789, o livre exercício dos cultos, o direito de petição, o direito ao trabalho e aos serviços de assistência pública em caso de enfermidade (embrião de um SUS), o direito de resistir à opressão, o sufrágio universal masculino.[73]

O órgão máximo de poder seria uma Assembleia Legislativa, eleita por sufrágio universal masculino. Além disso, todos os projetos aprovados deviam ser ratificados pelas assembleias populares dos departamentos. Era a descentralização do poder.

O poder executivo também seria oriundo do povo: a Assembleia iria eleger um Conselho Executivo de 24 membros, renovado pela metade anualmente, a partir de uma lista votada nas assembleias departamentais. Nada de concentração de poder numa única pessoa.

Foi uma constituição progressista, democrática, avançada no limite do possível no momento. Foi votada e aprovada pela maioria da população (1.801.918 votos a favor contra 11.600 contra). Foi solenemente adotada em 24 de junho de 1793.

Sua característica foi a de não ter sido jamais aplicada. Depois da queda de Robespierre, no dia 9 do Thermidor – 27 de julho de 1794 – ela foi substituída, sem ter tido vida própria, pela nova constituição de 1795. Apesar disso, permaneceu como um ícone para os momentos futuros, na época do Diretório, da Monarquia e da Restauração.

O povo

Depois de tantos altos e baixos, cabeças decepadas, embates políticos e de interesses, o quadro social da França sofrera, sem dúvida, profundas alterações. A monarquia acabara, a aristocracia – o Antigo Regime – perdera os privilégios junto com as perucas e títulos, e deixara de ser a classe dominante. O feudalismo terminara.[74]

A burguesia passou a constituir a classe dominante; era o poder do dinheiro, de qualquer cor, substituindo o do sangue azul.

[73] O que hoje nos parece tão simples, ainda era sonho e ideal. Mostra como foi a longa trajetória das conquistas do que hoje nos é natural, mas custou coragem, vidas, muita luta e idealismo para conseguir.

[74] Entretanto, por baixo do pano, muitos nobres que não tinham emigrado mantiveram seus bens – e com o império napoleônico vieram à tona).

Quanto às classes populares urbanas, a Revolução nada concedera. A lei Le Chapelier (junho de 1791), verdadeira coleira da classe patronal sobre os trabalhadores, já demonstrava que o capital iria ser o novo senhor, proibindo os sindicatos e a greve. Mudaram os exploradores, mas não os explorados. "A revolução burguesa deixava as classes populares urbanas indefesas ante a nova economia".[75]

Em maio de 1793, houvera o primeiro tabelamento, do preço do trigo, em toda a França. Mais tarde, decretara-se o *máximo*,[76] mas foi em seguida suspenso, abrindo livre campo à especulação.

O povo, o verdadeiro objeto da Revolução, a grande massa dos *sans-cullote*, que com sua intervenção sacramentara a Revolução, continuava faminto.[77]

O custo de vida e o da guerra, que continuava, pesavam sobre o povo. A Revolução, que ele havia sustentado, nada lhe concedera de fato. Os preços dos alimentos, acionados pelos comerciantes filhos do lucro a qualquer custo,[78] mantinham o povo à beira da miséria.

Finalmente, no início de setembro de 1793, os *sans-cullotes* de Paris se revoltaram. Os operários, os pobres dos subúrbios, saíram para a rua de armas nas mãos, exigindo o tabelamento dos preços e a ajuda aos necessitados, e a volta do "terror", isto é, a punição dos conspiradores contra a república. A consequência foi um decreto da Convenção, de 29 de setembro, que tabelava os principais bens de consumo em todo o país, bem como das matérias primas industriais.

Mas a Convenção tabelou também os salários dos operários! Tabelou com um *máximo*! Embora jacobinos, os deputados da Convenção não conseguiam ultrapassar as barreiras

[75] Albert Soboul, no Posfácio a *1789, O Surgimento da Revolução Francesa*, de Georges Lefebvre, SP, Paz e Terra, 1989.

[76] O *máximo* foi um teto de preço de gêneros essenciais, um tabelamento instituído por Robespierre, que o Diretório anulou, abrindo campo à alta desmesurada dos preços pela especulação, lançando o povo na fome e na miséria.

[77] "Já de madrugada, grandes filas se formavam diante das portas fechadas das padarias. Segurando uma corda para não perder seu lugar, as mulheres e os velhos esperavam assim até o raiar do dia; e muitas vezes, os últimos da fila deviam voltar para casa sem a miserável porção de pão por que tinham esperado tanto tempo". MANFRED, Albert, op.cit.

[78] Nada mais duradouro que a ambição humana. No Brasil de 2020, sem qualquer razão a não ser a ânsia de lucro (o dólar muito alto e a exportação preferencial) a alta dos gêneros alimentícios básicos coroou a pandemia, de forma irracional e cruel, com a mesma indiferença das autoridades.

de séculos de discriminação.

Quando, na sequência, Robespierre e os jacobinos foram eliminados, em 27 de julho de 1794, e assumiu uma nova força governamental, com o Diretório – 5 elementos que partilhavam o poder executivo, mais o Conselho dos 500 – a preocupação maior se tornou a estabilidade social e econômica, as campanhas militares pela Europa, e não a extensão da democracia e muito menos da igualdade. O regime, fundamentado numa burguesia enriquecida pela especulação, restabeleceu o voto censitário.[79] O *máximo* caiu. Era o império da desigualdade e do novo/velho poder dos mais fortes – agora tendo por cetro os cifrões.

Fermentava entre o povo a insatisfação, juntamente com a fome e a miséria. Foi então que se escreveu um novo capítulo, o último da verdadeira Revolução, naquela que foi conhecida como *A Conspiração dos Iguais*. É sintomático que tenha ficado conhecida com esse nome. Não um movimento idealista visando à instauração da igualdade, da República dos Iguais: era uma "conspiração"– mero complô contra a autoridade autoconstituída, não a legítima voz do povo, enrouquecida de tanto reivindicar o simples direito à vida e à igualdade.

É preciso que seja vista, com justiça, pelo seu duplo caráter. Tratava-se de uma tomada a força do poder? Sim. Era em busca da justiça e da igualdade? Sim. Seria preciso pesar, na balança dos séculos e da Lei Maior, para opinar sobre a legitimidade moral desse movimento, que era, em última análise, nada mais que a tentativa de realizar aquilo que a Revolução, consubstanciada na Declaração dos Direitos do Homem, viera para concretizar – e não conseguira, nem pela metade. O ingrediente inevitável era o egoísmo humano, que sempre estabeleceu muralhas para conter fora do círculo dos privilegiados a massa esquecida que os sustentou desde sempre – fossem faraós egípcios, imperadores chineses, senhores feudais ou monarcas e ditadores de todas as latitudes, chegando até as classes endinheiradas da era capitalista. Os que assaltaram essas muralhas, tentando levar ao povo a partilha dos bens da vida – e têm como protótipo Prometeu, que roubou o fogo dos deuses para minorar a condição dos homens sofredores – tive-

[79] Isto é, a que se tinha acesso de acordo com o pagamento de um imposto, e com o status econômico-financeiro dos cidadãos.

ram que usar sempre de métodos radicais. A maioria acabou, como aquele, com o fígado destroçado juntamente com o resto do corpo, pelos abutres no poder.

A violência sempre é condenável, e dela haveremos de nos libertar – juntamente com a injustiça e a desigualdade. Mas enquanto isso – é simples evidência – todas as grandes conquistas de justiça e igualdade de que a humanidade usufrui, foram pavimentadas pela força – exceção feita da independência da Índia. Triste e lamentável, mas coerente com o patamar evolutivo das consciências deste planeta.[80]

Os "iguais"

Dentre o punhado de homens que escreveu esse capítulo derradeiro e mal lembrado da Revolução, há duas figuras centrais: Babeuf e Buonarroti.

Philippe Buonarroti.

Philippe Buonarroti, italiano, era por acaso sobrinho de Miguel Ângelo. Formado em direito, leitor de Rousseau, republicano, redator de panfletos e jornais progressistas, entusiasmado com a Revolução Francesa, vai a Paris e com apoio de Robespierre consegue a nacionalidade francesa. Quando Robespierre e os jacobinos caem, é preso sob a acusação de ser "robespierrista", em março de 1795, e é encarcerado na prisão du Plessis, em Paris.

Ah, se eles soubessem... As prisões, naquela época, eram verdadeiras escolas de debate e formação política. Ali Buonarroti conheceu François-Noël Babeuf; e quando foram liberados, já tinham elaborado planos para uma resistência ao

[80] Quando lembramos que, em pleno século XXI, ainda fabricamos armas de destruição em massa, e ainda há muitas pessoas que apoiam e acreditam na posse generalizada de armas pelos cidadãos, numa atitude nitidamente cavernícola – isso define o perfil de boa parte dos cidadãos terrícolas neste limiar entre velha e nova era.

Diretório e o retorno aos ideais de igualdade da Revolução. Buonarroti, com um grupo de amigos, fundou o Clube do Panteon, do qual foi presidente, e onde Babeuf lia seus artigos inflamados da *Tribune du Peuple*, seu novo jornal.

Com Babeuf e companheiros, foi figura central na chamada Conspiração de Babeuf e na preservação da memória dela, como veremos a seguir.

François Noël Babeuf

François-Noël Babeuf[81] foi uma figura singular, um idealista, e provavelmente teve a primazia absoluta, entre a categoria, no número de prisões sofridas: seis.

Era de família pobre do interior da França, e desde cedo trabalhou, inclusive como pedreiro. Aos 17 anos foi trabalhar com um tabelião feudalista, e aos 21 tornou-se tabelião, conhecendo a fundo os direitos feudais que massacravam os camponeses. Com isso, e lendo Rousseau, torna-se um paladino da abolição do feudalismo, da igualdade, e da coletivização das terras. Passa a escrever, publica o primeiro artigo exigindo a abolição dos direitos feudais, e depois um livro, *Cadastre Perpetuel*. Tornou-se jornalista.

Começou a protestar contra os impostos, e acabou preso, em Paris, em maio de 1790; foi libertado graças a Marat. Criou seu primeiro jornal, Le Correspondant Picard, onde começa a investir contra o voto censitário. O jornal acabou fechado e Babeuf preso novamente.

Em 1793 vai a Paris, onde adere aos jacobinos e passa a

[81] Buonarroti o descreve como "sensível, instruído e infatigável; tinha um espírito penetrante e justo, e escrevia com clareza, entusiasmo e eloquência... dedicado ao estudo, sóbrio, detestava a tirania e buscava os meios de subtrair da opressão seus infelizes concidadãos". Ibidem.

defender os *sans-cullotes*. Em seguida, por um processo anterior, é condenado a 20 anos de prisão; após oito meses preso (já estava se tornando um hábito), um recurso o absolve. Mal saído da prisão, ocorre a execução de Robespierre e dos jacobinos.

Em 1794 começa a publicar o jornal La Liberté de la Presse (A Liberdade da Imprensa – tudo o que não havia então),- que logo virou Le Tribun du Peuple. Então ele adota o nome de Graccus (Graco).[82] O jornal pregava uma "insurreição pacífica" e criticava a desigualdade social, defendendo a participação das mulheres nos clubes políticos. Foi preso outra vez. Nessa prisão, ele convive com ativistas radicais, e é influenciado por eles.

A igreja de Saint Étienne du Mont, à esquerda, e ao lado a antiga abadia de Sainte Geneviève, da qual restam hoje o campanário (Tour Clóvis) e o convento, no atual Liceu Henri IV.

Ao sair da prisão, Babeuf já estava convencido de que seu ideal igualitário precisaria da restauração da constituição de 1793. Novo ativismo – e em fevereiro de 1795, é preso mais uma vez. Muitos revolucionários se encontravam presos nesse momento. Ali Babeuf encontra e se liga a democratas como Philippe Buonarroti e Augustin Darthès. Saídos da prisão, fundam o Clube do Panteon e Babeuf retoma o *Tribun du Peuple*. Mas não por muito tempo. No início de fevereiro de 1796, um mandato de prisão e expedido contra ele, que escapa por um triz de ser preso; acolhido por seus amigos, passa a viver na clandestinidade, mas não cessa de agir.[83] Foi então que a chamada Conspiração de Babeuf se articulou.

[82] Lembrando os irmãos Gracos, Caio e Tibério, que na Roma Antiga foram mortos pelo Senado por defenderem a reforma agrária e serem contra os privilégios da nobreza. Isso vem de longe...

[83] Sua mulher foi presa, sob pretexto de espalhar seus escritos, mas na verdade numa tentativa de descobrir o esconderijo dele.

O clube do Panteon

Entardecia. Sobre a colina de Sainte Geneviève, o *gris* parisiense do início de fevereiro e o ar ainda gelado do inverno de 1796 não eram nada reconfortantes. Mas isso não parecia incomodar os dois vultos sentados nos degraus da igreja de Saint-Étienne du Mont, o velho templo que partilhava com o Panteon, ali ao lado, e o convento dos *genovefains* (genovevinos),[84] seu vizinho, o topo da colina.

Na quietude do crepúsculo de inverno, não havia passantes.

O vulto mais alto, um homem de seus cinquenta anos, bem abrigado num casaco marrom com capuz, estendeu o olhar pela descida suave que se estendia à frente deles, deixando ver lá longe o pouco verde hibernal dos jardins do Luxemburgo. Suspirou de leve. Seu companheiro, um jovem de seus trinta e poucos anos, jaqueta azul marinho e boina, voltou-se para ele:

– O que tens, Père Giraud?

Outro suspiro mais fundo ergueu o peito do homem. Após um instante, encarou o jovem:

– Tenho receio, Marcel, tenho receio.

O rapaz acenou em silêncio, concordando, também com a fisionomia preocupada. Tornou:

– Achas que pode acontecer algo ao Clube do Panteon?[85]

– É muito de recear. Olha Babeuf. Escapou por um triz de ser preso mais uma vez, e está escondido, senão...

– Preso pela quarta ou quinta vez – Marcel abanou a cabeça com pesar – Esse homem é de uma obstinação e um idealismo incríveis. Preso por ser republicano de verdade...

– Preso "por defender a insurreição e a constituição de 1793" – tornou o outro. – Deu uma pequena risada amarga. – Por defender a verdadeira revolução e o povo faminto que ela esqueceu.

– E a verdadeira igualdade, que essa gente do Diretório parece ter esquecido – Marcel acrescentou enérgico.

– Eles receiam as verdades que o jornal de Babeuf diz ao

[84] Tinham esse nome os religiosos de Sainte Geneviève, a velha abadia medieval cujo convento era só o que restava à época, além do campanário. Hoje é o Liceu Henri IV.

[85] O Clube do Panteon, que se chamava na verdade "Reunião dos Amigos da República", tinha sido criado em novembro de 1795, e reunia-se no convento dos *genovefains*, tomando esse nome pela vizinhança com o Panteon.

povo. A cidade toda está fervilhando de descontentamento, além da fome. Aquilo que foi acenado ao povo em 93 eles trataram de suprimir. E agora com o máximo suspenso, a miséria se espalha. Mas a burguesia se locupleta. Eles precisam calar quem diz o que o povo precisa ouvir – Giraud abanou a cabeça pesaroso.

– E os verdadeiros patriotas vão para a prisão com a maior facilidade.

– Mas na prisão eles se articulam! Sabes que foi na última prisão que Babeuf encontrou Buonarroti e Darthès e vários outros, e dali saíram articulados para a luta. Foi logo depois que Buonarroti fundou o Cube do Panteon e Babeuf o seu Tribun du Peuple – Père Giraud se animava.

– Sim, sei disso. E que agora está calado... miseráveis! – irritou-se o rapaz. – Não vamos mais poder ouvi-lo no Clube, discursando, lendo seus artigos...

– Mas vamos continuar a distribuir seus panfletos por toda Paris. O povo precisa entender a situação. E ele nos apoia! – afirmou o mais velho com decisão.

– Dizem que a tropa da guarnição de Paris está aderindo às nossas ideias... E já somos tantos... mais de 2000 inscritos no Clube... e com essas cabeças pensantes, como Buonarroti, Darthès, o poeta Maréchal, e até esse escritor amalucado, Restif...

– E por quanto tempo achas que o Diretório vai aturar isso? – e Giraud encarou o companheiro– É muita agitação pela cidade inteira. Eles não vão tolerar por muito tempo. São burgueses, e essa história de igualdade real não lhes desce pela garganta.

Foi a vez do jovem Marcel suspirar.

– O que dizes, infelizmente, tem sentido – e depois de um momento: – *Liberté, égalité, fraternité*... Foi um grande sonho, mas até agora, pouca liberdade, nenhuma igualdade e, *parbleu*, onde está a fraternidade? Os jornais sustentados pelo Diretório qualificam Babeuf de inimigo da república porque ousa dizer a verdade: que a revolução, mesmo com todo o sangue que correu, ainda não cumpriu as promessas feitas ao povo, o verdadeiro povo francês, o que sustenta com seu trabalho todos esses proprietários e burgueses.

– Povo que está passando fome, Marcel. Sabias que, com a alta dos preços, a filhinha de sete anos de Babeuf morreu de inanição, por ser ele tão pobre quanto corajoso?[86]

– Não, não sabia. Que coisa terrível! – Marcel fitou o companheiro com ar horrorizado.

– E sabe-se lá quantas crianças mais... Isso, que a revolução pretendeu acabar, continua: a exploração do povo que trabalha, o enriquecimento dos que estão em cima. Trocaram a classe, agora não são mais aristocratas nem reis, são burgueses – mas o povo infeliz é o mesmo. E nos impedem de nos unirmos para reivindicar, de protestar sequer com uma greve.

– Essa maldita lei Le Chapelier... – Marcel acrescentou irritado.

Ambos se calaram, num silêncio melancólico de revolta e tristeza.

As sombras do anoitecer começavam a esmaecer o perfil da velha igreja (fechada, como todas as da França, pela Revolução), e Père Giraud convidou:

– Melhor irmos, meu amigo: a reunião do Clube começa daqui a pouco, e podemos aproveitar antes para conversar com os companheiros, saber as novidades.

– Vamos lá – concordou Marcel, erguendo-se também. E ambos – apenas dois dos inúmeros artesãos revoltados de Paris – se dirigiram lentamente para o antigo convento, ali ao lado, para onde já convergia silenciosamente um desfile de homens de todas as idades, sozinhos, aos pares ou em grupos, todos animados pelo mesmo sentimento: o ideal da república, o sonho da igualdade.

No dia 27 de fevereiro, o Clube do Panteon foi fechado, a mando do Diretório, pelo jovem general Napoleão Bonaparte.

A conspiração dos iguais

Babeuf, mesmo na clandestinidade, continuava atuante. Ele e seus companheiros – que se intitulavam a *Societé des Égaux* (Sociedade dos Iguais) amadureciam um plano para destituir o Diretório, tomar o poder e, apoiados pelo povo (que

[86] "Os salários não podiam acompanhar o preço dos gêneros, que dobravam da noite para o dia; todos os que viviam de seu trabalho, não podendo mais ganhar com que subsistir, vendiam seus móveis e seus andrajos, definhando na miséria e morrendo de inanição". Buonarroti, ibidem.

continuava a ser instigado pela planfletagem permanente e as reuniões clandestinas em vários pontos de Paris) colocar em marcha a verdadeira revolução, adotando a constituição de 93 (essa a sua proposta de base) e pavimentando o caminho para uma sociedade igualitária de fato – a República dos Iguais. Foi organizado um pequeno comitê responsável pelo planejamento da ação final, constituído de sete membros: Babeuf, Darthès, Philippe Buonarroti, Debon, Sylvain Maréchal, Antonelle e Felix le Peletier.

Buonarroti foi, junto com Babeuf, o grande teórico do movimento.[87]

Babeuf publicou sob o pseudônimo de "Lalande, soldat de la patrie" (Lalande, soldado da pátria) um novo jornal, o Eclaireur du peuple (O iluminador do povo), que foi passado de mão em mão nas ruas de Paris.

O poeta Sylvain Maréchal escreveu um texto imortal, *Le Manifeste des Égaux* (O Manifesto dos Iguais), que entretanto o comitê não quis divulgar na íntegra, preparando um resumo dele para publicar – e em 11 de abril, Paris amanheceu coberta de cartazes intitulados *Analyse de la doctrine de Babeuf, tribun du peuple*, (Análise da doutrina de Babeuf, tribuno do povo), originado do Manifeste, dizendo:

Análise da Doutrina de Babeuf
Tribuno do Povo
Proscrito pelo Diretório executivo por haver dito a verdade

1. A natureza deu a todos os homens um direito igual a usufruir de todos os seus bens.
2. O propósito da sociedade é defender essa igualdade, com frequência atacada pelos fortes e os maus no estado natural, e aumentar, pela cooperação de todos, o usufruto comum (dos bens).
3. A Natureza impôs a todos a obrigação de trabalhar. Ninguém pode, sem cometer crime, subtrair-

[87] Buonarroti escreveria mais tarde: "Após um longo e sério exame, o Comitê resumiu os deveres dos amigos do povo a estes dois pontos fundamentais: 1° – Restabelecer a constituição de 1793, aprovada pelo povo, lei que consagra claramente o exercício de seu poder; meio imediato de chegar à igualdade; ponto de união necessário para destituir a autoridade existente, evidenciada como tirania; 2° – Preparar aos poucos a adoção da verdadeira igualdade, apresentando-a ao povo como o único meio de estancar para sempre todas as fontes dos males coletivos". BUONARROTI, Phillipe. *Gracchus Babeuf et la conjuration des* égaux. Paris, Armand le Chevalier Ed, 1869.

-se ao trabalho.

4. Os trabalhos e o gozo (de seus frutos) devem ser comuns a todos.
5. Existe opressão quando alguém se exaure no trabalho e tem falta de tudo, enquanto outro nada na abundância sem nada fazer.
6. Ninguém pode, sem cometer crime, apropriar-se com exclusividade dos bens da terra ou da indústria.
7. Numa verdadeira sociedade não pode haver ricos nem pobres.
8. Os ricos que não queiram renunciar ao supérfluo em favor dos indigentes são inimigos do Povo.
9. Ninguém pode, pela acumulação de todos os recursos, privar um outro da instrução necessária a seu bem-estar; a instrução deve ser comum a todos.
10. O objetivo da revolução é destruir a desigualdade e restabelecer a felicidade comum.
11. A revolução não terminou, porque os ricos absorvem todos os bens e comandam com exclusividade, enquanto os pobres trabalham como verdadeiros escravos, definhando na miséria e não sendo nada dentro do Estado.
12. A Constituição de 93 é a verdadeira lei dos franceses: *Porque* o povo a aceitou solenemente; *Porque* a Convenção não tinha o direito de mudá-la; *Porque*, para chegar a isso, mandou fuzilar o povo que reclamava sua execução; *Porque* cassou e decapitou os deputados que cumpriam seu dever defendendo-a; *Porque* o terror contra o povo e a influência dos emigrados[88] presidiram à redação e à pretensa aceitação da Constituição de 1795, que não teve nem a quarta parte dos voos que tinha obtido a de 1793; *Porque* a Constituição de 1793 consagrou os direitos inalienáveis de cada cidadão de aprovar as leis, exercer os direitos políticos, de se reunir, de reclamar o que julgar útil, de se instruir e de não morrer de fome; direitos que o ato contrarrevolucionário de 1795 aberta e completamente violou.
13. Cabe a todos os cidadãos restabelecer e defender,

[88] *Emigrados* eram os nobres que haviam deixado o país fugindo da Revolução, e continuavam, muitos, conspirando do exterior para o retorno da monarquia.

na Constituição de 1793, a vontade e a felicidade do povo.

14. Todos os poderes emanados da pretensa Constituição de 1795 são ilegais e contrarrevolucionários.
15. Todos os que se levantaram contra a Constituição de 1793 são culpados do crime de lesa-magestade-popular.[89]

Pelos cafés de Paris, uma canção de Babeuf *Mourant de faim, mourant de froid* (Morrendo de fome, morrendo de frio), começou a ser cantada. Havia rumores de que os militares da guarnição de Paris estavam se rebelando.

Os Iguais desejam expor ao povo seus direitos, os crimes de seus opressores, e quando a indignação fosse grande e geral, dariam o sinal para a insurreição. Foram articuladas pequenas reuniões de grupos democratas, em todos os bairros de Paris, com doze agentes revolucionários que dirigiam as discussões populares, distribuíam escritos e informavam ao diretório secreto o progresso da situação e das opiniões. Agentes militares foram constituídos junto aos batalhões de Paris e arredores, entre eles um certo George Grisel, da guarnição do campo de Grenelle, que fingia grande empenho na causa revolucionária.

Os panfletos e cartazes procuravam conscientizar o povo de que "sua soberania fora usurpada pela autoridade existente; que a constituição de 93 era a única legitima; que a felicidade de todos só poderia resultar da verdadeira igualdade; e que os males que se atribuía à Revolução vinham apenas do fato de que ela não havia atingido seus objetivos" – escreveria Buonarroti mais tarde.[90]

No final de abril de 95 (27-28 de germinal) foram aprovados pela Assembleia dois instrumentos legais, "tão iníquos que nem mereciam o nome de leis", dando como crime punível com a morte promover o restabelecimento da constituição de 93 ou a dissolução do Diretório; qualquer reunião que discutisse tais coisas seria "sediciosa", sujeita à mesma pena. O descontentamento popular foi enorme, o povo começou a se reunir nas ruas, praças e pontes, e o Diretório se deu conta do

[89] *In https://gallica.bnf.fr/ark:/12148/bpt6k84734t/f5.double.*(Traduzimos)
[90] Ibidem

fervilhar da revolta.

Os Iguais estavam prestes a desencadear sua rebelião, afirmando que deveriam "viver livres ou morrer". Porém tinham bastante cautela, sabendo que um ataque prematuro colocaria tudo a perder.

Mas não estava escrito.

Antes que o fizessem, o Diretório decidiu agir. E o fez usando o instrumento que havia preparado: o traidor Grisel, que conduziu uma tropa ao local onde se reunia o comitê dos Iguais, onde também se localizavam os documentos, escritos e planos dos revolucionários. Era 10 de maio de 1795.

Babeuf foi preso com muitos de seus companheiros, entre eles Darthès, Buonarroti, Didier, Fion, Massart, Rossignol, Robert-Indet, Drouet, Ricor, Laignelot e Javogues.

Em 29 de junho houve uma tentativa popular de libertá-los, que fracassou. Outra se seguiu. Para evitar a ira popular, foram transferidos para Vendôme (a sudoeste de Paris).

Somente após nove meses, em fevereiro de 1797, foi instaurado em Vendôme o processo contra Babeuf e outros 64 acusados. Para humilhá-los, foram transportados em jaulas de ferro até o tribunal.

O julgamento durou quase 100 dias. Os acusados fizeram sua defesa, e dessas peças Buonarroti dá notícias. Eram discursos ardorosos, centrados nos motivos do movimento, e lembrando os ideais de igualdade, democracia, e o sofrimento do povo miserável que os tinham impelido. Buonarroti (ibidem) observou:

> Não foi difícil provar, pelos numerosos escritos dos acusados, a combinação que eles qualificaram de conspiração criminosa; mas quanto à *intenção,* elemento essencial do crime, procuraram eliminá-la da discussão, e impedi-los de convencer a França de que seu objetivo era benéfico, que sua oposição à constituição de 95 era legítima.

Darthès (Augustin Alexandre Darthès) foi o único que se recusou a explicar-se. Nunca reconheceu a legitimidade daquela corte de julgá-los, e deixou-se condenar sem se defender. Ele tinha sido estudante de direito e fora um revolucionário do primeiro instante, tendo participado da queda da Bastilha. Tinha 28 anos ao ser preso.

Após protestar diante do júri, apenas declarou:

> Se a Providência Divina fixou neste momento o término de minha trajetória, eu a concluirei com glória, sem receio e sem arrependimento. Quando a liberdade sucumbe; quando o povo, presa dos horrores da fome e da indigência, é despojado de todos os seus direitos, aviltado, desprezado, e definha sob um jugo de ferro; quando esta sublime revolução, esperança e consolo das nações oprimidas, tornou-se apenas um fantasma; quando a França está recoberta de um crepe fúnebre; quando não existe mais pátria, a morte é um benefício. Minha família e amigos poderão citar meu nome com orgulho entre os defensores e mártires da causa sublime da humanidade. Suportei todas as fadigas da revolução, todos os perigos sem outra satisfação que ver um dia estabelecido o reinado durável da igualdade e da liberdade; meu coração só bateu sempre pelos meus semelhantes e pelo triunfo da justiça. (Buonarroti, ibidem).

Já Babeuf, com sua peculiar eloquência e ardor, argumentou ousadamente em nome dos ideais comuns, afirmando em síntese:

> Promover o despertar do povo, o reinado da felicidade, da igualdade e da liberdade, da abundância para todos: eis o desejo destes pretensos insurretos que foram pintados com as cores mais espantosas aos olhos de toda a França.
>
> Aqui não se trata de um processo de indivíduos, mas o da República; é preciso tratá-lo com toda a grandeza que exige. Esse ato diz respeito a alguns republicanos, e todos os republicanos nele estão implicados; por conseguinte, ele pertence à República, à revolução, à História.

Babeuf reencarnacionista?

Essa indagação, que faria ranger os dentes ou no mínimo rir com desdém revolucionários e autores céticos de todos os tempos, não é uma suposição absurda, e sim uma exclamação de surpresa fundamentada em uma declaração literal de Babeuf, recolhida por Buonarroti e inclusa à página 158 de seu famoso livro. Topamos com ela e a lemos sem querer acreditar. Diversas releituras e avaliações após, não parece se enquadrar em nenhuma suposição outra – como de uma figura de linguagem.

É evidente que passaram batido por ela todos os leitores do clássico livrinho, até porque revolucionários e socialistas de quaisquer matizes raramente são reencarnacionistas – o que é uma incongruência, no que tange aos socialismo democrático ou cristão (como pretendemos demonstrar). Mas alguém que vista as duas condições e leia com atenção o texto de Buonarroti, o leal e dedicado Buonarroti, não poderá se impedir de uma exclamação ao despencar desse parágrafo para uma absoluta (e alegre) surpresa.

Ei-lo:

> A virtude não morre; os tiranos se iludem em suas perseguições atrozes; eles só destroem os corpos; a alma dos homens de bem só faz mudar de envoltório; após a dissolução de um, ela vai animar outros seres onde continua a inspirar os movimentos generosos que não darão jamais repouso ao crime no poder.[91]

Se ele quisesse dizer que "*o ideal* dos homens de bem vai animar outros seres"... por que não o diria, em vez de alma? E *envoltório* é um termo significativo para indicar o corpo físico, envoltório da alma.

Fica o registro, sem maior debate. A esta altura, só uma comunicação mediúnica do próprio ou de algum amigo ciente da verdade poderia trazer uma luz definitiva à questão (Ou

[91] Para que se possa ajuizar da clareza da tradução e do sentido, eis o original: *La vertu ne meurt pas; les tyrans s'abusent dans leurs atroces persécutions; ils ne détruisent que des corps; l'âme des hommes de bien ne fait que changer d'enveloppe; ele anime sitôt la dissolution de l'une, d'autres êtres chez qui elle continue d'inspirer les mouvements généreux qui ne laissent jamais de repos au crime dominateur.* Buonarroti, op.cit, p. 158.

algum eventual documento, se é que exista, a que não temos acesso).

No mínimo intrigante.

(Não se pode deixar de lembrar, contudo, que Buonarroti, amigo tão próximo de Babeuf, na liberdade e nos longos meses de prisão, era maçom desde sua juventude, na Itália, e até o fim da vida; e que a maçonaria, nos graus superiores, tem uma milenar tradição esotérica, que vem de suas origens.)

O desfecho

Após o longo e tormentoso julgamento, a sentença final foi de pena de morte a Babeuf e Darthès, e deportação para Buonarroti, Germain, Cazin, Moroy, Blandeau, Menessier, Bovin, penas que foram executadas de imediato. Os demais foram absolvidos.

Babeuf enviou uma tocante carta à família, que conclui dizendo: "Não pensem que eu me arrependo de ter me sacrificado pela mais bela das causas: mesmo que meus esforços por ela sejam inúteis, cumpri minha tarefa".

Buonarroti prometeu solenemente a seu companheiro que lhe conservaria a memória, escrevendo a historia da Conspiração dos Iguais.

Preso por seis anos, foi a seguir exilado, primeiro em Genebra e depois em Bruxelas. Viveu na pobreza, como professor de música, sempre junto de sua fiel companheira Teresa Poggi. Continuou sempre um revolucionário da república e da igualdade democrática, e como tal apoiou os carbonários italianos; era desde jovem atuante na maçonaria.

Em 1828, cumprindo sua promessa, publicou o seu *Graccus Babeuf et la Conjuration des* Égaux (*Graco Babeuf e a Conjuração dos Iguais*), que fez grande sucesso em Paris e noutros países, e influenciou consideravelmente uma nova geração de ativistas, como Auguste Blanqui, não só na França e na Inglaterra como em toda a Europa. Graças a ele, a história da Conspiração dos Iguais não caiu no esquecimento.

Buonarroti conseguiu voltar a Paris em 1830, e continuou até sua morte, aos 77 anos, em contato com a nova geração de revolucionários. Ele já dissera, dos Iguais:

"Jamais uma conspiração foi mais legítima; nenhum de

> "Declaramos que não podemos mais suportar, ao lado da enorme maioria dos homens, e trabalho e o suor em benefício de uma pequena minoria. Há muito tempo – tempo suficiente, tempo demais – que menos de um milhão de indivíduos vem desfrutando aquilo que pertence a mais de 20 milhões de seus semelhantes"
>
> François Noël Babeuf

nós aspira seja à fortuna ou ao poder; ... é pela vida, pela liberdade e pela felicidade de nossos concidadãos".

Igualdade ou morte?

> Nada pode explicar sua resolução de arriscar a vida e preferir a morte à eterna sujeição, senão a sua audácia, a sua coragem e seu espírito de sacrifício. Outros homens tiveram idênticas razões para combater e se resignaram.
>
> Gustave Lefebvre

Os Iguais do grupo de Babeuf têm sido criticados por "decidir em nome do povo" a tomada do poder, e por aí. Merece uma análise.

Primeiro, o grande sofrimento e a revolta do povo miserável e inerme eram flagrantes. Era um grande corpo social profundamente enfermo, sem ver condições de dar remédio a si mesmo – e a morbidez decorria flagrantemente das atitudes do poder vigente, que não mostrava a mais leve intenção de alterá-las (muito ao contrário, como em seguida se veria com o golpe napoleônico). Sequer admitia a discussão política, punindo-a gentilmente com a guilhotina. Parece que o nome disso seria tirania.

Depois, simples constatação: desde que o mundo é mundo, quando é que a humanidade prescindiu de líderes que não só mostrassem o caminho, como em geral a arrastassem, literalmente – Mar Vermelho adentro etc etc? A questão se cinge ao momento certo de acontecer – *maktub*, "estava escrito"

– que tem a ver com vários fatores, carma coletivo inclusive.

As coletividades, como os indivíduos, progridem pelo método de tentativa-e-erro. Sem os rascunhos, não haveria a beleza do texto.

Os Iguais, como todos os mártires da igualdade da História, abriram caminho, com coragem e sacrifício, na selva da pequenez e do egoísmo coletivos, onde a massa humana cambaleia, às cegas, com minúsculos avanços. Ai de nós, porém, se não fosse por todos eles! Em que caverna moral ainda estaríamos?

Foi um rascunho heroico, escrito com sangue e filho do idealismo, não de ambição vulgar. Fossem ambiciosos de fortuna ou poder, teria sido mais fácil, cômodo e seguro aderir ao poder vigente e locupletar-se, como fizeram todos os camaleões morais daquela e de todas as épocas, todos os Griseis, Calabares *et caterva*.

Se a Conjuração dos Iguais tivesse acertado o *timming* e desencadeado a insurreição dois ou três dias antes, sem dar bola para Grisel, e conseguisse conduzir a massa popular até a tomada do poder (digamos hipoteticamente que até sem sangue) – o que aconteceria? A igualdade total ou próxima dela acabaria implantada? Sabemos que não. O motivo (sempre foi ele) é que não existia massa crítica de consciência suficiente para desencadear a verdadeira reação que transmutasse o elemento egoístico em sentimento coletivo.

Um dia isso acontecerá. Graças aos que alimentaram a chama. Como disse Babeuf:

"Foi inútil tentar extinguir o fogo sagrado; ele arde e arderá".

O Manifesto dos Iguais
(excerto)

Povo francês!

Durante quinze séculos, viveste escravo, e em consequência, infeliz. Faz seis anos que mal respiras, à espera da independência, da felicidade e da igualdade.

A Igualdade! Primeiro anseio da natureza, primeira necessidade do homem, e principal vínculo de qualquer associação legítima!

Desde época imemorial nos repetem com hipocrisia que os homens são iguais, e desde época imemorial a mais aviltante e a mais monstruosa desigualdade pesa com insolência sobre o gênero humano.

Pois bem! Nós pretendemos a partir de agora viver e morrer iguais como nascemos; queremos a igualdade real ou a morte; eis o que desejamos.

Queremos não apenas essa igualdade registrada na Declaração dos Direitos do Homem e do Cidadão, nós a queremos no meio de nós, sob o teto de nossas casas.

Nós desejamos algo mais sublime e mais justo, o bem comum ou a comunidade dos bens! Não mais a propriedade individual das terras, a terra não pertence a ninguém. Nós reclamamos e queremos o usufruto comunal dos frutos da terra: esses frutos pertencem a todos.

Declaramos que não se pode admitir da ora em diante que a grande maioria dos homens trabalhe e se esfalfe a serviço e para o prazer da extrema minoria.

Por demasiado tempo menos de um milhão de indivíduos vem dispondo daquilo que pertence a mais de vinte milhões de seus semelhantes, de seus iguais.

Desapareçam, revoltantes distinções de ricos e pobres, grandes e pequenos, senhores e servos, governantes e governados.

Como todos têm as mesmas necessidades e as mesmas faculdades, que haja para eles uma única educação, uma única alimentação. Eles se contentam com o mesmo sol e o mesmo ar para todos: por que a mesma quantidade e qualidade de alimentos não serviriam para todos?

Chegou o momento de fundar a República dos Iguais, esse grande abrigo aberto a todos os homens. São chegados os dias da restituição geral. Famílias que sofreis, vinde sentar-vos à mesa comum criada pela natureza para todos os seus filhos.

Povo francês!

Antigos hábitos, antigas prevenções vão querer de novo impedir a criação da República dos Iguais. A criação da igualdade real, a única que atende a todas as necessidades, sem fazer vítimas, sem custar sacrifícios, não agradará talvez de início a todos.

O egoísta, o ambicioso, tremerá de raiva. Os que possuem injustamente gritarão que é injustiça..

Povo francês!

Por que sinal deverás reconhecer daqui por diante a excelência de uma constituição? Aquela que se fundar inteiramente na igualdade de fato. Povo francês! Abre teus olhos e teu coração à plenitude da felicidade – reconhece e proclama conosco a República dos Iguais!

Sylvain Maréchal

Capítulo 16

Uma outra revolução: a revolução industrial

Que século foi esse, o século dezoito!

A sociedade planetária entrava numa transformação radical e acelerada. Como a puberdade dissolve a infância e na rápida transformação da adolescência faz surgir o adulto jovem, que em nada lembra a criança, o mundo parecia contagiado por hormônios de transformações radicais. Em breve, seria irreconhecível.

Enquanto na França se gestava, impressentida, à sombra dos últimos Luíses, a futura Revolução, do outro lado da Mancha outra revolução, tão barulhenta quanto mas com instrumentos e acordes diversos, irmã daquela como fator de mutação social, se desencadeava: a Revolução Industrial.

Ela consistiu na passagem do modelo de produção manufaturada, que vinha desde a aurora dos tempos, para o modelo mecanizado, com a introdução das máquinas e a criação da indústria, sobretudo a têxtil, iniciando-se a produção em larga escala. E com isso, uma transformação social e econômica radical.

Por que na Inglaterra? Porque os ingleses já possuíam uma sofisticada manufatura têxtil, que se alimentava do algodão produzido na América desde a colonização. E estava escrito que na Escócia nasceria o homem que ia proporcionar o salto quântico para transformá-la no sistema esqueletal que sustentaria a sociedade industrial, dando origem ao capitalismo, ao socialismo, aos romances de Dickens e a "Tempos Modernos" de Chaplin – e a um caudal de miséria material e moral inigualável, junto com o avanço tecnológico que chegara a seu momento de acontecer.

Watt. James Watt. Em 1769, ele patenteou a versão aperfeiçoada, que inventara, do motor a vapor de Newcomen. Pronto. Começava a Revolução Industrial.

Rapidamente, o novo engenho começou a substituir a mão de obra humana nas fábricas de tecidos; e também na drenagem das minas de carvão e ferro – outro fator fundamental para a Inglaterra, que as possuía em quantidade. Estava montado o cenário tecnológico para a Revolução Industrial; quais seriam os atores?

Assim que se tornou evidente a infinita possibilidade de ganhos da mecanização, com a produção rápida e em larga escala, gerando lucros sem fronteiras[92] – assim que a classe chamada confortável, detentora de libras esterlinas, entreviu a chance de rapidamente produzir mais libras, as indústrias começaram a se multiplicar como cogumelos. Surgia uma nova classe social: a do capitalista industrial. Era o dono da fábrica, que colocava a trabalhar para si e gerar seus lucros ilimitados – quem? Ora, quem sempre trabalhou para os detentores de moedas que pretendem obter mais moedas – fossem shekels mesopotâmicos, dracmas, denários, rublos, ienes ou guaranis – utilizando a mão de obra alheia: o povão. Essa gentalha, os 99% da humanidade que, desde as margens do Nilo (e antes) sustentou com o suor de seu rosto o conforto e a dissipação do 1% restante.[93] E que era, de passagem, feita de seres humanos tão idênticos, divinos e dignos de bem-estar quanto esses privilegiados.

Surgia uma nova/velha classe social, herdeira do servo feudal: o proletariado industrial urbano. Um servo citadino, só com menos ar puro. Cada vez mais operários eram necessários para operar os teares e outras máquinas da crescente indústria britânica. Cada vez mais carvão era necessário para aquecer as máquinas a vapor – portanto, mais mineiros. Um fator cruel particular tangia os camponeses do Reino Unido para as fábricas: o chamado cercamento das terras. As antigas terras feudais, comuns aos senhores e servos, estavam

[92] Literalmente, porque a Inglaterra era senhora dos mares e impunha sua hegemonia em torno do planeta, (inclusive na América do Sul). Era o reinado da rainha Vitória, em cujos domínios "nunca se punha o sol" – o Império Britânico, o mais onipresente e poderoso do planeta desde o Império Romano.

[93] Dessa classe ociosa e privilegiada todos nós já fizemos parte, em priscas eras ou nem tanto, e haja carma a resgatar depois.

sendo transformadas em pasto para as ovelhas,[94] porque a lã era, junto com o carvão e o ferro, um dos pilares comerciais da Inglaterra. Os camponeses e pequenos proprietários eram desalojados de suas terras, dando lugar a grandes proprietários que criavam ovinos para abastecer a voraz indústria da lã. As inocentes ovelhas, que eram tosquiadas tanto quanto o proletariado, foram instrumentos, a contragosto, da expulsão dos camponeses que eram obrigados a migrar para as cidades, indo buscar trabalho nas fábricas por salários vis. Dois rebanhos indefesos.

Não apenas os salários eram aviltantes. Os ambientes das fábricas eram soturnos, insalubres. Não havia qualquer sombra de assistência de saúde aos operários, equipamentos de segurança nem se sonhava, nem amparo nos acidentes de trabalho. As jornadas de trabalho eram absurdas, chegando a 16 horas, de domingo a domingo. A pior faceta era o trabalho infantil: crianças de 6 anos ou menos trabalhavam nessas condições, por salários ainda – se isso é possível – mais vis, assim como mulheres; trabalhavam inclusive nas minas de carvão. Férias? Não me faça rir. Aposentadoria – o que é isso? Salário mínimo? Que piada. Os operários e suas famílias começaram a originar aglomerados urbanos miseráveis, bairros sórdidos, insalubres, deprimentes, geradores de mais moléstias físicas e psíquicas, verdadeiro caldo de cultura de vícios, como o alcoolismo[95] e o jogo, prostituição, roubos e abusos de toda sorte; onde se amontoavam famílias inteiras em uma única peça miserável, não havia saneamento, banheiros, higiene, a mínima dignidade. A literatura os retratou por vezes (Dickens), mas está longe de ter registrado toda a miséria, o sofrimento e a desesperança dessa multidão que começou a lotar as cidades e girar os teares para enriquecer a Inglaterra e uma nova aristocracia – a dos donos de indústrias.

---

[94] É interessante – e sintomático – que Thomas Morus, na primeira parte de sua Utopia, já denunciasse com ironia essa substituição das culturas pelas ovelhas. "Esses animais, tão dóceis e tão sóbrios em qualquer outra parte, são entre vós de tal sorte vorazes e ferozes que devoram mesmo os homens e despovoam os campos, as casas, as aldeias".

[95] É apenas uma especulação, mas baseada em muitas informações da época: dataria desse contexto miserável, desesperançado, o consumo desmesurado de álcool que até hoje continua um grave indicador no Reino Unido?

Como não existia qualquer legislação trabalhista, sequer a consciência de que ela *deveria* existir – de que os verdadeiros criadores da riqueza, os que vendiam seu trabalho, sua saúde e sua vida, tinham direitos – os donos da fábricas e das minas impunham a seu bel-prazer os salários e condições que desejavam – isto é, os piores possíveis/melhores para seu lucro. Dificilmente, hoje, se poderá fazer uma ideia exata das condições do proletariado inglês e depois europeu nos primórdios da Revolução Industrial. Era o capitalismo selvagem a todo vapor – trocadilho ruim para algo ainda pior. (Talvez os operários chineses que dormem no chão das fábricas e trabalham incansavelmente por salários aviltantes, sejam algo aproximado, hoje em dia. Aproximado).

A jornada de oito horas

É relevante não esquecer que *todas* as condições conquistadas pelos trabalhadores ocidentais – jornada de oito horas, repouso remunerado, férias, salário mínimo, adicional de insalubridade, auxílio-doença, licença-maternidade/paternidade, salário-desemprego, aposentadoria etc foram exatamente *conquistadas* – foram resultantes de LUTAS sociais, muitas vezes cruentas, e de IDEIAS SOCIAIS que as inspiraram. Foram arrancadas, com longas batalhas, todas inspiradas por pensadores sociais e líderes sindicalistas, socialistas e outros, do território fechado dos lucros patronais, exatamente através das brechas conceituais que foram introduzidas pelos pioneiros: idealistas, utopistas – os batalhadores da igualdade.

Todos nós hoje, assalariados de qualquer nível, nos beneficiamos disso, e em geral o esquecemos.

Vamos recordar muito brevemente, para exemplificar, a história das lutas por uma reivindicação básica: a da jornada de oito horas, que foi o foco de batalhas durante mais de um século – mais de um século para se chegar, não à conquista de alguma igualdade significativa: só do direito de os trabalhadores não serem tratados piores que irracionais. Lembre-se que é apenas uma amostra dessa longa e múltipla trajetória, com centenas de líderes e muitos mártires, e milhares – milhões – de lutadores.

Robert Owen – do qual se tratará em detalhes a seguir – foi o criador de um slogan que se tornou generalizado nas reivindicações trabalhistas futuras: *8 horas de trabalho, 8 horas de lazer, 8 horas de repouso.*

Nos Estados Unidos, a partir de 1884, os sindicatos, visando a conquistar a jornada de oito horas, marcam uma greve geral para o dia 1° de abril de 1886, onde participaram cerca de 340.000 pessoas no país inteiro. Em Chicago, a greve se prolongou, em algumas fábricas, e no dia três de maio três grevistas foram mortos. No dia seguinte, houve uma marcha de protesto, na Haymarket Square, que começou pacificamente, mas a certa altura estourou uma bomba no local onde se

Antes de 1848, se considerava a jornada de 13 horas como curta, a de 14 horas como comum e a de 15 horas não excepcional – podendo chegar a 16.

posicionavam policiais, matando um e ferindo sete. A política abriu fogo contra os manifestantes, matando quatro, ferindo dezenas e prendendo mais de cem.

No processo que se seguiu, altamente condenado por toda parte pelas irregularidades, oito anarquistas foram acusados, embora não houvesse provas concretas contra eles, mas o procurador pediu a pena de morte. O ministério público organizou falsos testemunhos. “Foi uma caricatura de júri, de instrução, de processo, uma paródia ignóbil de justiça”. Sete foram condenados à morte e outro a 15 anos de prisão. Um dos ativistas, Parsons, que se refugiara com amigos em Wisconsin, podendo escapar, foi entregar-se no dia do início do julgamento, para partilhar a sorte de seus companheiros e, disse, “subir também, se for necessário, ao cadafalso, pelos direitos do trabalhador, a causa da liberdade e a melhoria da sorte dos oprimidos”.

A pena de morte de dois réus foi comutada em prisão perpétua pelo governador de Illinois; outro se suicidou na prisão. Os outros quatro acusados foram enforcados. Em 1893, os réus sobreviventes foram perdoados pelo novo governador de Illinois, John Altgeld, que também criticou duramente o julgamento.

Um dos condenados, Augustin Spies, declarou: *chegará o dia em que nosso silêncio será mais forte que as vozes que vocês estão sufocando hoje.*

O episódio ficou conhecido como a *Revolta de Haymarket*,[96] e em 1889, na ocasião da Exposição Universal de Paris, sindicatos e socialistas decidem que o 1° de maio se tornará o dia de luta pelas 8 horas, em homenagem aos trabalhadores de Chicago.

Execução na força dos quatro condenados.

Na Inglaterra, as mulheres e crianças conquistaram a jornada de 10 horas em 1847. (Imagine o *seu* filho de 10 anos trabalhando 10 horas

[96] O local do incidente foi designado como um ponto histórico da cidade de Chicago em 1992. Em 1997, o Monumento aos Mártires de Haymarket, que está no local de enterro dos réus, foi declarado um Marco Histórico Nacional.

numa fábrica suja, soturna, mal arejada e barulhenta, com máquinas potencialmente perigosas, onde muitos tinham membros esmagados ou decepados). Mas na França, a lei das 10 horas instaurada pela Revolução em 1848 foi revogada alguns meses depois, voltando a jornada de 12 imposta aos trabalhadores. Os deputados socialistas franceses apresentaram leis propondo a jornada de 8 horas em 1879, 1894 e 1906 – sem sucesso.

A partir de 1866, a redução da jornada de trabalho passa a se colocar no centro da luta social em toda parte. Em 1868,o governo americano decreta a jornada de oito horas para todos os empregados da administração federal.

Em 1890, na maior parte dos países, o 1° de maio já era consagrado às lutas trabalhistas.

Então, em 1891, um episódio sangrento tem lugar na França. Fourmies é uma pequena cidade industrial do norte francês, que em 1891 tinha 37 fabricas de fiação de algodão e lã, e 15.000 habitantes, com maioria de operários. Nas usinas insalubres, se trabalhava de 12 a 15 horas por dia, com salários muito baixos. Greves começaram a acontecer, e em 1886 um milhar de operários tomou as ruas. No dia 1° de maio de 1891 foi marcado um dia especial de comemoração e reivindicações.

A manifestação seria num ambiente festivo e pacífico. Às 10 horas da manhã, os trabalhadores levariam suas reivindicações à prefeitura, depois teria lugar um piquenique das famílias. À tarde, festividades e à noite um baile, tudo coordenado pelo Parti Ouvrier (Partido dos Trabalhadores)), que anunciava: "Recomenda-se a maior calma; nada de tumulto, ou de acusações pessoais. O Partido dos Trabalhadores deseja o direito e a justiça, e pedindo respeito para si, conta com o

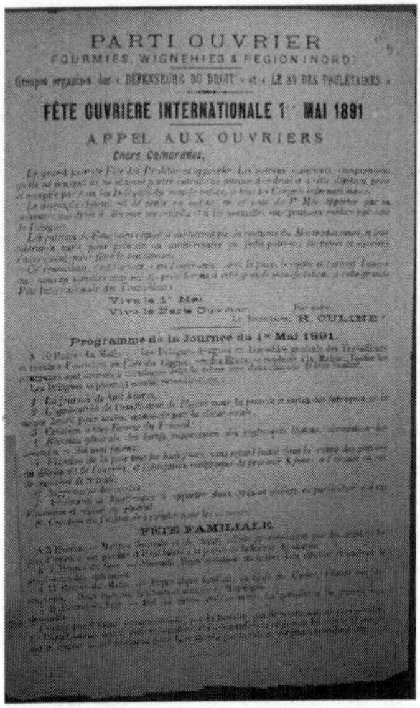

Cartaz anunciando a "Festa dos Trabalhadores" no 1° de maio de 1891 em Fourmies

respeito moral de cada um para conquistar pela razão suas justas reivindicações".

Às 9 horas, diante de uma fábrica, foi preso um operário do piquete de greve, e na sequência, mais quatro. O slogan da manifestação, "queremos oito horas" foi acrescido de "queremos nossos irmãos". Delegações das fábricas em greve são recebidas na prefeitura e apresentam suas reivindicações, tendo o prefeito prometido que os detidos seriam liberados. No início da tarde, os operários reunidos diante da prefeitura, os soldados a cavalo os dispersam e fazem novas detenções. A festa já estava estragada e a peça de teatro programada, suspensa.

Às 18 horas, com os manifestantes reunidos na praça da cidade, os soldados armados de fuzil respondem a um grito de um porta-estandarte de "Viva a greve!" com uma fuzilaria que resulta em nove mortos e 34 feridos. Idade dos mortos: 11, 14, 16, 17, 18, 19, 20, 20 e 30 anos. Esse episódio ficou conhecido como o "Fuzilamento de Fourmies".

O século XIX terminou sem que se modificasse a jornada de trabalho.

Como sempre, neste planeta-reformatório, o sofrimento coletivo é que tem de alguma sorte amolecido as consciências endurecidas. Ao término da carnificina da Primeira Guerra, a jornada de 8 horas começou a ser adotada em sucessão pelos países europeus: na Alemanha, em novembro de 1918, logo na Polônia, em Luxemburgo e na Tchecoslováquia. Em 23 de abril de 1919, o senado francês aprova a lei das oito horas (mas com ressalvas, como para o setor de metalurgia, siderurgia e minas). Só com a Frente popular de 1936 foi reduzida a semana de trabalho para 48 h e instituída de fato a jornada de oito horas sem exceção).

"Trabalhadores: só mais um esforço e... 8 horas!".

A Organização Mundial do Trabalho, criada em 1919, toma por base essa lei para sua primeira convenção sobre a duração do trabalho.

Hoje, mal fechado um século dessa conquista de uma condição elementar, é bom recordarmos, ao bater o ponto em nosso local de trabalho, a trajetória, as lutas, o sangue e os sacrifícios que custou – e toda a triste escravidão dos servos industriais que pavimentaram o caminho. Só na medida em que a noção de cidadania, de humanidade mais igual, foi se insinuando na consciência coletiva, é que lentamente as condições de trabalho e existência foram subindo um pouco de patamar – desde que os trabalhadores jogassem na mesa de negociações a única coisa de que dispunham: a sua força de trabalho se negando a mais exploração – leia-se greve. *Trabalhador unido, jamais será vencido* - mas às vezes, só a longo, longuíssimo prazo.

É aí que as duas revoluções do século dezoito – a Francesa e a Industrial – se encontram: na noção que a primeira introduziu da *igualdade* essencial de todos os homens, dos direitos do cidadão, da dignidade do trabalho. Pelo menos estava lá – na Declaração dos Direitos do Homem – a inspirar os sonhadores da igualdade dentro do cenário cruel, cinzento e fuliginoso do mundo industrial.

É importante e esclarecedor sabermos quem foram os primeiros responsáveis por essas ideias de igualdade que, de alguma forma, têm amparado a massa humana dos trabalhadores do mundo (nós, por exemplo). Alguns precursores já foram mencionados; há diversos que seria longo citar; mas é inquestionável que a história da marcha rumo à igualdade no planeta tem um capítulo que é um divisor de águas: o socialismo inicial, dito utópico.

Capítulo 17

O socialismo utópico

Socialismo – que bicho é esse?

Você encontrará conceitos resumidos sobre o tema dizendo mais ou menos: "Socialismo é o sistema político e econômico que surgiu entre o fim do século XVIII e o início do século XIX, e tem como essência o princípio da igualdade".

Para entender além da superfície, lembremos que a evolução humana, dos neanderthais em diante, no rumo da civilização, sempre foi – em síntese – o confronto entre o "eu" e o "nós" – o individualismo versus o coletivo.

Individualismo, lembremos, não passa de outro nome do egoísmo – é o egoísmo com máscara, como um ogro disfarçado de lobo. Como o termo evidencia, é a predominância do *indivíduo* e de seus interesses sobre a coletividade. Não por acaso toda a essência do Evangelho e das outras grandes doutrinas se resume em apontar o caminho da evolução espiritual como o afastamento do egocentrismo e a ampliação do altruísmo.[97]

Segue-se que a evolução da sociedade só pode se dar nessa direção – rumo à *igualdade*. Toda predominância do indivíduo e seus interesses particularistas em detrimento da coletividade, não importa quão belamente se tente justificar em teorias econômicas, é moralmente indefensável se tivermos qualquer orientação espiritual, seja cristã, hinduísta, budista, etc. (Ou se, não tendo crença alguma no momento, formos meramente criaturas justas e altruístas).

[97] "Amar a Deus sobre todas as coisas e ao próximo como a si mesmo – nisso se resume toda a Lei e os profetas". Admirável síntese de todo o caminho evolutivo. Exemplos de textos análogos do hinduísmo, do budismo, do judaísmo etc, podem ser dados facilmente.

Ao longo da História, nos exemplos que temos apontado, e em outros, incontáveis, homens e mulheres espiritualmente avançados, sentindo instintivamente essas verdades que são intrínsecas à nossa essência imortal, apontaram o primado do *coletivo* como o caminho da felicidade humana. O bem-estar da *sociedade*, e não apenas de alguns indivíduos, é o caminho moral do progresso.

Se o termo *indivíduo* leva a *individualismo*, o termo *sociedade* leva a quê? *Socialismo*, claro. **A preocupação com o coletivo, com o bem-estar de todos**. E, por extensão, à busca de formas de realizar esse bem-estar.

Esses grupos que buscaram concretizar modelos sociais tendentes a garantir a igualdade de todos os membros da sociedade – coincidência ou não, a quase totalidade deles tinha uma orientação cristã.

Na altura do século XVIII, o mal-estar da sociedade se intensificou ao extremo com as condições deploráveis da grande massa humana pós Revolução Industrial. O corpo social padecia da profunda chaga da desigualdade – e seu estado tornou-se agudo. Mas nessa altura, a evolução da consciência coletiva já permitia, ao menos, um diagnóstico e um apontar do remédio. Os ideais da Revolução Francesa não tinham passado em vão. A igualdade de todos os homens já era pelo menos letra nas Declarações e códigos.

Foi nessa época que o profundo abismo entre as novas classes sociais – a dos capitalistas fabris e a do proletariado industrial, e as condições aviltantes deste, começaram a inspirar a alguns homens sensíveis ao binômio opressão-oprimidos o anseio de, denunciando a profunda imoralidade desse estado de coisas, propor alguma via de saída.

O que tentaram eles? Inventar um mundo melhor. Diferente daquele onde viam os mais indefesos sofrendo como escravos sem esperança sob os que detinham o poder econômico.

Não é um palavrão, é um remédio

Esses homens idealizaram alguns *modelos novos de coletividades* que poderiam levar ao bem-estar comum – propostas *socialistas*, de remédio ao individualismo.

Eram modelos de comunidades com estrutura socioeconômica igualitária – com abundância para todos, dignificação do trabalho e de quem o executa, onde os meios de produção – fossem fábricas ou fazendas – não pertenceriam a um pequeno percentual de privilegiados, e sim à coletividade que, afinal, é quem neles trabalha, deixa seu esforço e energia, e cujo produto fosse repartido igualitariamente. A maioria preconizava também que a propriedade privada de terras e imóveis fosse substituída pela posse e uso coletivos. Em suma, modelos que lembravam o ideal magnifico da Utopia – e, claro, do cristianismo original.

Só que agora – quase 300 anos depois que Thomas Morus publicara a Utopia – já era possível pensar em passar do sonho à realidade. O mundo havia mudado o suficiente para se tentar, além do sonho, a concretização da utopia.

Poderiam ser, esses homens que tentaram (quem sabe?), reencarnação dos cristãos primitivos, dos essênios, dos cátaros, dos hussitas, dos... sabe-se lá. O fato é que traziam dentro de si, de alguma fonte interior, o ideal dessas comunidades igualitárias, o sonho do mundo melhor.

Esses pensadores que buscaram alternativas para melhorar o cenário social preconizavam o *socialismo* – o bem-estar comum – e portanto foram chamados de *socialistas*.

Esse socialismo inicial dos fins do século XVIII e início do XIX é caracterizado por seu método de transformação da sociedade: não é o de uma revolução política, muito menos com o uso da força, nem com luta de classes, e sim a criação, pelos próprios cidadãos, de uma espécie de sociedade alternativa socialista: propunham comunidades igualitárias que, ao se multiplicarem, poderiam ir tomando o lugar da sociedade capitalista. Essas experiências em pequena escala foram concretizadas em alguns lugares; porém mais cedo ou mais tarde, todas findaram por se dissolver, e o ideal da modificação social em grande escala, pela sua multiplicação, até abranger todo o planeta, permaneceu como ideal.[98]

Mais tarde, e pelo fato de terem proposto esses modelos *ideais* de sociedade, a serem atingidos de forma pacífica e gradual e pelo uso da razão e da conscientização da humani-

[98] Nem é preciso lembrar, mas se quiser, busque as causas nos verbetes "egoísmo", "ambição" e "orgulho" do dicionário. E talvez em "hipocrisia" conjugada a "cristianismo".

dade, é que vieram a ser classificados, por Marx e Engels, de *socialistas utópicos*, de forma meio depreciativa, como quem diz: sonhadores vãos de um mundo ideal, impossível de atingir daquela forma.

Esse socialismo inicial, idealista, deixou uma herança na criação do **movimento cooperativo** – uma fórmula inovadora, igualitária, que certamente será muito importante no início da Nova Era; e na inspiração que fez, nos anos 60-70, numerosas comunidades *nova era* brotarem, sobretudo nos Estados Unidos, mas também em outros países. Os kibutz israelenses tiveram um perfil similar.

Mas a luminosa ideia – a mesma que tinha desabrochado na Utopia – não morreu. Ficou plantada na esfera mental do planeta, criou uma energia, desenhou um modelo.

Ideia que, como uma semente guardada no inconsciente coletivo, permanece, para, num futuro talvez não muito distante, ser novamente revivida, quem sabe para modelar a nova sociedade que deverá ser reconstruída após a Transição Planetária já em curso. Talvez – por que não? – todos os antigos sonhadores da igualdade, seus lutadores e seus mártires, estejam voltando, para poderem, desta vez, plantar seu sonho em terreno fértil – e vê-lo frutificar.

Por conseguinte, socialismo, em vez de palavrão, significa *ideal para uma nova sociedade evoluída* – leia-se Nova Era, depois que o eixo terrestre e as consciências se verticalizarem. Mas pode e deve começar desde agora a lançar raízes nos mais conscientes. Meça o seu coeficiente de altruísmo.

Os socialistas utópicos

Os mais conhecidos dos ditos socialistas utópicos, ou **socialistas iniciais** (como historiadores franceses estão preferindo chamá-los) são três: Saint-Simon, Robert Owen e Charles Fourier.

Charles Fourier e o fourierismo

Charles Fourrier (1772-1837) nasceu em Besançon, no oeste da França, filho de um negociante de tecidos e gêneros. Após o colégio, sonhava em ser engenheiro militar, porém acabou sendo encaminhado para o comércio, que detestava profundamente e ao qual, porém, teve que se resignar até o fim da vida. Acabou se fixando em Lyon, onde ficou impressionado com a miséria dos trabalhadores de tecelagens. Mas o episódio mais marcante de sua vida foi em 1793, sob o Terror, quando foi preso e depois recrutado para o corpo de infantaria.

Em 1808 publicou sob pseudônimo a *Teoria dos quatro movimentos e dos destinos gerais*, que passa por ser sua obra mais importante. (Outras três se seguirão com longo intervalo). Sua concepção evolutiva da História é de que a humanidade havia passado por cinco grandes eras: o Éden, a Selvageria, o Patriarcado, a Barbárie e a Civilização. Nesta, que corresponde ao surgimento do capitalismo, tudo é desarmonia, desordem, erros: a indústria, a agricultura, o comércio, o casamento. Ele abomina a indústria e o comércio, como um engodo para obrigar as classes pobres a trabalhar sem descanso; os ideais de liberdade da Revolução como inoperantes para libertar os homens da escravidão; e o casamento, pela dominação machista que oprime a mulher e os filhos.[99] Afirma que "a pobreza é a mais escandalosa das desordens". Denuncia o "feudalismo mercantil" e as "charlatanices comerciais", assim como os banqueiros.

Ele prevê um novo período para a humanidade, chamado Harmonia, que deve suceder-se pela vontade divina. E para isso, propõe o que chamou de "mecanismo societário", que consiste na criação de comunidades, os *falanstérios.* Nelas, haverá mil seiscentos e vinte homens e mulheres, dedicados basicamente à agricultura, jardinagem, pomares e criação de animais. As manufaturas serão artesanais (ele não gosta nem de máquinas nem de grandes indústrias). Haverá um grande edifício de alojamentos, teatro, etc. A divisão da produção segue um sistema complexo, porque ele não prevê a abolição do capital; a remuneração de cada sócio depende de seu trabalho, do capital eventualmente empregado, e dos talentos de cada um; a maior remuneração será a do trabalho.

Fourier jamais conseguiu um patrocinador para concretizar seu projeto de comunidade. Entretanto, suas ideias se tornaram bastante conhecidas, e seus discípulos e seguidores

---

[99] "Fourier acha que se pode medir o nível de progresso social de uma nação pelo grau de emancipação feminina e o lugar reservado às mulheres na sociedade" – Jean Christian Petitfils, *Os Socialistas Utópicos*, Círculo do Livro, s/d.

tentaram, em diversos lugares, criar falanstérios, seguindo suas ideias com maior ou menor fidelidade. Algumas tentativas resultaram na criação de cooperativas de consumo. Tiveram duração diversa, e algumas não passaram de projetos. Existiu mesmo – quem diria! – uma colônia fourierista no Brasil, o Falanstério do Saí, em Sta. Catarina. É interessante mencionar algumas, para que se faça ideia da disseminação desses ideais socialistas iniciais, que alcançaram países da Europa e da América e influenciaram uma quantidade enorme de pessoas, bem como pensadores futuros.

Na França

Colonia de Condé-sur-Vesgre (1832-1835). Um rico deputado, Baudet-Dulary, compra 500 ha mas não consegue erguer a colônia por causa dos custos.

Castelo de Madron, Haute-Garonne (1830) – tentativa iniciada pelo farmacêutico Jean Journet.

Colônia de Saint-Nicolas-les-Citeaux (1841-1846). Fundada num monastério comprado pela feminista Zoé de Gamond e o rico Arthur Young. 167 membros em 1843.

União Agrícola de Saint-Denis-du-Sig na Algéria. Criada pelo advogado furierista Jules Duval. 363 membros em 1850.

Falanstério de Boussac (Creuse) (1843-1847). Criado pelo socialista cristão Pierre Leroux, com a escritora George Sand e a feminista Pauline Roland. Cerca de 80 membros.

Familistério de Guise (Aisne) (1849-1968). Criado pelo industrial fourierista Jean-Baptiste Godin. Único de verdadeiro sucesso na França. Tinha 2000 membros no fim do século XIX. Só terminou em 1968. Um exemplo a ser olhado de perto!

Falanstério do inventor francês *Charles Sauria.*

Casa de experimentação societária rural/falanstério de crianças em Ry (Seine-Maritime). Ciada pelo doutor Adolphe Jouanne (fourierista).

Na Bélgica

Familistério de Laeken em Bruxelas (1888-1968) criado pelo industrial Jean-Baptiste Godin. 263 membros no final do século XIX. Durou até 1968.

Na Europa

Falanstério de Scâeni (Romenia) (1834-1835). Comunidade de 400 famílias em terras cedidas. Foi reprimida pelo exército em 1835.

Falanstério de Petrachevski (Russia, perto de São Petersburgo). (1845-1847). Fundado pelo advogado Mikhail Petrachevski[100] para seus 40 servos, que não aderiram e acabaram destruindo-o.

Comuna de Sleptsov (Russia). (1860).

Na América Latina

Falanstério do Saí – fundada em 1841 na baía de Babitonga, próximo a S. Francisco do Sul, SC. Sob a liderança do médico e homeopata francês Benoit Jules Mure, cem famílias de operários e artesãos franceses vieram se estabelecer ali. Houve aporte financeiro do governo imperial e apoio do governador da província. Entretanto, divergências internas do grupo levaram a uma dissidência, e parte deles foi fundar nova colônia na região, a de Palmital, junto ao rio de mesmo nome, liderados por Michel Derrion. Embora novos colonos chegassem, as desavenças continuaram, e em 1843 apenas restavam no Saí nove dos antigos membros. Benoit Mure foi para o Rio de Janeiro, onde fundou o Instituto Homeopático do Brasil, e viveu ali até 1848. Em 1864, só restava no Saí uma família de seis pessoas, podendo considerar-se extinta a colônia. Acabou em ruínas que hoje são visitadas por turistas. E já rendeu inúmeros estudos, livros, artigos, teses.

[100] Ele havia fundado o Círculo Pretrashevski, um grupo de discussão literária de intelectuais socialistas, que incluía escritores, estudantes, funcionários públicos e oficiais do exército, entre eles Dostoievski. O grupo foi banido pelo czar em 1849, seus membros detidos e alguns fuzilados. Pelo delito de *pensar*. Era assim na Rússia czarista. É de se admirar o que aconteceu depois?

"O socialismo no Brasil". Que ironia.

Houve uma experiência na Guatemala (1843) e outra na Venezuela (1844).

Topolobampo-Pacific City, Mexico. (1886-1895) Plano de construção de uma nova cidade fourierista, contava com 464 habitantes em 1893, de 11 nacionalidades, sobretudo dos EUA.

Na América do Norte

Cerca de 50 falanstérios (phalanx, em inglês) foram iniciados nos Estados Unidos entre 1841-1858, em 11 estados dos EUA, e um em Ontário. Os três mais conhecidos são:

Brook Farm (Massachusetts) (1841-1847). Fundado pelo reverendo George Ripley. Comunidade de 115 membros. Intensa vida cultural; os escritores Nathaniel Hawthorne, Margaret Fuller e Marianne Dwight, Ralph Waldo Emerson, o coronel Robert Gould Shaw. Ficou célebre, e foi destruída por um incêndio. Continuada mais tarde por Fruitlands.

North American Phalanx (New-Jersey) (1843-anos 1930). Fundada por Albert Brisbane (o principal fouriérista americano, fundador da New York Fourier Society. Um recorde de longevidade, foi um verdadeiro falanstério de 1843 a 1855.

La Réunion (falanstério) (Texas). (1853-1875). Fundada, com o apoio de Jean-Baptiste Godin, pelo fourierista francês Victor Considerant. Grande fazenda de 1 000 depois 5 000 hectares. Dissolvida em 1875.[101]

Charles Fourier e o espiritismo

Da Revista Espírita de março de 1869 transcrevemos a seguinte matéria, saída sob o título de *Charles Fourier:*

> Numa obra intitulada: *Charles Fourier, sua vida e suas obras,* por Pellarin, encontra-se uma carta de Fourier ao Sr. Muiron, datada de 3 de dezembro de 1826, pela qual ele prevê os fenômenos futuros do Espiritismo. Ela está assim redigida:
> "Parece que os Srs. C. e P. renunciaram ao seu trabalho sobre o magnetismo. Eu apostaria que eles não fariam valer o argumento fundamental: é que, se *tudo está ligado no universo, devem existir os meios de comunicação entre*

[101] Fonte: *https://fr.wikipedia.org/wiki/Socialisme_utopique*

> *as criaturas do outro mundo e deste;* quero dizer: comunicação de faculdades, participação temporária e acidental das faculdades dos ultramundanos ou defuntos, e não comunicação com eles. Esta participação não pode ter lugar no estado de vigília, mas somente num estado misto, como o sono ou outro. Os magnetizadores encontraram esse estado? Eu o ignoro, mas, em princípio, sei que deve existir."
>
> (...)
>
> Sua crença sobre um outro ponto capital, o da reencarnação sobre a Terra, é ainda mais precisa quando diz: *Tal mau rico poderá retornar mendigo à porta do castelo do qual foi o proprietário.* É o princípio da expiação terrestre nas existências sucessivas, em tudo semelhante ao que ensina o Espiritismo.

Curioso que pelos menos dois dos três grandes socialistas iniciais tivessem essa adesão, em algum momento de suas vidas, aos princípios que embasaram o espiritismo – Fourier um deles, e o segundo será visto a seguir.

Entre essa trindade clássica dos socialistas utópicos, quem se destaca como grande realizador, além de verdadeiro socialista em todos os sentidos, é Robert Owen, cuja trajetória merece ser vista em detalhes.

Capítulo 18

Robert Owen

O rio Clyde se estende no coração da Escócia; passa por Glasgow, vai para sudoeste, e a certa altura, forma um conjunto de quedas d'água, as Clyde Falls. Ali se criou, no início do século XIX, uma experiência *sui generis*, que faria com que a pequena localidade de New Lanark, erguida à margem bucólica do Clyde, fosse na sequência avidamente visitada por uma leva de estadistas, aristocratas, industriais, e espíritos progressistas e reformadores sociais de toda a Europa, incluindo algumas cabeças coroadas.

New Lanark foi fundada em 1786 por David Dale, que construiu moinhos de fiação de algodão, aproveitando a energia das quedas d'água, e alojou as famílias de operários que neles vieram trabalhar. Mas foi em 1799 que teve início ali um experimento de reforma social sem precedentes no universo fabril daquele inicio da Revolução Industrial, que projetou na Historia a figura de um idealista admirável, e a maior figura do socialismo utópico: Robert Owen.

Nascido numa pequena localidade do País de Gales, em 1771, filho de um modesto negociante com sete filhos, Robert, que desde pequeno demonstrava uma inteligência fora do comum, estudou na escola local até os dez anos, quando deixa a família e vai trabalhar em Stamford, como aprendiz de um fabricante de tecidos, e depois em Londres, como modesto caixeiro de uma loja de tecidos. Sempre foi um leitor voraz. Aos 18 anos, foi para Manchester, trabalhar na indústria têxtil, e tal foi sua habilidade técnica e comercial que aos dezenove (1790) foi nomeado diretor de produção de uma empresa com 500 empregados. Não demorou para tornar-se gerente e sócio da empresa.

Foi em 1798 que encontrou casualmente, em Glasgow, Caroline Dale, que viria a ser sua esposa, e que lhe sugeriu a visita à fábrica de seu pai, em New Lanark. No ano seguinte, além de casar-se com Caroline, Owen, juntamente com seus sócios, estava comprando a fábrica de Dale, e dando início a sua carreira de reformador, concretizando as ideias que vinha arquitetando havia vários anos.

Owen acreditava que os seres humanos são formados por seu ambiente; suas más tendências, que não são males inevitáveis, podem ser alteradas por um meio adequadamente sadio. A natureza humana, acreditava ele, é capaz de um aperfeiçoamento infinito. Portanto, atuando sobre a estrutura social, criando um meio adequado, pode-se extinguir a violência, as más paixões, a pobreza, a opressão e a injustiça, e criar uma sociedade nova. A *educação*, cm todas as suas formas, é a solução para a mudança da natureza humana.

Owen era um espírito sensível ao sofrimento dos semelhantes, sedento de justiça e dignidade social para os mais indefesos. A situação dos operários ingleses despertava-lhe justa revolta, pois a conhecia de perto. Observou:

> Por pior e mais insensata que seja a escravidão existente na América, a escravidão branca das fábricas inglesas era, nesse período, em que tudo era permitido, coisa muito pior que os escravos domésticos... e sob muitos aspectos, tais como saúde, alimentação e vestuário, os escravos viviam em muito melhor situação do que as crianças e trabalhadores oprimidos e degradados das fábricas da Grã-Bretanha".[102]

[102] Apud WILSON, Edmund. *Rumo à Estação Finlândia*. SP, Cia das Letras, 1986.

New Lanark

New Lanark, hoje praticamente igual à época de Owen

Na nova fábrica que passou a administrar, Owen operou uma pequena revolução. Melhorou as instalações, tornando-as limpas e agradáveis; e providenciou o mesmo para os alojamentos dos operários. Racionalizou a produção, e aumentou os salários de todos. Ao mesmo tempo, reduziu a jornada de trabalho – eram habitualmente de 12, 14 e até mesmo 16 horas, à época – para o máximo de 10,5 horas.

Instituiu um plano para que os trabalhadores pudessem adquirir, com suaves contribuições mensais, as próprias casas, que eram agradáveis, com jardins e hortas. Melhorou a urbanização da própria vila, com praças e alamedas.

Naquela altura da industrialização europeia, uma das mais aviltantes situações era o trabalho de crianças pequenas, desde 4 a 5 anos, sobretudo na indústria têxtil (mas também em minas etc), com jornadas sacrificiais de trabalho, em condições desumanas e com mínimos salários. Eram geralmente levadas para as fábricas crianças órfãs, retiradas de instituições. Owen proibiu na sua fábrica, onde havia cerca de 500 crianças, o trabalho daquelas com menos de 10 anos. Parece quase irônico louvar isso hoje, mas diante da realidade abusiva e cruel da época, era revolucionário.[103]

[103] As crianças constituíam uma parte substancial da força de trabalho na indústria têxtil. Foi calculado que enquanto 4,5% dos trabalhadores daquela tinham menos de 10 anos, 54,5% tinham menos de 19 anos. Crianças com menos de 13 anos seriam 10 a 20% da força de trabalho, isso em 1833, com base em um British Parliamentary Report. Nessa data, havia 4.000 crianças trabalhando nas fábricas de Manchester, 1.600 em Stockport, 1.500 em Bolton e 1.300 em Hyde.

Crianças em uma das fábricas inglesas da época

Ele criou uma cooperativa onde os trabalhadores adquiriam alimentos e bens de consumo quase a preço de custo, evitando que continuassem a ser explorados. Implantou atendimento médico gratuito e uma caixa de previdência para aposentadoria. Ao mesmo tempo, tentava melhorar-lhes os hábitos, instituindo higiene, limpeza, lutando contra o alcoolismo, o roubo, os vícios etc. Ganhou para sempre a confiança dos operários quando, em 1806, tendo os Estados Unidos suspendido a exportação de algodão, resultou numa paralização de quatro meses, e ele continuou a pagar-lhes o mesmo salário.

A escola pioneira de Owen

Uma das mais notáveis criações de Owen foi o sistema educacional que criou para os filhos dos operários e para eles próprios. A função da educação, acreditava, era mudar a natureza humana, criando assim as bases para uma nova sociedade justa e igualitária. Criou uma escola que materializava suas ideias de que a educação deveria ser pública, igual e para todos. Nessa escola, havia classes para as crianças de 2 a 6 anos, e outras para as de 6 a 12. Foi a primeira escola infantil da História, um marco na educação, e depois o modelo se

As leis mais significativas sobre o trabalho infantil na indústria têxtil foram o Cotton Factories Regulation Act de 1819, estabelecendo a idade mínima de 9 anos e 12 horas de trabalho; o Regulation of Child Labor Law de 1833 (determinando a inspeção oficial do trabalho infantil), e o Ten Hours Bill de 1847, que limitou em 10 as horas de trabalho para crianças e mulheres. Cf. Carolyn Tuttle,in ***https://eh.net/encyclopedia/child-labor-during-the-british-industrial-revolution/***

Sala de aula da escola de Owen em New Lanark

espalhou pela Europa e o mundo.

Seus métodos pedagógicos, inovadores, ainda hoje são modernos. Instituiu um ensino sem punições (comuns à época), lúdico, sem decorebas, associado a experiências com o mundo natural, que incluía música, canto e dança, e também ginástica, com professores cuidadosamente escolhidos; e utilizava as ideias de Pestalozzi. Havia também uma escola noturna, para meninos e meninas de mais de 12 anos e também para os operários adultos. O prédio da escola tinha salas amplas, bem iluminadas e arejadas, com material visual atraente. (Permanecem até hoje, como atração turística e de pesquisadores).

A antiga escola

"Essa empresa modelo... chamou a atenção de toda a Europa. Era um contraste espantoso com a miséria que reinava nos outros distritos industriais do Reino Unido. A cada ano, milhares de peregrinos voltavam entusiasmados desse recanto perdido da Escócia e que se tornara... a Meca dos reformadores. O tzar Nicolau I, os príncipes João e Maximiliano da Áustria, embaixadores estrangeiros, bispos, sacerdotes, quase toda a alta aristocracia britânica foram visitá-la", registra Jean Christian Petitfils.[104]

A longa luta de Owen era tanto de um lado, buscando

[104] Op. Cit.

melhorar a natureza humana e as condições sociais dos trabalhadores, como de outro, com a degradação moral dos que detinham o poder econômico: "Eu estava absolutamente farto de sócios que eram treinados apenas para comprar barato e vender caro. Esse trabalho faz deteriorar, e muitas vezes destroi, as melhores e mais elevadas faculdades de nossa natureza... é impossível formar um caráter superior dentro desse sistema absolutamente egoísta. A verdade, a honestidade, a virtude continuarão a ser apenas palavras, tal como o são agora e sempre foram. Sob esse sistema, não pode haver civilização digna do nome; pois todos são treinados pela sociedade para entrar em conflito uns com os outros e mesmo destruírem-se mutuamente pela oposição de interesses que eles próprios criaram. É uma forma mesquinha, vulgar, ignorante e inferior de conduzir os negócios da sociedade; e nenhum melhoramento permanente, geral e substancial poderá surgir enquanto não for adotada uma maneira superior de formar o caráter e gerar riquezas".[105]

O socialista utópico

O sucesso de sua experiência em New Lanark estimulou o reformista social que era o verdadeiro Owen. Passou a buscar a extensão de suas ideias idealistas para a sociedade.

Conseguiu suscitar no Parlamento uma lei contra o trabalho infantil abusivo. Entretanto, pela pressão dos proprietários dos cotonifícios, que a atacaram com violência, quando foi finalmente aprovada, em 1819, estava tão alterada da proposta original que acabou renegando-a. Foi, contudo, o primeiro avanço na matéria.

Com o término das guerras napoleônicas, alastrou-se na Inglaterra uma grave crise econômica. Desemprego, queda da produção e dos preços, inquietação e desordens começaram a acontecer. Uma conferência para analisar a crise foi realizada em Londres, em 1817, presidida pelo arcebispo de Canterbury, com economistas, filantropos, estadistas e empresários. Owen, àquela altura o respeitado administrador de New Lanark, foi convidado a manifestar-se. Foi ele o único que apontou com clareza as causas do problema, com o desemprego in-

---

[105] Apud Edmund Wilson, ibidem, sem indicar a obra de Owen.

crementado pela entrada no mercado de trabalho dos homens que estavam nas forças armadas, bem como a competição desumana criada pelo advento das máquinas com a mão de obra humana. Owen propunha como solução a criação de aldeias ou comunidades com 800 a 1200 habitantes, com atividades agrícolas e industriais, que absorveriam os desempregados, num modelo cooperativo. Essas comunidades teriam uma cozinha púbica, refeitórios comuns, escolas, um local de culto, bibliotecas, oficinas, enfermaria, etc. e 500 a 700 hectares de terra cultivados em comum. Não haveria propriedade privada nem salários. As famílias seriam mantidas em habitações individuais. Os bens produzidos teriam seus lucros divididos igualmente. Um modelo igualitário, no melhor estilo utopista.

Ah! Mas é claro que a classes privilegiadas não iriam admitir essa fórmula. Seria, se desse certo (e a presença de Owen era uma ameaça concreta de sucesso...) um perigoso precedente. Um novo modelo de sociedade, IGUALDADE? Absurdo. O governo britânico rejeitou sua proposta.

No mesmo ano de 1817, Owen foi a um congresso em Aix-la-Chapelle, na França, e teve um retorno pungente da realidade. Falando com um diplomata veterano, secretário do congresso, explicou-lhe, com seu idealismo fervoroso e sincero, que finalmente, com o progresso da ciência e da técnica, agora era possível que a boa alimentação e a educação intelectual e moral não fossem apenas restritos aos privilegiados, mas estendidos a toda a humanidade, bastando que todos cooperassem. Era uma ideia que se cansara de repetir. Mas a resposta do diplomata foi uma surpresa de paralisar a boa fé de muitos Owens. É claro, disse o diplomata, que os governos europeus sabiam disso muito bem: e era exatamente o que eles NÃO QUERIAM. Se o povo vivesse bem e fosse independente, como as classes dominantes poderiam controlá-lo?

Alguém imagina que essa ducha gelada teria extinguido o élan dele? Não Owen. Ele era um obstinado, da tribo dos que desejam mudar o mundo. Sabe o que ele escreveu a respeito? "Depois que o secretário fez essa confissão... Percebi então que os preconceitos que eu teria que vencer em todas as classes e todos os países eram imensos, e que, além de paciência e perseverança infinitas, seriam necessárias a sabedoria que se atribui à serpente, a mansidão da pomba e a coragem do leão".[106]

Depois da rejeição do governo britânico a seu projeto, ele voltou-se para o grande público. Organizou em Londres reuniões públicas e divulgou seus escritos em brochuras onde pregava contra a propriedade privada, a indissolubilidade do casamento e a religião – o que lhe valeu o afastamento daqueles que antes o apoiavam e o ataque das igrejas. Ele já se tornara uma força subversiva do velho sistema. Não conseguiu apoio financeiro para concretizar uma comunidade-modelo como propusera.

Em 1821, no texto *O Relatório do condado de Lanark*, propunha um ideal já claramente socialista: uma nova sociedade a ser criada sem a ajuda do Estado vigente, constituída por comunidades livres e autônomas, num regime de rigorosa igualdade, com produção agrícola e industrial, equipadas com máquinas modernas, contendo de 500 a 3.000 pessoas. Com a expansão dessas comunidades, pouco a pouco, as regiões, as nações, acabariam se transformando num novo sistema social, no qual "os tribunais, as prisões e as punições não seriam mais necessários", e que acabaria por incluir o mundo inteiro. Era o socialista utópico desabrochado totalmente.

Compreendendo que a velha Europa carcomida não iria encampar esse projeto, Owen voltou-se então para o Novo Mundo, como um terreno possível para ancorar o ideal de uma nova sociedade. Foi para os Estados Unidos e ali buscou concretizar o sonho da comunidade ideal.

New Harmony – um novo mundo, mas velhas pessoas

Owen procurava um local para instalar sua nova comunidade, e o encontrou no estado de Indiana, onde uma seita religiosa alemã (os rappistas) desejava vender sua colônia, Harmony. Comprou o local, com os cinco mil acres de terra circundantes, empregando boa parte de sua fortuna. Mudou o nome para New Harmony. A seguir, endereçou um convite a todos os "homens trabalhadores e de boa fé, de todas as nações", para que fossem para lá ajudá-lo a construir a comunidade.

[106] Por acaso ele reproduzia o conselho de certo rabi nazareno, 2000 anos antes ("Sede mansos como as pombas e prudentes como as serpentes").

Deveria ser o começo do projeto de um mundo ideal. Um novo mundo – mas com velhas pessoas.

Em 1° de maio de 1825, foi inaugurada com cerca de novecentas delas.

Nos primeiros meses, tudo andou bem, e conseguiram mesmo realizar a primeira etapa do socialismo de Owen, que preconizava "a cada qual de acordo com seu trabalho". A seguir, Owen deixou seu filho William em New Harmony e voltou à Inglaterra para recrutar novos residentes. Sua mulher e filhas tinham ficado na Escócia, mas seus quatro filhos, Robert Dale, David Dale, Richard e William e uma filha, Jane Dale, acabaram todos indo para New Harmony.

Quando retornou, Owen já encontrou alguns fatores desestabilizantes agindo sobre a comunidade. Ele acreditava piamente que a influência do meio poderia modelar positivamente o caráter das pessoas – e portanto, não fizera nenhuma seleção de pessoas para ingressar. Havia operários honestos, e intelectuais burgueses adeptos do ideal, mas também inúmeros preguiçosos, vagabundos, marginais, e mesmo aproveitadores desejando tirar vantagem da situação. Owen tentou impulsionar a evolução do projeto, instituindo uma nova constituição, a "comunidade da perfeita igualdade", onde qual um receberia segundo suas necessidades – mesma alimentação, mesmas roupas, mesmo alojamento, mesma educação. Era a igualdade total.

Não se realizou. As diferenças sociais reapareceram. Os intelectuais idealistas não queriam saber de trabalho manual e se recolhiam ao individualismo. Aos poucos a propriedade privada reapareceu, perdeu-se o sentido de solidariedade. Josiah Warren, considerado "o primeiro anarquista dos EUA", que lá esteve por algum tempo, escreveu: "Parece que foi a lei da diversidade inerente à natureza que nos venceu... nossos interesses coletivos estavam em atrito direto com as individualidades das pessoas e circunstâncias e o instinto de autopreservação".

Em março de 1827, após várias tentativas de reorganização, ficou claro que a tentativa falhara. Owen, que empregara ali a maior parte do que possuía, retornou para a Inglaterra em junho de 1827.

Ele ainda iria participar de uma outra experiência comunitária, Harmony Hall Community, em Queenwood (1939-1845). Seguidores seus fundaram outras comunidades, como a de Orbiston, na Escócia, e em Ralahine, na Irlanda. Comunidades igualitárias ou "owenistas" se disseminaram pelos Estados Unidos a partir de 1825.

Depois do retorno à Inglaterra, Owen se aproximou das associações de trabalhadores e aderiu ao movimento sindical, ao qual se dedicou até 1834. Depois, até o fim da vida, escreveu para jornais e realizou conferências.

Owen espírita?

Owen era um crítico das religiões organizadas, mas de forma alguma um ateu. Era um deísta, que criticava o que sempre os espíritos livres e conscientes apontaram nos dogmas, interesses e criações humanas que tinham aderido à doutrina cristã.

Em 1854, aos 83 anos, Owen participou de uma série de sessões com a médium americana Maria B. Hayden, que viera à Inglaterra, e a partir disso convenceu-se da realidade do mundo dos espíritos e da comunicação com eles. Fez uma admissão pública de sua crença na revista The Rational Quarterly Review, e em 1852 publica um panfleto intitulado *O FUTURO DA RAÇA HUMANA, ou uma grande, gloriosa e pacífica revolução próxima a ser realizada pela ação dos espíritos que já partiram, de homens e mulheres bons e superiores.*[107]

Nele afirma que "a única religião racional e útil é aumentar a felicidade da criação de Deus... e é evidente agora que o homem foi criado pelo Poder Criador do Universo para chegar a esse resultado... E segundo tudo indica, o Grande Poder Criador do Universo está fazendo o homem e o Universo evoluírem para atingir, no devido tempo, a completa felicidade... e então o homem será sábio e inocente como são agora os es-

[107] Disponível para leitura em inglês em: *https://babel.hathitrust.org/cgi/pt?id=uiug.30112082670776&view=1up&seq=5*

píritos superiores nas esferas elevadas do mundo espiritual".

Relata depois que os espíritos do presidente Jefferson, Shelley, Dr. Channing, o Duque de Kent, Grace Fletcher e Benjamin Franklin, todos os quais menos o último o tinham conhecido em vida, se manifestaram e vieram aconselhá-lo e encorajá-lo. "Eles condenam todas as divisões de classe, seita, cor e país. Seu objetivo é beneficiar toda a humanidade por igual." Seu objetivo é o de substituir o atual estado deplorável da existência humana pelo de verdadeira felicidade, "preparar o mundo para a paz universal e infundir em todos o espírito da caridade, da tolerância e do amor".

Sobre as manifestações, transmite o conselho dos espíritos: "Não dispute com aqueles que ainda não podem crer nas manifestações espirituais. Teremos formas de convencê-los... o aumento e repetição dos fatos que iremos provocar aos povos do mundo irá convencer a todos". Dizem eles que só agora a raça humana está suficientemente evoluída para receber essas verdades espirituais e manifestações físicas.

Supõe que as comunicações "são o evento mais importante que jamais ocorreu na história da raça humana". E declara taxativamente: "Estes fatos eu constatei pela observação próxima e acurada, além de qualquer dúvida. Que outros acreditem ou não, é totalmente indiferente para mim".

Como se vê, embora os progressos alcançados, ainda falta um pouco de *aumento e repetição dos fatos* para convencer os povos do mundo. Talvez algo mais consistente caindo do alto sobre as cabeças indiferentes e céticas.

Owen desencarnou em 1858, aos 87 anos, em sua cidadezinha natal Newtown, no País de Gales. Suas principais obras publicadas são: *Nova Visão da Sociedade* (1813-1814), *Relatório do Condado de Lanark* (1815-1821), *O Novo Mundo Moral* (1836), *Autobiografia* (1857), além do citado *O Futuro da Raça Humana* (1853).

Comunidades owenianas

Os discípulos de Robert Owen fundaram numerosas comunidades na Grã-Bretanha e nos Estados Unidos.

Na Grã-Bretanha, as comunidades de Orbiston (Escócia) (1827-1829); Exeter (1826); Rahaline (Irlanda) (1831); Manca

Fen (1838); Quennswood (1839); Pant Glas (1840); Garnwyd/ Leeds Redemption Society (1847).

Na América do Norte: Duas dissidências de New Harmony: Macluria (1826); Feiba-Pelevi (1826). Nas pegadas de New Harmony, muitas outras comunidades owenianas aparecem na década de 1820: Yellow Springs, Ohio (1825); Blue Spring, Indiana (1826); FAMI-Kendall, Ohio (1826); FAMI Valley Forge, Pensilvânia (1826); Franklin-Haverstraw, New York (1826); Nashoba Commune, Tenessee (1826); Maxwell, Canada (1818).

Em 1843, três novas comunidades utópicas nessa mesma linha aparecerão, mas provavelmente estimuladas pela onda dos falanstérios fourieristas: Equality, Wisconsin; Promisewell, Pensilvânia; e Goose Pond, Pensilvânia, dissidência da anterior.

Fonte: *https://fr.wikipedia.org/wiki/Socialisme_utopique*

Capítulo 19
O cartismo

Parece tão natural hoje.

Hoje.

Você (que nasceu desde o meio do século XX), que já colocou seu voto na urna tantas vezes, o que acharia se o seu voto não fosse secreto – todo mundo pudesse meter o bedelho nele? Ou se você só pudesse votar caso fosse proprietário de terras (terras *mesmo*, não aquela casinha na praia)? Se, por ser mulher, não pudesse votar? Ou, ainda, se o seu irmão, um rapaz inteligente que trabalhasse como motorista de aplicativo, fosse barrado ao tentar se candidatar a vereador de sua cidade por ser... trabalhador?

Hoje pareceria absurdo. Pois na Inglaterra (como na Europa) dos anos 1830 era assim. Além das condições miseráveis dos trabalhadores, a sua participação política era praticamente zero. Nada de voto universal: para poder votar, era preciso ter posses, o voto não era secreto, nem por cédula, e jamais um proletário poderia entrar na Câmara dos Comuns – a não ser para fazer faxina. (Na dos Lordes, só os lordes...)

Tudo isso, junto com a crise econômica, o desemprego, a miséria generalizada (da qual já falamos) – e a conscientização gradual da classe operária, liderada por alguns intelectuais, resultou num movimento popular que pressionou no sentido da obtenção desses direitos que hoje nós exercemos despreocupados, sem lembrar quanto foi árduo consegui-los – um marco na direção da igualdade. Precisamos lembrar do *cartismo* – um movimento operário importante para a conquista de direitos igualitários, que se espraiou na Inglaterra nos anos 1830-1840.

Manifestação Cartista em 1848

Em 1836, foi criada em Londres a Associação dos Trabalhadores (London Working Men's Association). E em 1838, William Lovett e Feargus O'Connor redigiram a chamada Carta do Povo – daí o nome de cartismo – dirigida ao Parlamento, e que registrava as reivindicações populares do movimento. Eram listadas seis: o voto universal, o voto secreto por célula, a igualdade entre os distritos eleitorais, eleição anual, pagamento de subsídio aos membros do Parlamento, e abolição da exigência de posses para a participação no mesmo. Claro que naquele momento nada foi aceito, e teve início um movimento geral através de comícios, manifestações, abaixo-assinados, em todo o Reino Unido.

Havia duas correntes no movimento, uma que pregava a luta por meios pacíficos, outra a luta armada. Muitos ativistas foram presos, outros deportados, houve confrontos com a polícia, mobilização das massas operárias, publicações de diversos jornais dedicados à causa, incluindo a luta pela abolição da taxa exorbitante sobre a edição de jornais, que os tornava proibitivos para a classe operária. Luta em cima de luta, durante anos a fio.

Em 1842, uma petição que exigia o sufrágio universal e a solução dos problemas econômicos, apesar dos três milhões de assinaturas, foi recusada pelo Parlamento. Em 1848, nova

Trabalhadores dirigindo-se ao Parlamento para entregar uma petição do movimento cartista, com 3 milhões de assinaturas, em 1842.

manifestação de apoio à petição, com cinco milhões de assinaturas (o que significava mais ou menos um terço da população da Inglaterra!). O exército ocupou Londres e impediu a manifestação.

Apesar de todas as dificuldades, e com muita luta, os cartistas obtiveram conquistas importantes, ao longo desses anos de mobilização: a *lei de proteção ao trabalho infantil.* (*1833*), *lei de imprensa* (*1836*), *reforma do Código Penal* (*1837*), *regulamentação do trabalho feminino e infantil* (*1842*), *lei de supressão dos direitos sobre os cereais* e *lei permitindo as associações políticas (1846), lei da jornada de trabalho de 10 horas (1847).* Foram muitos os que dedicaram suas vidas a essa luta, estiveram na prisão, passaram dificuldades e necessidades, perderam a saúde, morreram pobres – e ficaram para sempre inscritos entre os lutadores do mundo melhor.

Porém o sufrágio universal masculino só foi finalmente adotado no Reino Unido em 1918, e o voto feminino em 1928.

(No Brasil, em 1891 o sufrágio ainda excluía os sem teto, mulheres, religiosos, pobres, analfabetos, e militares de baixa patente. Só em 1932 as mulheres conquistaram o voto).

* * *

Capítulo 20
O socialismo com barbas

O bicho-papão é isso mesmo?

Vamos ser sinceros: você, pessoa amante da verdade, e que já ouviu muitas vezes (ou quem sabe empregou?) o termo *comunista* ou *marxista* naquela inflexão que significa "monstruosidade", já leu alguma linha de Marx e/ou saberia responder (sucintamente) à pergunta "o que é marxismo"? Não, não precisa dizer: só pense. (Não vale resposta do tipo "é o regime da Rússia soviética" – assim como cristianismo não é o que diz o catecismo do Vaticano).

Muito a propósito, ouçamos o que diz Erich Fromm, o famoso pensador[108] humanista do século XX:

> Uma das estranhas ironias da História é não haver limites para os erros de interpretação e as deturpações das teorias, mesmo numa época de acesso irrestrito às fontes; não há exemplo mais drástico desse fenômeno do que o acontecido com a teoria de Marx... São constantes as referências a Marx e ao marxismo na imprensa, nos discursos... e artigos... e no entanto, com poucas exceções, parece que os jornalistas e políticos jamais viram sequer de relance uma linha escrita por Marx.[109]

Então o que, afinal, disse Marx? O que propôs, que alte-

[108] Fromm, psicanalista, filósofo e sociólogo, um pensador influente do século XX por suas contribuições para a psicanálise, a psicologia da religião e a crítica social, era sobretudo um humanista.
[109] FROMM, Erich. *Conceito Marxista do Homem. Disponível em: https://moodle.ufsc.br/pluginfile.php/873854/mod_resource/content/1/Fromm_Marx.pdf*

rou os rumos da civilização ocidental e até hoje serve a alguns de ideal e a outros de xingamento?

E antes de tudo, quem era Marx? E Engels?

Filho de um advogado da cidade de Treves, na Alemanha, o jovem Karl Marx estudou nas universidades de Bonn e Berlim, e doutorou-se em filosofia pela Universidade de Iena. Imaginava seguir uma carreira acadêmica, mas logo descobriu que sua vocação era outra. Enveredou pelo jornalismo, e foi o que exerceu até o fim da vida, escrevendo artigos ou dirigindo jornais, paralelamente a seus escritos e ativismo. Em 1843, foi para Paris, estudar a fundo as lutas socialistas, operárias. Em 1849, mudou-se para Londres, onde viveu até a morte. Suas obras mais conhecidas são o *Manifesto Comunista*, de 1848, composto junto com Engels, e *O Capital*.

Friedrich Engels era de uma família de ricos industriais da Prússia, e nasceu em 1820. Com 22 anos foi mandado para a Inglaterra assumir a direção de uma das fábricas da família. Tocado pela condição de miséria dos trabalhadores industriais, e movido pela indignação, termina publicando uma de suas obras principais, *A Situação da Classe Trabalhadora na Inglaterra*, de 1845. Depois de conhecer Marx em Paris, retorna para a Alemanha. Até o fim da vida de Marx foi seu amigo e colaborador, além de dar-lhe apoio material. Produziu com ele o *Manifesto Comunista*, mas escreveu sozinho algumas das obras mais importantes para a teoria marxista, como *Do Socialismo Utópico ao Socialismo Científico, A origem da família, da propriedade privada e do Estado, etc.*

E agora, vamos separar duas coisas bem diferentes: a *doutrina* marxista, formulada no século XIX, e as experiências que partiram dela, implementadas no século XX em alguns países. Confundir as duas só serve para não permitir que se conceitue com justiça o que é marxismo – ou, como propõem Marx e Engels, o *socialismo científico*.

A doutrina marxista

Inicialmente, Marx efetuou uma análise econômica da História, uma análise baseada só em fatos, e chegou a algumas conclusões interessantes.

Primeiro, que "A história de todas as sociedades que existiram até nossos dias tem sido a história das lutas de classes".[110] De início, eram homens livres e escravos; depois patrícios e plebeus; senhores feudais e servos – em suma, sempre opressores e oprimidos. Inegável. (Embora saibamos que, por trás de tudo isso, processava-se, lenta e árdua, a evolução moral desta humanidade recalcitrante, numa visão histórica ele estava totalmente certo). Essas classes em oposição têm vivido "numa guerra ininterrupta".

Enfocando o momento histórico consequente à Revolução Industrial, que, como já vimos, projetou no cenário ocidental dois atores principais, os capitalistas fabris e os operários da indústria, Marx define com exatidão: "(Em nossa época), a sociedade divide-se cada vez mais em ... duas grandes classes diametralmente opostas: a burguesia e o proletariado". Essa era, sem dúvida, a realidade na segunda porção do século XIX e início do XX.

Essa burguesia – os detentores do poder econômico, a elite do dinheiro que substituiu a dos títulos – assumiu ao natural o poder político em um país após outro, depois da queda das monarquias e a erosão da aristocracia "de sangue". Basta ler História para concordar com Marx:

---

[110] *O Manifesto Comunista*, 1948, do qual são todas as citações do presente capítulo, salvo indicação em contrário. Disponível em http://www.dominiopublico.gov.br/download/texto/cv000042.pdf

> A burguesia, desde o estabelecimento da grande indústria e do mercado mundial, conquistou, finalmente, a soberania política exclusiva no Estado representativo moderno. O governo moderno não é senão um comitê para gerir os negócios comuns de toda a classe burguesa.

É triste reconhecer que muito pouco mudou desde então.[111]

O capitalismo é um sistema econômico que visa ao lucro. Ponto. É o seu objetivo máximo. O lucro, a acumulação de riqueza, é o fim último.

Como se chega ao lucro? Produzindo bens, riqueza. Quaisquer tipo de bens, materiais e imateriais (de alimentos a geladeiras e sapatos, de programas de computador a aulas e serviços). Atenção: o lucro é um algo mais que se coloca artificialmente sobre o valor real do bem, transformando-o numa mercadoria.

Como se produz bens? No sistema capitalista, uma minoria de pessoas possui os meios de produção: fábricas, latifúndios, bancos, corporações petroleiras, empresas de informática e comunicação, escolas e universidades privadas, companhias aéreas e tudo mais que se possa imaginar de capital privado. Mas esses meios não funcionam sozinhos. Precisam de algo fundamental: a força de trabalho humana. O capitalista não pode fazer funcionar *jamais* o seu meio de produção de riqueza sozinho. O que acontece então? Ele emprega pessoas.

Essas pessoas, os trabalhadores (à época de Marx, basicamente operários da indústria) vendem a sua força de trabalho por um salário, definido pelo capitalista.

O capitalista (seja quem for, de um xeque árabe do petróleo ao dono de um fast-food) vende os bens produzidos, deduz o custo de produção e os salários – e, considerando o

[111] Com algumas nuances, de país para país, é o óbvio que a burguesia atual (hoje apelidada de elite econômica, capitalistas) direciona os cordéis da sociedade, influindo pesadamente na eleição de presidentes e congressos, possuindo meios de comunicação que direcionam a opinião pública, comprando explicita ou disfarçadamente o apoio dos mandatários e legisladores, fazendo ou impedindo leis para lhes garantir os interesses. Em regra geral, quem detém o poder econômico manipula o político (haja vista, p.ex., a compra maciça de mensagens em redes sociais que pode – e já o fez – eleger presidentes via *fake news*). Quem duvida do poder das grandes corporações sobre a política do mundo?

preço de mercadoria dos bens, resta o quê? O lucro. Quem fica com ele? Aqueles que verdadeiramente *produziram* os bens? Aqueles que deram a sua energia, mental e física, suas horas de vida, para produzi-lo? Aqueles sem os quais *nada* se produziria na sociedade humana? (E que – note-se bem – constituem a maioria absoluta da sociedade, portanto aqueles que, em última análise, *são* a sociedade. Nós).

Não. Quem fica com o lucro é aquele que coloca os outros a trabalhar para ele.[112]

E trata de acumular cada vez mais lucro – capital.

É justo isso? Parece que, nos primeiros tempos do cristianismo, não era, tanto que João Crisóstomo (Bispo de Constantinopla, o segundo maior patriarca da Igreja primitiva) declara taxativamente: "Ninguém pode enriquecer honestamente". Sempre será às custas de alguém mais fraco.

Essa é a estrutura econômica e de poder em nossa sociedade.

Marx e Engels foram os que lucidamente explicitaram esse mecanismo de produção do capitalismo, apontando com clareza a divisão entre as duas classes da sociedade: os que produzem – os trabalhadores – e os que colocam os outros a trabalhar para si.

Eles lamentavam essa ditadura do poder econômico, num tom que revela quanto, à época, esse absurdo ainda não tinha sido normalizado como virtuoso: "Esse despotismo é tanto mais mesquinho, odioso e exasperador quanto maior é a franqueza com que (o capitalismo) proclama ter no lucro seu objetivo exclusivo". Ou seja: escancarava-se menos, então, a realidade dos fatos.

Pobre Marx, pobre Engels. Que susto teriam, hoje, vendo que a hipnose moral da sociedade, vendida ao reino de mamom, chegou ao cúmulo de classificar os seres humanos, no paraíso capitalista americano, em *vencedores* e *perdedores* – conforme seu status econômico-social. O capital é o termômetro que mede o valor da criatura. Essa é a melhor amostra da perversidade do sistema.[113]

[112] O capitalista conseguiu seu capital de duas formas: herdando-o de outros capitalistas, ou aumentando-o a partir do momento em que coloca dez, cem ou mil pessoas a trabalhar para ele. Se precisou de crédito, ele será pago através do lucro futuro – isto é, do trabalho doado a ele por seus empregados.

[113] Esse valor doentio, elevado à condição de termômetro social, é a cenoura

Ah, mas o empresário (elegantemente apelidado de "empreendedor) criou a sua riqueza, o seu lucro, portanto o merece. É a grande falácia da "livre iniciativa". Acabamos de apontar o que Marx escancarou – o óbvio: NINGUÉM ENRIQUECE SOZINHO. Sempre, inescapável, a realidade é uma só: toda riqueza, todo lucro, resulta da venda da força de trabalho de vários, ou muitos, a um só (ou alguns poucos), e os primeiros jamais terão retorno proporcional ao valor que criaram. Mas o capitalismo dissemina, por seus ideólogos, a falsa noção de que o lucro é virtuoso, e o capitalista tem direito a ele porque o produziu na *sua* fábrica, no *seu* latifúndio, na *sua* universidade privada, no *seu*... etc. A verdade é bem outra.

Pois os tios Marx e Engels só fizeram levantar o pano e apontar a falácia: "O capital é um produto coletivo: só pode ser posto em movimento pelos esforços combinados de muitos membros da sociedade, e mesmo, em última instância, pelos esforços combinados de todos os membros da sociedade.[114] O capital não é, pois, uma força pessoal; é uma força social". Alguma dúvida?

Claro que, à época como hoje, os beneficiários desse sistema, que lembra nos privilégios o dos barões feudais (castelos tendo evoluído para mansões com piscina) não gostaram nada

envenenada que penduram diante dos pobres indivíduos que carregam o peso morto dos privilégios, e os hipnotiza para seguirem indefinidamente fazendo girar as engrenagens do sistema, sem refletir, sem questionar, sem sequer gemer. Ao contrário, aplaudindo os tosquiadores e idealizando-os em filmes e séries – diante dos quais pobres, remediados e classe média assalariada sonham, como a Gata Borralheira com o príncipe.

[114] O capitalista usufrui de todas as facilidades que a sociedade lhe oferece: energia elétrica, insumos, segurança pública, transporte público para seus operários, escolas públicas onde estudaram (ainda que pouco e mal), sistema de saúde que os atende e aposenta (ainda que muito mal), vias públicas e todo o sistema viário que escoa sua produção e lhe traz matérias primas etc – enfim, uma sociedade criada e mantida pelo esforço comum. Somos todos beneficiários dela, porque é a ela que oferecemos nosso trabalho; mas o capitalista, que acumula ilimitadamente riquezas e paga muito pouco imposto por isso (veja-se a ideia cada vez mais recorrente de taxar as grandes fortunas) fica com a parte do leão, sempre.

dessas análises dos barbudos Marx e Engels. Se os proletários acordassem e resolvessem inverter o jogo – já pensou?

Seria interessante que as pessoas, pelo menos, se dessem conta de que a demonização de Marx e seu pensamento, cultivada com afinco pela elite econômica, e reproduzida sem pensar por todos os que não conhecem nem remotamente o que disse Marx de fato e utilizam como xingamento os termos *marxista* e *comunista* para seus adversários políticos (sempre em tom agressivo-depreciativo), é uma estratégia de proteção. De proteção desse modelo econômico, o capitalismo, que seus beneficiários desejam eterno. Contando para isso com o quê? Com o que, desde a remota antiguidade, manteve o binômio exploradores-explorados: a ignorância da massa humana.

Marx, só analisando a História, conclui que há uma evolução inevitável, em que os modelos sociais e de produção vão se substituindo gradativamente ao longo dos séculos:

> Nenhuma ordem social perece antes de se terem desenvolvido toda a forças produtivas que nela cabem; e novas relações de produção, mais elevada, nunca aparecem antes das condições materiais para sua existência terem amadurecido no ventre da própria sociedade antiga.

Mas ele chegou a outra constatação. Pela simples leitura da história humana, é forçoso concluir, como Marx e Engels, que (pelo menos até agora) "A força é a parteira de toda sociedade antiga que carrega no ventre uma nova". Ele simplesmente *constatou* que esta humanidade, tal como é, só tinha evoluído coletivamente pela força. As grandes mudanças de modelo social infelizmente não têm tido outro jeito de acontecer. Em outros termos, esta gentinha do planeta Terra só avança coletivamente no tranco (leia-se guerras, revoluções – em suma, violência). Dado nosso estado de primitivismo... podia ser de outra forma?

Dúvidas? Veja-se os grandes marcos de mutação social e econômica da história ocidental. A queda do Império Romano do Ocidente (invasão dos bárbaros). Fim do Império Romano do Oriente e da Idade Média (tomada de Constantinopla pelos turcos). Descoberta do Novo Mundo (genocídio dos povos americanos, escravidão africana). Fim do feudalismo e das monarquias (Revolução Francesa). Novo modelo de produção inédito no planeta (Revolução Industrial). Uma sucessão de forças brutas em ação.[115] E olha que só citamos os principais.

A partir disso, Marx raciocinou pelo óbvio: que, a seguir essa linha evolutiva, o próximo estágio seria, com a conscientização do proletariado, partir para uma sociedade mais justa acabando com a desigualdade, isto é: terminando com as classes sociais, com a ditadura do capital, e estendendo as benesses da vida, o fruto do trabalho coletivo, a quem realmente o produz – os trabalhadores. Até aqui, achamos difícil alguém qualificar a teoria marxista de algo diverso de correta, igualitária e humana. Aliás, em objetivo, igualzinha ao modelo dos primeiros cristãos – igualdade. (Marx estremeceria ouvindo isso? Talvez hoje, onde estiver, não mais. Talvez sorria).

A propriedade privada

Esse é o nó górdio da crítica ao marxismo. Vejamos em que consiste.

Como é, basicamente, que um capitalista qualquer consegue instalar esse esquema de aluguel da força de trabalho alheia em benefício dele? Simples. Possuindo os MEIOS de produção: terras, fábricas, empresas de toda espécie. Ou seja: onde os bens do mundo são produzidos. Como a sociedade humana, o grande rebanho, nunca pensou que isso é injusto e inaceitável – aceitou. Primordialmente porque nunca teve uma CONSCIÊNCIA clara a respeito. Os barbudos do século XIX propuseram não ficar secando o chão inundado, mas fechar a torneira.

Em suma, Marx e Engels pregavam o fim da propriedade privada dos meios de produção – sim. (Como todas as utopias, teóricas e práticas, dos séculos anteriores).

> Horrorizai-vos porque queremos abolir a propriedade privada. Mas em vossa sociedade a propriedade privada está abolida para nove décimos de seus membros. E é precisamente porque não existe para estes nove décimos que

[115] Hoje acrescentaríamos as duas Grandes Guerras, que obrigaram a mudanças radicais na sociedade: conquistas sociais dos trabalhadores, emancipação das mulheres, flexibilização das regras sociais, fim do colonialismo, etc. Muita força e sangue.

> ela existe para vós. Acusai-nos, portanto, de querer abolir uma forma de propriedade que só pode existir com a condição de privar de toda propriedade a imensa maioria da sociedade. Em resumo, acusai-nos de querer abolir vossa propriedade. De fato, é isso que queremos.

Mas então – assustam-se as pessoas – o marxismo propõe que as pessoas se despojem de suas coisas? Tenho que socializar minha casa, minha geladeira, minha TV, etc? Ouçamos ainda o Manifesto:

> O que caracteriza o comunismo *não é a abolição da propriedade em geral,* mas a abolição da propriedade burguesa. A propriedade privada atual, a propriedade burguesa, é a última e mais perfeita expressão... (da) exploração de uns pelos outros". E ainda: "O comunismo não retira a ninguém o poder de apropriar-se de sua parte dos produtos sociais, apenas suprime o poder de escravizar o trabalho de outrem por meio dessa apropriação.

Como é que o sistema capitalista explora os assalariados? Como já vimos, via a propriedade privada dos *meios de produção de bens* – então *essas* são as propriedades privadas que a doutrina marxista propõe converter em propriedade social. Ahnnnnn...

Convém não esquecer que os conceitos de "propriedade" têm variado ao longo do tempo, como observou Marx: "Todas as relações de propriedade têm passado por modificações constantes em consequência das contínuas transformações das condições históricas" – e cada mudança assustou bastante os proprietários – o que não evitou que elas acontecessem, afinal. Na antiguidade (no Brasil até 1888) era naturalíssimo que um ser humano fosse propriedade de outros. Na Idade Média, era natural que o servo fosse uma propriedade do senhor feudal. Até a Revolução Francesa, as terras pertenciam quase todas aos aristocratas e à Igreja. Todos esses *proprietários* levaram sustos quando a Lei Maior, via atritos e impulsos de progresso, acabou com suas posses. Todos sobreviveram e o mundo melhorou depois. Alguém aí acredita que a extinção de propriedades egoísticas ainda existentes terminou? Consulte "lei da evolução" em compêndios espiritualistas.

O tio Marx, assim como todos os socialistas, desde Jerusalém no ano I dC, só ressuscitou aquela grande verdade que Santo Ambrósio (séc.IV) enunciou:

> Deus criou os bens da Terra para os homens gozarem-nos em comum, para que sejam propriedade comum a todos. Portanto, foi a natureza que criou o comunismo (modelo de vida em comum). A violência é que estabeleceu a propriedade privada..

Marx só não citou Deus.

Diagnóstico e remédio

O primeiro grande delito de Marx e Engels foi colocar no papel, com todas as letras, simplesmente o retrato do sistema capitalista de produção. Imperdoável para sempre – por quem? Pelos que foram identificados pelo que realmente eram – egoístas que, sem nenhum motivo justo, ficam com a parte do leão. Tente achar um motivo, um só, que justifique essa concentração de riqueza em uma minoria, enquanto milhões passam miséria, pobreza, a indignidade do desemprego.

A visão marxista apontava como inevitável a etapa seguinte, o fim do capitalismo e um sistema socialista, depois comunista. O proletariado (hoje diríamos os trabalhadores) no poder. Como todo mundo seria trabalhador, ainda que nos mais variados escalões, fim da desigualdade e das classes sociais. Aquela sociedade justa, humana, solidária, de todos os sonhadores dos últimos dois mil anos. Mas como chegar lá?

Difícil supor que um apelo gentil à consciência cristã (sim, a maioria esmagadora dos capitalistas da época, e ainda de hoje, se dizia cristã) da classe capitalista surtiria efeito. Por outro lado, a proposta lenta, gradual e pacífica de modelos comunitários socialistas que fossem absorvendo aos poucos a sociedade capitalista, não tinha prosperado – não o suficiente para surtir o efeito previsto. (O defeito não era dos projetos, mas do material. Humanos sem a calibragem necessária). Marx e Engels, diante disso, os qualificaram de sonhadores – "Socialistas utópicos" (Que, apesar de tudo, foram fundamentais).

Uma análise racional e objetiva, só com os dados disponíveis da História, apontava para uma única alternativa: a classe privilegiada, detentora do poder, jamais largaria o osso por bem. (Largaria hoje? Rá, rá, rá). Lembremos que Marx e Engels raciocinavam só a partir de dados materiais. O que fazer?

Se eles não abrem mão daquilo que, por justiça, pertence a toda a coletividade, a qual submetem para seu uso e abuso – é preciso mudar isso do jeito que der. O jeito era a revolução. A tomada do poder: passem pra cá o que você estão usurpando dos semelhantes. Uma operação sem anestesia pra salvar o doente sofrido.

É aqui, neste momento, que se precisa separar duas coisas que normalmente ficam emboladas e, por conseguinte, obnubilam a visão da teoria marxista.

Uma coisa é o *diagnóstico* da doença da sociedade, dos males de que padecia pela desigualdade, com opressores e oprimidos. Nesse ponto, a análise dos dois justiceiros barbudos do século XIX, além de comum a todos os justiceiros da História, permanece em essência correta até hoje (com as nuances decorrentes das mutações sociais e no universo do trabalho).

Outra coisa é a medicação – os *meios* para se chegar à sanidade do corpo social. A conquista da igualdade, a sociedade melhor, justa, sem classes, solidária.

Uma coisa é ler na História a evidência da longa luta de classes, sempre cruenta, que marca a evolução humana neste terceiro planeta do Sistema Solar, e apontar a injustiça e a desigualdade que ela promove. Outra seria pregar a luta violenta entre classes e a tomada do poder pela força. Não funciona. Primeiro, porque seria apagar o fogo com gasolina; porque de sementes de violência só brota mais violência, a curto ou médio prazo. É da Lei.[116] Segundo, porque será inútil, já se provou (analisaremos isso a seguir). E finalmente, porque há outra alternativa, compatível com a ética cósmica do "tudo que quereis que os homens vos façam, fazei-lhes vós também".

Como assim?

Uma análise materialista da História teria que ser exatamente isso – circunscrita aos dados materiais disponíveis.

[116] "Embainha a tua espada, porque quem com ferro fere, com ferro será ferido". Jardim das Oliveiras, ano 33 dC.

Isso nossos amigos barbudos fizeram com competência. Mas e se houvesse algo mais por trás da concepção materialista da História?

Se, da mesma forma que na bolota de carvalho reside uma programação oculta que a faz desdobrar-se em árvore, houvesse nos seres criados uma programação oculta que os leva a desdobrar-se de átomo até arcanjo? E se houvesse um Projeto Cósmico com etapas bem definidas (assim como para o carvalho a primavera, o verão, o outono, o inverno) – para os mundos planetários, programadas no tempo?

E se os modelos sociais desta humanidade (como de outras) fossem previstos e programados pelos que Ramatís chama de Sociólogos Siderais, tendo certos limites temporais para serem implementados? E se houvessem programado um limite para o fechamento da escola infantil, com a transformação da Escola Terra em ensino fundamental? Você acha que o modelo *a-bagunça-é-normal-e-o-egocentrismo-faz parte-da-idade* vai ultrapassar a porta da primeira série? Pode esquecer.

E se, após essa promoção dos alunos terrícolas, restassem, passando pelo crivo simples da fraternidade básica, aqueles que não só desejassem como pudessem concretizar um novo modelo social igualitário – porque não conceberiam a renovação do planeta de outra forma?

Esses foram os dados que escaparam a nossos dois socialistas de barbas. O lado oculto das coisas. (Acessível, porém, já naquela época, aos buscadores da espiritualidade).

Essa é a continuação prevista para a História desta humanidade.

A utopia de Marx

Algo curioso é pensar que Marx apontou essa progressão inevitável da História, essa evolução da desigualdade para a igualdade, com a certeza de uma profecia. Sim, ele concluiu que o excesso de opressão do proletariado desaguaria inevitavelmente num "basta", e que o fim do capitalismo era incontornável, que sua selvageria trazia em si o germe da própria destruição – como fora o feudalismo. Mas analisemos a sequência: ele dizia que, após a tomada do poder pelo proletariado, seguir-se-ia um primeiro estágio, o socialismo, em que transitoriamente ainda existiria um Estado; mas depois se chegaria a outro, mais avançado, em que esse Estado seria desnecessário, e os trabalhadores (todo mundo) se organizariam de forma igualitária tão completamente, que seria instaurado o modelo superior do *comunismo* – isto é, uma sociedade de iguais, com os bens *em comum*, e que dispensaria a existência de um Estado. Ele só esqueceu de dizer que os cidadãos dessa sociedade comunista igualitária superior teriam que ser iguais moralmente aos primeiros cristãos. Não, não é brincadeira.

Raciocinemos. A instauração do verdadeiro socialismo, democrático, com todos os meios de produção socializados, administrados pelo Estado, equidade para todos, não é muito difícil de imaginar. Existem no mundo empresas estatais de energia, água, petróleo, transportes, comunicações, informática, etc; ensino público, sistema de saúde público; por que fazendas agrícolas e fábricas não poderiam ser também empresas públicas, com todas as evidentes vantagens para todos (exceto os capitalistas)? Factível – desde que previamente *alguma coisa* [117] houvesse alterado a mentalidade coletiva e levado a maioria das pessoas a entender que isso seria o ideal. Cremos firmemente que a Nova Era nos conduzirá a tanto em algum momento depois da Transição Planetária e com o que sobrar dela. Espíritos razoavelmente fraternos não poderão admitir a reconstrução com privilégios. Só aí temos uma variável de que nossos barbudos não dispunham: um material humano selecionado, capaz portanto de dar (enfim!) o salto no rumo da liberdade, igualdade e fraternidade. Uff...

Porém Marx não ficou aí. É então que foi – permitam-nos – de um utopismo fantástico, anos-luz à frente de todos os Morus & cia. Vaticinou que, depois de estabelecida uma sociedade socialista, os seus componentes dariam um salto além, e baseando-se num modelo de "livre associação", extinguiriam até mesmo o Estado, que já não seria necessário, dado que a sociedade toda estaria identificada com esse Estado – e seria instaurado então, finalmente – o *comunismo*! Uma socieda-

[117] A emersão de uma ética de fraternidade, própria dos remanescentes da Transição. Para detalhes, será útil consultar profecias, por exemplo, Não precisamos ser catastróficos: elas o são suficientemente, a começar por Jesus em Mateus 24-25. A mais detalhada, em *Mensagens do Astral*, de Ramatis.

de absolutamente racional, igualitária, solidária, em que as comunidades iriam se autogerenciar para permitir o livre desenvolvimento e realização de todos e cada um, com a partilha totalmente equânime dos bens da vida, com a concordância irrestrita e geral. Igual à dos primeiros cristãos. O material humano com essa disponibilidade provavelmente habitará este planeta por volta do ano 3.000 . Nem na civilização marciana, numa dimensão física acima da nossa, se aboliu o Estado – ainda que altamente espiritualizado.

Ou seja, Marx acabou prevendo para o ápice da civilização o modelo inicial da cultura ocidental cristã – que foi, exatamente, o comunismo perfeito.

A dose de utopismo implícita nessa previsão ficou de fora, até hoje, de todas as análises da doutrina marxista. Talvez um dia alguém aponte que Marx era o maior dos utópicos, um sonhador da igualdade *perfeita*, um de todos aqueles que pressentiram, no silêncio da alma e sem poder explicá-lo, que o futuro da raça humana *iria* se realizar um dia nessa direção. Ele trazia a visão inconsciente dentro de si, mas ao pintá-la usou as tintas que o século XIX lhe oferecia e os recursos de uma visão de mundo exclusivamente materialista. Com os instrumentos e o material humano concreto de que dispunha.

Um humano idealista. Um projeto idealista. Um mundo imperfeito.

No que podia dar?

Capítulo 21

O socialismo gradual: O fabianismo

Evolução em vez de revolução

É inquestionável que um conhecedor da lei evolutiva cósmica não pode honestamente alinhar-se senão com aqueles que desejam a igualdade. E se tiver a consciência desperta o suficiente, ela há de cobrar-lhe uma atitude no rumo da concretização dessa igualdade. Sem violência, é certo. Mas sem a indiferença, o descompromisso, o descaso que caracterizam o nível do interesse só no *eu*.

Beneficiar-nos das conquistas sociais que nos incluem coletivamente, e nada fazer para o progresso coletivo, deixar que a roda da evolução humana nos conduza sem jamais contribuir com nosso esforço, é o quê?

Quanto mais evoluído o ser, mais sensível ao todo, ao "nós" que vai se sobrepondo ao "eu", ao anseio do bem-estar comum.

Nesse contexto, vamos encontrar duas figuras importantes do espectro espiritualista que ao mesmo tempo marcaram espaço como ativistas sociais. Socialistas pacíficos. Vamos situá-los.

Janeiro de 1884. Dez meses haviam decorrido do desencarne de Marx. Suas ideias, junto com outras, já haviam permeado a Europa e estavam fermentando movimentos e partidos socialistas por toda a parte e com diversos perfis. Na Inglaterra, a Inglaterra de Owen, dos cartistas, dos sindicatos, da Internacional, das sufragistas, três pessoas haviam iniciado um grupo de debates socialistas (Edith Nesbit, Hubert Bland e Edward Pease). Logo, mais dois se uniram (Havelock Ellis e Frank Podmore), e finalmente em quatro de janeiro de 1884 decidiram fundar uma sociedade que levou o nome de Fabian Society – Sociedade Fabiana. (O termo se inspirou no cônsul romano Fábio Máximo que, na luta contra Aníbal e os cartagineses, adotou uma estratégia de atrito gradual, uma guerra de desgaste, porque essa foi a tática e o *modus operandi* que a sociedade adotou).

Os fabianos desejavam trabalhar pela realização de uma sociedade socialista de forma gradual, pelo debate intelectual, publicações, ativismo pacífico, e pelo contágio progressivo das ideias socialistas nas universidades, na imprensa, em instituições governamentais e nos partidos políticos. Uma espécie de "guerrilha intelectual" para minar a sociedade capitalista, em contraste com o pregado pelos partidos marxistas, a revolução e tomada do poder. Conquistas progressivas de justiça social e equidade.

Em março daquele ano a sociedade já tinha 20 membros. Escritores e intelectuais de destaque se tornaram membros, entre os quais os escritores George Bernard Shaw, Leonard Woolf, Virginia Woolf, H. G. Wells, Annie Wood Besant, Salama Moussa e Bertrand Russell, a anarquista Charlotte Wilson, a feminista Emmeline Pankhurst, o sexólogo Havelock Ellis, o militante Edward Carpenter, o físico Oliver Lodge, e o político Ramsay Macdonald. Alguns dos intelectuais mais famosos da época.

Em 1889 o grupo decidiu publicar um livro com as crenças e objetivos da Sociedade: *Fabian Essays in Socialism* (Ensaios Fabianos sobre Socialismo), com capítulos escritos por Bernard Shaw, Sydney Webb, Annie Besant, Sydney Olivier, Graham Wallas, William Clarke e Hubert Bland. O livro vendeu 27.000 cópias.

O fabianismo acreditava em reformas tendentes ao socialismo, de forma evolutiva. Sustentava que a intervenção do

Estado seria necessária à implementação do bem-estar da sociedade. Defendeu a saúde pública, o ensino gratuito universal, uma legislação trabalhista que contradissesse o abuso da mão de obra infantil e o alto índice de acidentes de trabalho. Os primeiros folhetos da Sociedade Fabiana defendiam a justiça social, o salário mínimo, um sistema universal de saúde, o voto feminino. Àquela época, tudo isso era inexistente e matéria de luta.

A Sociedade Fabiana foi componente importante na criação do Partido Trabalhista, fornecendo muito apoio intelectual; o partido tornou-se a segunda maior força política do Reino Unido. A ligação entre ele e a Sociedade Fabiana manteve-se durante toda a primeira metade do século XX, quando a maior parte dos Ministros do Trabalho eram ou tinham sido membros da Sociedade Fabiana.

Alguns líderes de países antes parte do Império Britânico foram membros da Sociedade Fabiana, como o presidente Jawaharlal Nehru, que adotou princípios socialistas fabianos na política econômica da Índia. Hoje, a sociedade é um dos 21 grupos socialistas afiliados ao Labour Party. Outras similares existem na Austrália (The Australian Fabian Society), no Canadá (The Douglas-Coldwell Foundation) e na Nova Zelândia (The NZ Fabian Society).

Espiritualistas e ativistas

Annie Besant

Annie Besant é bem conhecida por ter sido presidente da Sociedade Teosófica e pelas (excelentes) obras que escreveu. Não muitos, porém, conhecem o seu lado ativista.

Ela já tinha despertado sua sensibilidade social ao conhecer as condições deploráveis dos trabalhadores de Manchester. Mais tarde, ainda casada, dedicou-se a apoiar trabalhadores agrícolas que lutavam para melhorar sua situação. Depois de separar-se do marido, um pastor anglicano conservador, foi para Londres e dedicou-se ao ativismo pelo voto feminino. Em 1885, uma palestra feita pelo jovem e ainda pouco conhecido George Bernard Shaw, membro da Sociedade Fabiana, a fez aderir ao movimento socialista e aos fabianos. Shaw declarou ser ela "a maior oradora da Inglaterra, talvez da Europa".

Ela participou da obra *Ensaios sobre o Socialismo*, e entre as primeiras palestras da Sociedade Fabiana estava a sua intitulada "Como podemos nacionalizar a riqueza acumulada".

Era uma época de crescente agitação das classes trabalhadoras, acentuada pelas péssimas condições de trabalho e alto desemprego. No final de 1887, houve um comício contra o desemprego em Trafalgar Square, e Annie foi uma oradora principal. A polícia dissolveu o evento, resultando numa morte e vários feridos. Houve grande sensação, e o fato ficou conhecido como o "Domingo Sangrento" (Bloody Sunday). Annie organizou auxílio legal para os trabalhadores presos e ajuda para suas famílias.

Pouco tempo depois, ela ficou sabendo da situação penosa das jovens trabalhadoras de uma fábrica de fósforos, que trabalhavam em longas jornadas mal pagas e com grave ameaça para a saúde. (À época, a produção de fósforos era de grande importância, já que a energia elétrica era pouco acessível, e os fabricantes muito poderosos). Em junho de 1888, Annie publicou no artigo intitulado "Escravidão Branca", denunciando os riscos do fósforo para a saúde das operárias e os baixos salários. Na sequência, três trabalhadoras que lhe tinham lhe dado informações para o artigo foram demitidas pela fábrica, Bryant & May.

Annie ajudou a as mulheres a organizar uma União das Trabalhadoras dos Fósforos (Matchgirls Union) e uma greve. Depois de três semanas de paralização, a companhia teve que fazer concessões importantes, incluindo a readmissão das três demitidas. Nunca antes a poderosa indústria de fósforos tinha sido contestada. O sucesso da greve, que despertou a simpatia pública, foi um marco naquela época inicial do socialismo britânico.

Em 1889, ela participou de uma greve dos estivadores

Placa da greve – Match Girls Strike, 1888

de Londres, junto com Ben Tillet, um líder da classe. Auxiliou Tillet a criar as regras da União dos Estivadores e teve parte importante nas reuniões e na movimentação que levaram à criação da organização, discursando em reuniões e nas ruas. A opinião pública os apoiou e a greve foi vencedora.

Mais tarde, Annie encontrou a Teosofia, que preencheu seu anseio de busca da Verdade. Em 1807, tornou-se presidente da Sociedade Teosófica baseada em Adyar, India. A partir daí, empregou sua energia não apenas na direção da Sociedade e na escrita de algumas obras fundamentais da doutrina teosófica, mas também na luta pela independência da Índia e o progresso da nação.

Ela criou uma escola para meninos, a Central Hindu College, e depois trabalhou para que se criasse em Benares (hoje Varanasi) uma Universidade, da qual essa escola foi o embrião.

Annie continuou lutando por uma consciência nacional indiana, oposta ao domínio inglês, contra o sistema de castas e o casamento infantil, e pela educação na Índia. A par de suas atividades na Teosofia, seguiu como ativista política. Participava do Congresso Nacional Indiano, que se reunia uma vez ao ano para discutir resoluções de teor político. Annie também era editora do jornal New India, no qual atacava o governo colonial e reivindicava a autodeterminação do país.

Em 1916, ela lançou um partido político, All India Home Rule League, junto com Lokmanya Tilak, primeiro líder do movimento de libertação da Índia. A Liga montou uma estrutura ampla, mobilizando demonstrações, comícios e agitações – o que resultou na prisão de Annie em junho de 1917. Protestos se seguiram. O governo foi forçado a fazer concessões e insinuou a independência. Annie foi libertada em setembro e eleita presidente do India National Congress. Tanto Mahatma Gandhi como Nehru a admiravam.

Depois da II Guerra, foi a liderança de Gandhi que emergiu. Mas Annie continuou lutando pela independência da Ín-

Placa em Osnaburgh St, 17, onde a sociedade foi criada em 1884.

dia até o final de sua vida, inclusive em palestras no Reino Unido, onde eletrizava os auditórios, com sua figura vestida em trajes indianos, suscitando uma corrente de apoiadores da independência da India.

Annie Besant foi uma servidora da evolução planetária e uma paladina da igualdade como poucas – um exemplo de espiritualidade a serviço do bem comum.

Oliver Lodge

Oliver Lodge (1851-1940) foi uma figura de destaque no cenário inglês do século XIX e início do XX, que uniu três facetas importantes: o cientista, o pesquisador do Invisível e o socialista. (Esta terceira, como soi acontecer, a exemplo de Annie Besant e outros vultos da área espiritualista, tem sido sistematicamente ignorada nas biografias da área).

Lodge foi um físico renomado, um inventor que descobriu a transmissão de ondas de rádio e fez uma demonstração, em 1894, um ano antes de Marconi, na Universidade de Oxford. Também foi um pioneiro da telegrafia sem fio. Inventou a vela de ignição para motores de combustão interna, inventou o alto-falante, o tubo de vácuo (válvula eletrônica) e o sintonizador variável, entre outros. Foi reitor da Universidade de Birmingham até sua aposentadoria. Era membro da Royal Society, e em 1902 recebeu o título de "sir" do rei Eduardo VII. Deixou diversas obras científicas sobre suas áreas de pesquisa, que incluíam os raios, o éter, ondas eletromagnéticas etc. Tornou-se um dos cientistas mais respeitados de sua época.

O lado *pesquisador do Invisível* de Lodge começou quando conheceu Frederic Myers, um dos fundadores da famosa Sociedade de Pesquisas Psíquicas de Londres. Visitou a Sociedade e participou de sessões com o médium William Eglington. Em 1889, a famosa médium americana Leonora Piper foi convidada a ir a Londres pela Sociedade. Junto com Myers, Lodge acompanhou as investigações das faculdades da médium. Por meio da psicofonia da sra. Piper, Lodge veio a conversar com sua falecida tia Anne, podendo comprovar sua identidade. Também conversou com outros familiares já desencarnados, que lhe deram provas incontestáveis de sua identidade e da sobrevivência.

Convidado por Charles Richet, foi à França junto com Myers, e participaram de experiências com a famosa médium Eusapia Paladino. Na volta à Inglaterra, publicou em jornais relatos dessas investigações, provocando grande interesse e também contestações. Em 1895, foi a vez de Eusapia ir a Cambridge, e Lodge aí esteve participando de experiências com Myers, Lord Rayleigh, Richet.

A partir de tudo isso, Lodge tornou-se convicto da realidade da vida após a morte, e começou a divulgar incansavelmente essa verdade, buscando atestar que a sobrevivência era cientificamente comprovável. Passou a escrever livros a respeito e a fazer conferências. Afirmava que "é anticientífico declarar que aquilo que não é visível por isso não existe". Enfrentou o ceticismo de muitos e a crítica de outros tantos, mas prosseguiu incansável em sua determinação de divulgar o que tinha comprovado: a vida continua. Finalmente, de 1901 a 1903, foi presidente da Sociedade de Pesquisas Psíquicas, e começou a publicar as primeiras de suas diversas obras da área metafísica.[118] Colocou seu nome e todo seu prestígio de cientista a serviço da comprovação da sobrevivência e da ideia de conciliar ciência e espiritualidade.

Em 1915, em plena guerra, algo marcante ocorre em sua

[118] *Life and Matter* (Vida e Matéria)-1905; *The Substance of Faith Allied with Science* (A Substância da Fé Aliada à Ciência)-1907; *Man and the Universe* (O Homem e o Universo)-1908; *Survival of Man* (A Sobrevivência do Homem)-1909; *Reason and Belief* (A Razão e a Crença)-1910; *Modern Problems* (Problemas Modernos)-1912; *Science and Religion* (Ciência e Religião)-1914.

vida. Seu filho Raymond, oficial do exército, morre numa trincheira na França. Depois disso, Lodge e a esposa, através de vários médiuns, passaram a receber notícias e comunicações de Raymond, que foi claramente identificado por eles. Lodge reuniu todas as comunicações e fatos, e em 1916 publicou a obra *Raymond or Life and Death.* O livro tornou-se um bes-t-seller no Reino Unido como nos Estados Unidos, e teve 12 edições, com milhares de cópias. Ao todo, Lodge escreveu mais de 40 livros, sobre temas científicos como o éter, a teoria eletromagnética, a relatividade, etc, e sobre a sobrevivência da alma.[119]

O lado *socialista* de Lodge é referido sucinta mas claramente: foi um membro ativo da Sociedade Fabiana, e foi coautor da obra *Socialism & Individualism* (Socialismo e Individualismo), em 1905, junto com Bernard Shaw, Sidney Webb e Sidney Ball. Era amigo de Shaw, que se hospedou em sua casa. Foi por diversas vezes conferencista na London School of Economics, fundada pela Sociedade Fabiana.

Em seu artigo incluído em *Socialism and Individualism*,[120] Lodge declara:

> Desejo afirmar que um maior bem pode ser feito e maior valor atingido pelo gasto ponderado e ordenado do dinheiro coletivo, do que pode resultar de uma grande quantidade gasta por pessoas individuais para manter o conforto pessoal e sustentar privilégios especiais.

Falando de tudo o que poderia ser feito, para melhorar a vida das comunidades, se as pessoas não dependessem dos que possuem terras e poder econômico, diz:

> Se a terra próxima das grandes cidades pertencesse à comunidade, se tivéssemos a propriedade coletiva da terra, o que não faríamos! Os melhoramentos seriam ao mesmo tempo possíveis e proveitosos, e a comunidade que os efetuasse colheria os benefícios.

[119] *Why I Believe in Personal Immortality* (Por que acredito na Imortalidade)-1918; *Phantom Walls* – 1919; *The Reality of a Spiritual World* (A Realidade do Mundo Espiritual)-1930; *My Philosophy*– (Minha Filosofia) -1933.
[120] Disponível em: *https://archive.org/details/cu31924002674285/page/n99/mode/2up. Traduzimos.*

Lodge era um cristão sincero junto com sua posição socialista, igualitária, e nesse texto fica clara essa dupla face, quando diz:

> Isso parece um assunto secular (profano), mas nenhum assunto é realmente profano, no sentido de ser oposto ao sagrado, a não ser que seja intrinsecamente mau; e se a verdade é aquela que imagino, o assunto que estou tentando desenvolver tem possíveis desdobramentos do mais genuíno caráter sagrado.

Ou seja: na contramão do que boa parte dos espíritas e espiritualistas supõem, o ideal e a dedicação à melhoria do mundo não são algo profano, menor, dispensável: ao contrário, na medida em que se aprofunda no conhecimento espiritual, uma alma consciente se dá conta do papel que cabe a cada um de nós para o aperfeiçoamento das condições sociais, do mundo ao nosso redor; e isso é uma tarefa sagrada.

Falando do coletivo, da superioridade do emprego da riqueza para o bem comum, que é o foco de seu texto, ele conclui – e ficamos pensando na igualdade, naquele estado superior de fraternidade cristã:

> Algum dia, algo próximo desse estado de coisas é certo que virá. A mim parece como parte do significado da grande oração: "Venha a nós o Teu reino"; e se assim for, não estaremos longe da atmosfera da cristandade.

Ou seja: "Aceitar que a mística nada tem a ver com a política seria ... afirmar que as coisas de Deus não servem para este mundo que Ele criou". (Frei Betto)

Capítulo 22
Mensagem: uma só vida

Não existe essa divisão que colocais entre vida espiritual e vida social. Tudo faz parte da Vida, que é uma unidade. Tudo é sagrado, o templo como a fábrica e o escritório, porque em toda parte os seres humanos estão desenvolvendo as potencialidades do espírito imortal. O universo do trabalho, que produz os bens comuns, não é menos sagrado que o dos templos, porque em ambos o espírito está expandindo seu potencial de pequeno deusinho criador, que num futuro distante lhe há de permitir criar planetas, sistemas solares e dirigir humanidades. Ele aprende isso criando, e exatamente é esse impulso criador que faz seus primeiros ensaios quando ele molda um objeto, inventa uma máquina ou uma técnica, assenta tijolos, redige um texto ou pinta um quadro, planta uma lavoura, cria um projeto.

Por que estranha miopia de consciência tendes imaginado que o "mundo profano" e o trabalho nele exercido sejam menos sagrados e indispensáveis à evolução dos pequenos deuses que sois, ainda ignorados de si próprios, do que as práticas que considerais "espirituais", exercidas em vossos templos, centros e locais de culto? Não foi a mesma Divindade o autor de tudo? Por acaso deixais de ser o mesmo espírito em evolução quando adentrais a fábrica, a fazenda, o escritório ou qualquer local de trabalho? Ignorais que as qualidades que estão sendo desenvolvidas no quotidiano de vossas vidas, aquelas múltiplas capacidades e competências que vão sendo adquiridas em anos de trabalho e aplicação, com equívocos e insapiência, até adquirir maestria, são o produto mais importante de vossas existências na matéria. Todas as grandes potencialidades criadoras do espírito, com as qualidades de concentração, intuição, paciência, habilidade emocional, persistência, coragem, humildade, acuidade mental, sensibilidade artística, relacionamentos e muitas mais, que no futuro distante de vossas almas serão o apanágio do futuro anjo e do arcanjo criador, estão sendo lentamente gestadas nas múltiplas atividades do mundo do trabalho, seja industrial, agrícola, intelectual, braçal ou o que for.

Por conseguinte, a fábrica, a fazenda, o escritório, a oficina, ou onde quer que se exerça esse processo sagrado de fazer desabrochar, no interior do ser humano, os poderes criadores do futuro anjo, onde estejam se lapidando as múltiplas facetas do diamante eterno de sua alma que um dia vai resplandecer entre a estrelas do infinito, na condução de mundos e humanidades – todos esse ambientes e conjuntos não devem ser considerados menos que sagrados. São templos previstos pela Divindade para moldar os pequenos deuses que sois. Por que motivo deviam ser depreciados como profanos ou menores?

Nas relações sociais e de trabalho se desenvolvem os laços internos do espírito que está aprendendo a lição cósmica do amor e da fraternidade. É ali, no mundo quotidiano do trabalho, que se põe em prática e se desenvolve o *amai-vos uns aos outros*. E esse sentimento fraterno não deve ser um ornamento, algo como uma condecoração ou medalha que se ostenta nos recintos religiosos, desejando mostrar que se adquiriu um *grau espiritual* que nos distingue dos demais homens egoístas e maus. É na estruturação desse mundo do trabalho, nas relações e formas de organizá-lo, que se revela exatamente o grau sideral de uma humanidade.

Uma relação injusta de produção dos bens da vida, que permite a alguns, na inconsciência primária de suas almas, apropriarem-se de parcelas desmesuradas do produto gerado por seus irmãos, enquanto grandes parcelas da humanidade cambaleiam na inanição, na doença, na precariedade de moradias e de instrução, na insegurança e humilhação do desemprego, qualifica uma humanidade como escola elementar de almas. A desigualdade ou a igualdade promovidas e consentidas por uma humanidade são o princípio básico para aferir sua graduação sideral, sua localização na escala dos mundos

– porque exatamente é o que reflete o maior ou menor grau de aquisição do *amor fraterno*, que constitui a régua de medida da evolução de uma humanidade. Tudo o mais é acessório, meios para se chegar a esse fim último na programação da sociologia sideral.

Portanto, meus irmãos, se quereis merecer a promoção aos bancos escolares da nova escola que se avizinha para o planeta Terra, é urgente que se desvele quanto antes essa melhor concepção para a estrutura da nova sociedade que precisa ser formada, após os graves acontecimentos que ainda precisam depurar o psiquismo humano terrícola. Sem igualdade, não podereis afetar fraternidade, tampouco gozar da liberdade mais ampla de comungar com as demais humanidades vossas irmãs do Cosmo, que já ultrapassaram essa etapa elementar da injustiça e da desigualdade.

Vossos irmãos mais amadurecidos em consciência vos enxergam com a tolerância de instrutores contemplando crianças muito pequenas, que empurram e batem nos pequenos colegas, e se puderem, na inconsciência de sua tenra idade, lhes subtraem sem rodeios a guloseima desejada, porque ainda lhes comanda o psiquismo a noção básica do "eu" e "tudo que eu quiser eu tomo", ou "sempre o melhor para mim", pouco importando o que vai faltar ao outro. Crescei, pois, se quiserdes merecer a escola mais avançada, jamais entretendo a ilusão de que uma humanidade pode evoluir em partes desiguais permanentemente. Só na escola infantil se admite tais comportamentos, aliás logo merecendo a intervenção dos mestres.

Reformai vossos conceitos e sabei que o divino permeia todas as dimensões da vida, portanto é a equanimidade do amor cósmico que deve presidir as vossas estruturas sociais. Desigualdade, injustiça, são sinônimos de egoísmo, nada mais. "Sede perfeitos, como perfeito é vosso Pai que está nos céus".

Paz e Amor.

Ramatís

Capítulo 23
A revolução russa

Os antecedentes eram péssimos.

A Rússia era, desde o século XVI, uma monarquia absolutista das mais desiguais e injustas da História. O czar concentrava todos os poderes; não havia constituição e, claro, nem parlamento; o feudalismo permaneceu até o início do século XX, com a nobreza possuindo a maioria da terras cultiváveis, e a população de camponeses – servos – vivendo em condições pra lá de miseráveis, pagando altos impostos para sustentar a família imperial e a aristocracia (junto com o clero ortodoxo). Os servos eram pouco mais que animais em termos de direitos, podendo ser vendidos junto com as propriedades, das quais não podiam se separar, ser espancados[121] e deportados se protestassem contra os abusos dos senhores. Somente em 1861 foi abolido o regime de servidão, mas na prática a miséria do camponês nada mudou – sem direitos, sem voz, sem um *status* humano real.

A vida dos mujiques era árdua, a alimentação precária, as habitações também. Eram analfabetos, pois nas aldeias dificilmente havia escolas. Os instrumentos agrícolas eram pri-

[121] Leon Tolstoi deixou, na sua obra *O reino de Deus está em vós*, escrita em 1898, um depoimento impactante. Em Orel, na Rússia, um grande proprietário decidira desviar o curso de um rio que irrigava as terras dos camponeses, para mover o seu próprio moinho. Eles protestaram. O comissário rural local deu razão ao proprietário. Os camponeses, desesperados, impediram que os operários escavassem os canais do desvio. No final da história, o governador local foi lá, com soldados armados de fuzis e açoites, escolheu 12 camponeses, e mandou açoitá-los violentamente. Depois de 50 açoites, o primeiro desmaiou, mas o governador mandou continuar até chegaram a 70. Todos os 12 homens, sob gemidos e súplicas do povo, de suas famílias e deles mesmos, foram implacavelmente torturados da mesma forma. Essa era a realidade social da Rússia *no final do século dezenove*!. *In* TOLSTOI, Leon. *O reino de Deus está em vós*. Rio, Bestbolso, 2019, pág. 262.

Família de camponeses à época czarista

Família do czar Nicolau II

mitivos, e o trabalho pouco mais que escravo.

Classe média quase não existia. Não havia liberdade de imprensa, e a polícia política do czar, a Ochrana, controlava a educação e os tribunais.

A Russia era o ápice da desigualdade e da opressão no continente. E permanecia na Idade Média, em pleno inicio do século XX.

Enquanto, no século XIX, a Revolução Industrial modificava os países europeus, a Rússia ficava para trás. As poucas indústrias estabelecidas eram em geral de estrangeiros: franceses, ingleses, alemães e belgas. As condições do proletariado fabril conseguiam ser piores que a de seus companheiros europeus. Um operário russo descreve assim o que era sua vida na época:

> Não nos é possível ser instruídos porque não há escolas, e desde a infância devemos trabalhar além de nossas forças por um salário ínfimo. Quando desde os 9 anos somos obrigados a ir para a fábrica, o que nos espera? Nós nos vendemos ao capitalista por um pedaço de pão preto; guardas nos agridem a socos e cacetadas para nos habituar à dureza do trabalho; nós nos alimentamos mal, nos sufocamos com a poeira e o ar viciado, até dormimos no chão, atormentados pelos vermes...

Não havia uma burguesia nacional para influir na dinâmica política e social. Por outro lado, os operários, embora em pequeno número, começaram a receber influência das ideias da Europa Ocidental e começaram a se organizar, mantendo contato com os camponeses e formando grupos de oposição ao governo. Apesar de proibidos os partidos políticos, surgiram vários clandestinos, o principal sendo o Partido Operário Social-Democrata, de inspiração marxista e liderado por Lenin e Plekhanov. Tinha duas alas: os mencheviques e os bolcheviques. Os mencheviques de Plekhanov pretendiam chegar ao poder de forma pacífica e implantar o socialismo gradualmente. Os bolcheviques, liderados por Lenin, pregavam uma revolução para depor o czar e implantar de imediato o socialismo.

E então houve o chamado Domingo Sangrento. O padre Gregori Gapone organizou um protesto pacífico em São Petersburgo, em 1905, para entregar ao czar um abaixo assinado com reivindicações (pelas condições miseráveis da população). A multidão defronte do palácio – e Nicolau II ordenou que sua guarda abrisse fogo, deixando centenas de mortos, incluindo mulheres e crianças. (Ele com certeza não se lembrou disso ao ser executado com a família alguns anos depois, mas a lei do carma sim).

Massacre do Domingo Sangrento

Foi um estopim. Depois daí, a oposição se intensificou, greves ocorreram em Kiev, Moscou e São Petersburgo, durando semanas, e os operários sentiram a força que tinham, e com eles, camponeses e soldados começaram a se organizar em conselhos chamados de sovietes.

A colheita é obrigatória

Em 1906, pela pressão social, o czar resolveu criar a Duma, uma espécie de Assembleia Legislativa, mas com poderes muito limitados, representando só 2% da população.

O que se segue é conhecido. A entrada da Rússia na I Guerra, derrotas esmagadoras frente à Alemanha, dificulda-

Mulheres grevistas em março de 1917

des de abastecimento, alta do custo de vida – tudo isso se somou e, em março de 1917 a rebelião eclodiu em S Petersburgo, exigindo a saída da Rússia da guerra. As tropas aderiram à revolta, que se alastrou. O povo russo chegara a seu limite. Anos de opressão, violência e miséria explodiram.

Nicolau II foi forçado a abdicar. Então a Duma instituiu um governo provisório, de aristocratas e burgueses, chefiados pelo príncipe Lvov. O governo, para obter a simpatia da massa, decretou uma anistia política. Resultado: milhares de prisioneiros foram libertados e centenas de exilados retornaram à Rússia – entre eles Lenin e revolucionários bolcheviques, que de imediato começaram a articular uma revolução socialista. Lvov foi substituído por Kerensky, um moderado, mas cometeu o equívoco de querer continuar com a guerra, quando a população desejava a paz. Finalmente, em outubro de 1917, os bolcheviques tomaram o poder. Os sovietes, que eles controlavam, tinham se tornado o poder de fato. O palácio do governo foi assaltado, Kerensky fugiu, e... abriu-se um novo capítulo da história moderna. Não sem antes toda a família imperial ter sido eliminada.

A curta passagem de Lenin

Lenin passou a ser o líder supremo da Rússia. A Revolução nacionalizou bancos e indústrias, acabou com os títulos de nobreza (inúmeros aristocratas fugiram para Paris e alhures, e a ficção ganhou dezenas de romances com príncipes russos exilados), novas leis foram editadas sobre liberdades civis, os operários poderiam participar da gestão das indústrias. Um tratado permitiu a saída da Rússia da Primeira Guerra, em 1918.

Porém eclodiu uma guerra civil, com o Exército Branco, formado por oficiais monarquistas e tropas de países europeus que temiam a disseminação da revolução russa. Isso forçou a uma economia de guerra, com ações rigorosas na economia. Quando o Exército Vermelho venceu o conflito, em 1921, a Rússia estava desgastada. Para contornar a situação, Lênin determinou a chamada Nova Política Econômica, contemporizando com algumas medidas como liberdade de comércio interno, liberdade de salário aos trabalhadores, autorização de funcionamento de empresas particulares e de entrada de capitais estrangeiros para reconstruir o país.

Contudo, em maio de 1922 – o inesperado: Lênin sofre um AVC. Mal recuperado, sofreu o segundo em dezembro. E o terceiro em março de 1923. Faleceu em janeiro de 1924.

Contra a própria vontade de Lenin, quem o sucedeu foi Stalin – e aí começa a escuridão.

O lado escuro da força

Parece desnecessário falar da era stalinista com todas as suas barbaridades, muitas das quais só foram conhecidas depois da morte do próprio. Passaremos por elas com a rapidez que o desgosto requer.

O stalinismo não foi uma "ditadura do proletariado", tampouco um regime socialista ou comunista conforme esses conceitos. Usava um rótulo, que seria bom desmistificar.

Sua característica principal foi a centralização do poder nas mãos de poucos – o Partido Comunista, mas de fato de Stalin, que se tornou virtualmente um ditador. Em lugar da ditadura do proletariado, foi a ditadura de uma casta dirigente que acumulava benefícios e privilégios **às custas** da classe trabalhadora. Stalin foi um novo e nefasto czar – um Ivan o Terrível da era atômica.[122]

A economia passou a ser controlada totalmente pelo estado, de forma dura e implacável. Os Planos Quinquenais estipulavam metas a alcançar a qualquer custo, com grande pressão e exaustão dos trabalhadores. Para transformar a Rússia numa grande potência militar, eram priorizadas a indústria pesada, a siderurgia e a metalurgia, enquanto o povo carecia de fogões e geladeiras, pra não falar de outras coisas. Moradias escasseavam para os trabalhadores nas cidades; famílias inteiras viviam num só cômodo. A terrível KGB, a polícia secreta, vigiava todos, e não pensem que os romances de espionagem exageraram.

As terras foram coletivizadas, e os proprietários de mais

[122] Quem sabe não é só uma imagem. Ivan o Terrível "acreditava que todos conspiravam contra ele. Soberano da Rússia com o nome de Ivan IV, já havia matado membros do governo, amigos, amigos dos amigos e até alguns parentes. Havia eliminado famílias e vilas inteiras, mesmo que as vítimas nada tivessem a ver com o motivo de sua fúria". Finalmente, porque não gostou do traje da nora grávida, espancou-a até a morte, e também ao filho que tentou defendê-la. Teríamos aqui um "Ivan o Terrível – o Retorno"?

de dois hectares ou duas vacas, os *kulaks*, afastados e, se resistissem, internados nos campos de trabalhos forçados – os *gulags*. A coletivização forçada das terras fez com que a produção caísse, gerando escassez e fome em todo o país. No Cazaquistão, milhões morreram de fome. A tragédia maior foi na Ucrânia, onde os historiadores falam em cinco milhões de mortos de inanição durante a Grande Fome.

Stalin tinha um perfil paranoico e imaginava que todos conspiravam para derrubá-lo. Isso gerou uma sequência quase inacreditável de execuções sumárias ou internamento nos *gulags* de milhões de pessoas – minorias étnicas, como os poloneses, bielorrussos e lituanos, mas também membros do partido e do governo e até militares. Calcula-se que entre 10 e 20 milhões de pessoas foram mortas pelo stalinismo. Nos terríveis *gulags*, os campos de trabalhos forçados e em condições sub-humanas onde torturas diversas eram aplicadas, foram mais de 10 milhões sob a violência, anos a fio.

Como todos os ditadores da história, Stalin implantou o culto da sua personalidade, e um grande aparato de propaganda política.

O pesadelo durou entre 1927 e 1953. Depois da morte de Stalin, seu sucessor, Nikita Krushev, o baixinho que ninguém levava muito a sério, foi quem escancarou os massacres da era stalinista.

Quando a URSS terminou, as direitas do mundo festejaram "o fim do socialismo". Só que não era. Nem Marx nem qualquer socialista em seu juízo perfeito jamais desejou ou previu algo semelhante. A propósito, Norberto Bobbio descreve perfeitamente o impasse que se seguiu mundo afora em relação ao regime da URSS:

> A União Soviética é um estado socialista? ... Aqueles que querem tirar daquele regime um juízo negativo sobre o socialismo tendem a sustentar... que a União Soviética é um estado socialista... Os únicos a sustentar o socialismo da União Soviética terminam por ser os não-socialistas, isto é, aqueles que desejam demonstrar, através do exemplo da União Soviética, que o socialismo é um mau negócio.[123]

[123] BOBBIO, Norberto. *Qual Socialismo?* Rio, Paz e Terra, 1983.

A Russia, hoje, aderiu ao liberalismo econômico, e o desemprego, a pobreza, o crime organizado e a falta de liberdade convivem com uma casta de novos milionários[124] que fariam Marx e Engels estremecer (e provavelmente fazem, estejam onde estiverem).

Feitas as contas (o que só a Lei Suprema poderá integralmente), a dureza sem democracia dos longos anos de não-socialismo, com muito sangue e opressão, conseguiu tirar o país da Idade Média, industrializou-o, modernizou-o; hoje é um dos maiores produtores de grãos do mundo, a educação é universal e gratuita, tem uma "economia de mercado", e em vez da opressão feudal tem a opressão capitalista, como todo mundo. Poderia ter sido diferente? Sim, se os homens o fossem. Mas a evolução escreve direito por linhas tortas, e há um futuro depois da Transição.

Só não repitamos, por favor, essa falácia de "regime socialista" para o que não foi! E muito menos comunista.

E os outros "socialistas"?

A política de partido único e a centralização do poder – nada de proletariado! – foi moda nos países integrantes da velha URSS e subsistiu em alguns do Leste, com algumas ditaduras seguindo o modelo stalinista. **De socialistas nada tinham, senão o rótulo.**

Basta lembrar a figura sinistra de Nicolae Ceausescu, que por 45 anos dirigiu a Romenia com mão de ferro. Sua policia secreta ignorava direitos humanos; censurou a imprensa, fechou jornais, perseguiu, encarcerou e executou discordantes. Em 1982 ordenou que toda a produção agrícola e industrial fosse exportada, para diminuir a dívida pública, gerando penúria geral. Finalmente, em 1989, depois de protestos, repressão e cerca de 1500 mortos, foi preso, julgado sumariamente e executado.

Hoje, temos a Coreia do Norte, o caso tragicômico de uma ditadura fascistoide hereditária, o enclave de primitivismo mais fechado do planeta. Seria absurdo chamá-la de qualquer outra coisa – e de socialista, jamais.

[124] Os bilionários russos, em 2017, possuíam juntos 485 bilhões de dólares, segundo a revista Forbes. O numero de bilionários do pais aumentou para 106. Possuem empresas de aço, petróleo, bancos, turismo, etc.

Operárias chinesas em indústria de brinquedos ocidentais

A China é uma frenética economia de mercado, num regime ditatorial. Nada mais. Passa longe do socialismo. Que o digam os trabalhadores que dormem no chão das fábricas, por pouco mais (ou apenas?) que o arroz de cada dia. Sinistro conluio das multinacionais do Ocidente, que potencializam seus lucros com esse trabalho análogo à escravidão, e um governo que ignora direitos básicos dos trabalhadores. Está mais para vampirismo.

Estratégia: demonizar o socialismo

Seria incorreto, à simples luz da razão e analisando teoria + fatos, qualificar todos esses regimes, tanto da URSS como outros do Leste Europeu, da China, da Coreia do Norte, nada mais que ditaduras (e *não* do proletariado!), e distantes de qualquer participação popular, de democracia e sobretudo de igualdade, como socialistas.

É importante se ter em mente que aceitar esse rótulo que eles se atribuíram (fica realmente mais chique "socialista" que "ditadura") sem análise real, foi uma estratégia *muito* conveniente para o sistema capitalista como um todo.

Colar esse rótulo a regimes conhecidos e antagonizados por sua falta de democracia foi uma forma excelente de **demonizar o socialismo** para as massas ignaras e manipuláveis. Uma garantia de que não haverá simpatia nem intenção de sequer chegarem perto de uma proposta tão desagradável.

Na verdade, o que os povos (alguns) precisam é, a priori, de informação – leia-se cultura. Na Europa dificilmente alguém deixa de saber o que exatamente significa socialismo, ou o que quer dizer de fato esquerda e direita. Há menos lugar para chifres e caudas quando as pessoas têm cultura política, ou simplesmente cultura, ponto. A atual prefeita de Paris, recém reeleita para o segundo mandato, é socialista.[125]

Há países (adivinhe exatamente qual) ao sul do Equador em que as pessoas – sem leituras, sem reflexão – assimilam cegamente, como rebanho inerme, o que uma elite interesseira lhes grita, e saem a repetir como ecos os termos *socialista* e *comunista* acreditando serem xingamentos da pior espécie. Assim como "ladrão" ou "patife". Não é ofensivo: é deprimente. Desperta, numa pessoa medianamente informada e idealista do bem comum, tristeza e desalento.

Como é que se pode mostrar a alguém a direção que leva à água, se ela ignora até o significado da palavra fonte?

Lembra uma imagem de Leon Tolstoi (um adepto da igualdade):

> Receando fazer esforços para sair de uma ordem que nos é prejudicial, ficamos parecendo com os passageiros de um navio prestes a afundar que têm medo de descer para o barco salva-vidas e se trancam em suas cabines; ou com um rebanho de carneiros que, atemorizados com o incêndio no estábulo, amontoam-se num canto e se recusam a sair pela porta aberta[126]

---

[125] Quer saber na prática qual a diferença entre esquerda e direita? Veja dois fatos que aconteceram no inverno de 2018, por coincidência no mesmo mês. Uma antítese emblemática:

> Em Paris, a prefeita Anne Hidalgo, socialista, diante da falta de abrigos, decidiu transformar dois salões do belo prédio da prefeitura, o Hotel de Ville, em abrigos para os sem-teto durante o inverno. Outros 800 abrigos de urgência foram abertos na capital, e outros 700 seriam inaugurados até o início de 2019. Pode conferir em: ***https://g1.globo.com/mundo/noticia/2018/10/14/paris-vai-abrigar-sem-tetos-em-predio-historico-da-prefeitura.ghtml***

Enquanto isso, Viktor Orbán, o premier direitista da Hungria, que já tinha proibido os imigrantes fugitivos da Síria de *atravessar* a Hungria, fazia o seguinte:

> "O governo de extrema direita da Hungria colocou em vigor, na última segunda-feira, uma emenda constitucional que proíbe as pessoas de dormirem em espaços públicos (ruas, praças), fazendo com que a polícia prenda ou obrigue os sem-teto a cumprir seis meses de trabalho forçado. Para isso, basta que tenham recebido quatro advertências dentro de 90 dias. Além da violenta repressão contra os sem-teto, a emenda inclui artigos abertamente xenófobos e persecutórios aos migrantes, como os que limitam ainda mais as possibilidades de que os refugiados recebam asilo"
>
> Disponível em: ***https://horadopovo.com.br/hungria-criminaliza-sem-teto-trabalho-forcado-por-dormir-na-rua/***

[126] ibidem.

Capítulo 24

O dia seguinte

É preciso reinventar os caminhos para recompor a utopia. ...é preciso acreditar na grandiosidade do homem, que pode recriar-se, para ver no outro uma extensão de si.

Tarso Genro

Sei que não haverei de participar da colheita. Mas faço questão de ficar ao lado dos que lançam, ainda que em terra árida, as sementes de um futuro melhor.

Frei Betto

A era do "não-comunismo" do Leste Europeu & cia significou uma etapa – uma experiência no caminho evolutivo. Uma tentativa de implantação de algo que na origem era a ideia do socialismo, da igualdade, mas logo se perdeu de sua essência, porque divorciou-se da democracia. O proletariado foi quem menos teve poder de decisão, e o velho egoísmo individual prevaleceu na casta dominante. Todos os verdadeiros socialistas são concordes a respeito.

Mas nada é perdido nem inútil,[127] na trajetória da evolução, e a sabedoria (individual como coletiva) é uma construção gradual. Ficou a experiência, para imprimir-se na consciência coletiva, da imaturidade da "tomada do poder", da violência como "parteira da História", ainda que em nome de um ideal. Da inutilidade da implantação de um modelo que não seja construído coletivamente, a partir no amadurecimento da vontade da maioria. Uma etapa a mais no longo processo de

[127] Saldo resultante: dois países enormes (Rússia e China) foram, aos trancos, arrancados do feudalismo e jogados, ainda que de mau jeito, na Idade Contemporânea. Como explica a sabedoria Zen, o extremo yin causa o extremo yang.

avanço, pelo método de "tentativa e erro", no rumo da nossa maioridade espiritual.

E agora? Como fica a frágil e inextinguível planta da igualdade, essa teimosa utopia que rebrota, sempre verde, após cada poda, cada massacre, cada vez que a pisoteia a brutalidade cega dos delírios de poder – e torna a se insinuar, persistente, por todas as frestas da alma humana sensível ao sonho da felicidade geral? Reflete Tarso Genro, sobre a ressaca posterior à era soviética:

> Trata-se do fim de um ciclo histórico-concreto, no interior do processo universal de luta pela igualdade... que sempre foi colocado pelos seres humanos mais generosos e devotados à ideia de liberdade.
>
> Este fim de ciclo, porém, não encerra a luta contra a desigualdade. ... pelo simples fato de que, existindo a desigualdade, a tensão para suprimi-la permanece atuante na consciência humana.[128]

Coloca-se, agora, a necessidade de repensar os caminhos da utopia, a partir dos avanços (para o bem e para o mal) das últimas décadas.

O mundo do trabalho mudou substancialmente desde a Revolução Industrial. Não é mais o mundo de Owen e Fourier, de Marx e Engels. Naquela época, o trabalhador urbano era basicamente o operário de fábrica, o proletariado, objeto da preocupação dos socialistas e que, segundo Marx, seria o protagonista da revolução social que o colocaria no poder. Desde então, vários fatores – a ciência, a tecnologia, as novas estratégias do capitalismo em expansão, o aumento exponencial da classe média, convertida em consumidora cada vez mais ávida de todos os produtos, a automação crescente, a informática, e o surgimento das mais variadas funções, inimagináveis naquela época, de instrumentador cirúrgico a programador de computador, de motorista de taxi a *cameraman* e piloto de avião – tudo isso embaralhou as pedras e montou uma outra sociedade. Novas forças sociais se acham em ação – e algumas até mais nocivas, porque mais poderosas e hipnóticas.

[128] GENRO, Tarso. *Utopia possível*. Porto Alegre, Artes e Ofícios, 1994.

O capitalismo cedo se deu conta de que, para expandir lucros, era preciso criar um universo crescente de consumidores – e para tanto, juntamente com as lutas sindicais, os salários – com exceção dos operários não especializados e trabalhadores domésticos do Terceiro Mundo – experimentaram novos patamares, notadamente no Primeiro Mundo. Inventou-se a propaganda – essa sacerdotisa nefasta do deus do consumo, cujo culto passou a hipnotizar a humanidade, a ponto de tornar-se o ritual principal, a nova religião, o consolo e a terra prometida do rebanho humano.

As lutas sociais, com os sindicatos e alguns partidos políticos à frente, conquistaram direitos para os trabalhadores que seriam inimagináveis 150 anos atrás, e a consciência de sua força de barganha. A educação gratuita e universal (pelo menos básica e média), no Ocidente, retirou massas trabalhadoras da penumbra intelectual (não esquecendo que a América Latina, Ásia e África não têm o padrão do Primeiro Mundo). A assistência de saúde universal e gratuita (salvo em alguma repúblicas atrasadas, como os EUA), a informação de fácil acesso, a TV e a internet, montaram um cenário social muito mais complexo e diversificado.

Enquanto gigantescas multinacionais e bilionários e milionários manipulam não só o poder econômico como o político, as indústrias de todo tipo decidem o que vamos vestir, calçar, usar, com o que equipar nossas casas, curar sintomas de doenças (não necessariamente as próprias), com que vamos nos divertir e nossas crianças brincar, e manipula a opinião pública com seus meios poderosos, o agronegócio coloca tranquilamente venenos na nossa comida (com a conivência dos políticos) e destroi o meio ambiente nos impingindo que comer carne de boi é bom. Mas há gradações da posse da riqueza que não existiam no século XIX. Há uma diferença entre o capitalismo predatório, que continua nutrindo a desigualdade, e o pequeno produtor ou comerciante com uma empresa familiar ou que emprega uma ou duas pessoas (Não se pode confundir o lambari com o tubarão só porque nadam nas mesmas águas).

Hoje entraram em cena outras variáveis socioeconômicas: a ameaça do desemprego, não só aquele tradicional, mas também o chamado desemprego estrutural, que resulta do desaparecimento de postos de trabalho devido à automação; e a disseminação de levas de imigrantes fugindo da fome, da miséria e da morte em guerras variadas, e que têm sido hostilizados e até segregados em campos de refugiados, em condições indignas (teste, com nota péssima, para nossa solidariedade coletiva).

E existe esse apogeu da ganância, da riqueza como único valor e meta, que é chamado de *mercado financeiro*,[129] onde a embriaguez do lucro e do poder – um tóxico mais poderoso que qualquer droga química – permite a existência de criaturas parasitas chamadas de "rentistas" – a reencarnação chique dos agiotas de antanho. Um sistema que tornou a frase "a Bolsa ou a vida" muito mais literal e deprimente; o mundo das finanças é a negação completa da vida com humanismo. Viver para lucrar – por vezes com níveis de riqueza que nenhum ser humano poderia gastar consigo em várias encarnações.

E a todas essas, onde e como ficaram os sonhadores/ativistas da igualdade? Os socialistas?

Eles se dividiram, desde o século passado, em duas correntes políticas de nomes semelhantes mas que não só não se confundem como se antagonizam, embora compartilhem uma certa franja de similitude: o socialismo democrático e a social-democracia.

A social-democracia pretende atuar **dentro** do sistema capitalista, mantendo-o e apoiando intervenções econômicas e sociais que promovam mais justiça social. É o apoio aos sindicatos, a regulação econômica aqui e ali, e o famoso estado de bem-estar social, cujos exemplos mais marcantes são os países nórdicos. Portanto, a social-democracia, que se tornou comum na Europa, com múltiplos partidos, *aceita o capitalismo*, isto é, que os meios de produção permaneçam nas mãos de alguns indivíduos, e busca atenuar os seus efeitos nocivos através da política. É uma aceitação implícita de que o capitalismo será eterno e nada se pode fazer quanto a isso. Olhado pelo viés das conquistas graduais, seus adeptos argumentariam que são avanços na diminuição da desigualdade.

[129] As palavras desvelam. "Mercado", antigamente, era um lugar onde se buscava alimentos – um espaço a serviço da vida. "Mercado financeiro" é onde se vende e compra dinheiro – o alimento de nossa civilização alucinada.

Melhores salários, menor disparidade entre eles, boa educação e assistência de saúde e direitos trabalhistas – mas com a aceitação da desigualdade essencial do capitalismo. O trabalhador ainda à mercê do empregador. O acúmulo ilimitado de riqueza por indivíduos. O fantasma do desemprego.

Já o socialismo democrático tem como ideal uma mudança de modelo. Não mais a posse dos meios de produção por alguns indivíduos, a manutenção de uma elite privilegiada, mas os trabalhadores do mundo[130] dirigindo esses meios e usufruindo de forma igualitária dos bens que eles, afinal, são os que produzem. O fim das castas, do poder da riqueza – da desigualdade artificial que desafia a igualdade essencial de todos os seres humanos. Mas o socialismo democrático objetiva chegar a isso de forma... democrática. Pela conscientização da sociedade, de forma evolutiva, pelo voto, pelo consenso, pela reforma. O largo território dos meios, impreciso e a construir, é proporcional à magnitude dos fins. É a construção de uma nova sociedade, no fim do túnel. Em resumo, igualdade real e não apenas parcial. Não é todo mundo vestindo macacões de brim azul. Mas dignidade para todos, privilégios e abusos para ninguém.

Analisando as duas perspectivas, pode-se dizer que a social-democracia, se pensarmos na Europa basicamente, conseguiu avanços na diminuição da desigualdade. Isso pavimenta o caminho no rumo da igualdade? Por um lado, sim. Na outra face da moeda, embala a ideia de que é aceitável e bom o modelo predatório do capitalismo. Como observa Frei Betto:

> Impõe-se a ideia de que esse modelo de sociedade capitalista neoliberal é o ideal. O que resulta dessa perspectiva? Quer nos convencer que daqui a duzentos ou quinhentos anos haverá *shopping-center*, mercado, Bolsa de Valores, competitividade, porque ninguém ousa imaginar algo diferente.[131]

Ah, essas palavras que soam tão bem – "livre iniciativa"! Significa tão somente que alguém deseja ser *livre para enriquecer ilimitadamente*, sem freios legais (porque morais

[130] Lembremos que *trabalhador*, hoje, inclui todos os níveis de cidadãos, desde os profissionais liberais aos servidores públicos, cientistas, intelectuais etc.
[131] BETTO, Frei. *A mosca azul*. Rio, Rocco, 2003.

já não existem), sem contrapartida para a sociedade, sob a forma de impostos proporcionalmente tão grandes quanto os seus cifrões. "Estado mínimo", ou o ódio ao estado, que é fomentado pelos neoliberais, significa "Não queremos leis ou mecanismos que possam limitar nosso lucro nem os meios que utilizamos para chegar a eles".[132] ISSO, e nada mais que isso, é o significado dessa ojeriza ao Estado – que afinal, não é nenhum ogro: o Estado significa o interesse e os direitos de TODOS os cidadãos, não de uma parte privilegiada. O Estado somos nós! (Luis XIV estava enganado). Quando é que vamos entender isso de uma vez por todas? (Esqueçam a má qualidade dos *agentes* do estado, políticos que temos elegido: isso é outra história. Não deve ser confundida).

Não esqueçamos que o Estado de bem estar social, com o qual acena a social-democracia, pode com facilidade se tornar – ai de nós! – o estado de *bem estar para mim e os meus e os outros que se lixem.* Exemplo? Na Dinamarca, recentemente, o partido social-democrata com a líder Mette Frederiksen, que propôs o clássico bem-estar social escandinavo junto com ideias que seriam impensáveis entre os social-democratas de outros países: ela é a favor de colocar os solicitantes de refúgio em alojamentos no continente africano, sob supervisão das Nações Unidas; e, em vez de integração, reivindica o **repatriamento** de imigrantes europeus e refugiados. Muito solidário, não? O apogeu da *desigualdade: "Eu não tenho nada a ver com esses 'outros'. Somos diferentes, dois tipos diversos de homo sapiens. Voltem para sua terra pra passar fome ou serem mortos que aqui não temos lugar para vocês. Não venham disputar fatias de nosso bem-estar".*

Coisas igualmente horríveis sucederam quando, em 2016, aumentou o fluxo de refugiados sírios *atravessando* a Dinamarca para chegar à Suécia. Tratados como indesejável rebotalho, eram multadas pessoas que simplesmente lhes estendessem a mão.[133] Foi a face nua e crua do liberalismo da

[132] Entretanto, os capitalistas ficam bem satisfeitos de ver o Estado se encarregando de oferecer-lhes segurança, e dar assistência de saúde e educação para seus empregados, assim garantindo que fiquem minimamente saudáveis e elementarmente instruídos para trabalhem *para eles* – tudo isso pago com os impostos de *todos nós*. Só os bônus sem os ônus – uma beleza.

[133] Em 2015, quando aumentou o numero de refugiados da Síria que atravessavam a Dinamarca, o governo de centro-direita suspendeu todos os trens e ônibus do sul do país para a Suécia. As famílias, quase sempre com crianças,

direita rasgando a máscara.

El Pais Internacional, em matéria de 4/6/2016, diz:

> A Dinamarca – outrora uma das nações mais humanitárias do mundo, que resgatou milhares de judeus durante a Segunda Guerra Mundial, que foi a primeira a ratificar a Convenção dos Refugiados (em 1951) e uma das pioneiras em dedicar 0,7% do seu PIB à ajuda ao desenvolvimento –, penaliza os solidários e busca barrar quem foge das guerras e da miséria. "A Dinamarca não quer mais ser um modelo, nem mudar o mundo. Agora, o Governo afirma que deve priorizar o 'interesse nacional', diz Michelle Pace, professora de Ciências Sociais da Universidade de Roskilde.

Eis a face do liberalismo, doutrina que sustenta o capitalismo. Nada mais que egoísmo escancarado.

O Partido Liberal, desde que assumiu o poder, aprovou medidas para endurecer as políticas de asilo, cortou verbas, dificultou a reunião de famílias, aprovou o confisco de dinheiro em poder dos refugiados acima de 10 mil coroas (5.400 reais), medida que foi comparada por muitos à expropriação dos bens dos judeus pelos nazistas.

Essas e outras escancaram o quanto esta humanidade ainda se rege pela lei do mais forte, a lei da selva, herdado do automatismo animal, e que ainda se aninha no inconsciente individual e coletivo. Hoje a força não reside mais no chicote medieval, mas nos mecanismos do poder econômico que submetem os mais frágeis, com igual força de opressão e a mesma quota de desesperança destes. Eis porque nosso ideal, a utopia verdadeira para a humanidade, não pode ser uma meia-sola.

Convivemos diariamente com a violência explícita sob

eram obrigadas a caminhar pelas estradas. Quem os auxiliasse ou desse carona era penalizado fortemente. Uma mulher, Lisbeth Zornig, recolheu uma família com três adultos e duas gêmeas de cinco anos, levou-os a Copenhagen, ofereceu-lhes um lanche em seu apartamento e os levou à rodoviária. Recebeu uma multa de 22.500 coroas (uns 12.150 reais) e estaria sujeita a uma condenação de até dois anos de prisão. Mais 300 pessoas foram condenadas em seguida, pelo mesmo motivo. Uma senhora de 70 anos, Lise Ramslog, levou uma família com um recém-nascido do sul da Dinamarca para a Suécia e foi multada no equivalente a 6.000 reais. Um jovem deu carona a uma família afegã da fronteira com a Alemanha, e foi multado em 2.800 reais.

variadas formas. Mas e a violência silenciosa cometida, sob o abrigo das leis e a sanção do estado, contra os mais frágeis, os despossuídos, os que sustentam nos ombros, com dificuldade e sacrifício, o mecanismo da civilização, espoliados por salários indignos, sem acesso à moradia digna, à educação superior, ao lazer, ao conforto da classe média, sem terra e sem teto, sem creche para os filhos enquanto trabalham, sem...?

> O justo seria todos nascerem com direito à plena cidadania, sem o risco de terem suas vidas abreviadas pela miséria e pela violência. Mas, para isso, é preciso um Estado que renuncie à violência silenciosa e faça do combate à desigualdade social uma prioridade, ainda que desagrade aos donos do dinheiro e do poder. Frei Betto.[134]

Restos da lei da selva

É bom lembrar que cerca de dois terços da humanidade ainda se rege pela lei da selva – "primatas de terno e gravata", como lembra Ramatís. E que o impacto brutal da desigualdade não se limita aos salários. Há violência explícita resultando do poder que concedemos aos detentores do tacape econômico.

Um exemplo diz tudo. Não foi no século dezenove, das árduas lutas operárias com muitos mártires. Sequer no vinte. Foi agora, em pleno século XXI:

> No dia 16 de agosto de 2012, a polícia sul-africana interveio num conflito entre os trabalhadores da mina de platina de Marikana, perto de Joanesburgo, e os responsáveis pela exploração dos recursos, os acionistas da companhia Lonmin, cuja sede fica em Londres. As forças policiais atiraram nos grevistas com munição de verdade; no balanço, 34 mineradores mortos. Como é muito comum nesses casos, o foco do conflito era a questão salarial: os mineiros queriam que sua remuneração passasse de 500 para 1.000 euros por mês. Depois dos trágicos acontecimentos, a empresa propôs, por fim, um

[134] Ibidem

aumento de 75 euros mensais. (Thomas Piketty, op.cit)

Mais um exemplo, bem próximo de nós: ilustra o que ocorre à revelia de nosso mundo de shopping centers e redes sociais engraçadinhas.

De 1995 a 2016, no Brasil, o Ministério do Trabalho, mediante fiscalização, em geral por denúncias, resgatou **52 mil pessoas** trabalhando em *condições análogas à escravidão*. São trabalhadores rurais aliciados sob promessas atraentes, que acabam mantidos em alojamentos insalubres, sem banheiros, sem camas, sem remuneração, jornadas de até 15 horas por dia, têm os documentos confiscados, às vezes sob ameaça de armas, e são obrigados a consumir alimentos de um armazém dos responsáveis, a preços superfaturados, gerando uma conta impagável, que funciona como uma coação adicional. Mas também há casos urbanos (em confecções, p.ex.) Os "empregadores" são pessoas físicas ou jurídicas. Houve, faz alguns anos, um deputado, na região centro-oeste. O filho de uma deputada do ES. Uma conhecida empresa de roupas de griffe. E por aí...

Um levantamento promovido pela ONG estadunidense "*Free the Slaves*" estima um total de 27 milhões de pessoas que trabalham em condições análogas à escravidão no mundo.

Este é o mundo do trabalho no planeta Terra.

Igualdade é não contemporização com o poder da força de qualquer espécie.

Por que Jesus não escolheu nascer romano?

Capítulo 25

Kardec, os espíritos e a igualdade social

> O principio da igualdade é um princípio de justiça e uma lei da natureza, perante a qual cai o orgulho do privilégio. A igualdade é um fato e não apenas uma bela teoria filosófica. Allan KARDEC (OP)

Dos textos de Kardec – do que os Espíritos lhe ditaram e de seus próprios comentários – emergem com clareza ideias essenciais sobre a justiça social, a evolução da sociedade e o nosso papel como cidadãos do planeta para promover a realização do *mundo melhor*.

Vamos trazer à tona essas ideias, que perpassam a corrente do pensamento espírita, sobretudo em *O Livro dos Espíritos* e *Obras Póstumas*, e costumam ser estrategicamente esquecidas – raras as exceções – no universo das obras, cursos e palestras doutrinárias. São algo incômodas, se levadas a sério, porque pressupõem por parte dos espíritas a adoção de uma atitude ética e política incontornável na direção da igualdade – e de rejeição de tudo que lhe for contrário (Nova

Era x Velha Era, pra sermos claros).

Vejamos quais são.

A PRIMEIRA delas: o estado atual de desigualdade social NÃO é natural, não é reflexo da Lei Cósmica, mas uma construção humana fadada a **desaparecer com o progresso**, mudar como mudaram as instituições dos séculos passados:

> P. É lei da natureza a desigualdade das condições sociais? R. Não; é obra do homem e não de Deus.
> P. Algum dia essa desigualdade desaparecerá? R. Eternas somente as leis de Deus o são. Não vês que dia a dia ela gradualmente se apaga? (LE 806)
> O reinado da solidariedade e da fraternidade será forçosamente o da justiça para todos. Virá esse reinado? Duvidar do seu advento seria negar o progresso. (OP).[135]

Isso pode parecer evidente, mas tem sido solenemente ignorado tanto pelos privilegiados do poder econômico, que fazem o possível para dar a entender que a desigualdade é normal e aceitável – que o capitalismo é a única forma de organizar o mundo e fazê-lo progredir e que será eterno – como pelos deserdados, a quem geralmente faltam instrumentos para pensar sobre isso; e pela classe média, literalmente hipnotizada pelos penduricalhos de bem-estar e diversão que o consumismo lhe entrega e, só almejando mais do mesmo, não se preocupa nem ocupa com mudanças, nem com seus semelhantes miseráveis.

A SEGUNDA: a acumulação de riqueza, sempre feita às custas do semelhante (já tratamos disso: ninguém enriquece sozinho) é um abuso e contrária à Lei Cósmica:

> P. Que se há de pensar dos que açambarcam os bens da Terra para se proporcionarem o supérfluo, com prejuízo daqueles a quem falta o necessário? R. Olvidam a lei de Deus e terão que responder pelas privações que houverem causado aos outros.

[135] Todas as citações de obras kardequianas serão doravante indicadas com as abreviações LE = Livro dos Espíritos (com o número da questão) ou OP = Obras Póstumas.

> Os que vivem à custa das privações dos outros exploram, em seu proveito, os benefícios da civilização. Desta têm apenas o verniz, como muitos há que da religião só têm a máscara (LE 717).
>
> ...acreditas que a cobiça da riqueza ... os desejos secretos de possui-la o mais depressa possível, sejam sentimentos louváveis? Isso é o que Deus julga e eu te asseguro que o seu juízo é mais severo que o dos homens (LE 808)
>
> Há homens insaciáveis, que acumulam bens sem utilidade para ninguém, ou apenas para saciar sua paixões. Julgas que Deus vê isso com bons olhos? (LE 883)
>
> ... qual o sinal mais característico da imperfeição? R. O interesse pessoal.
>
> **O apego às coisas materiais constitui sinal notório de inferioridade**. (grifamos)(LE 895).
>
> Só há uma propriedade legítima, a que foi adquirida sem prejuízo para os outros (LE).
>
> Proibindo-nos que façamos aos outros o que não desejaríamos que nos fizessem, a lei do amor e de justiça nos proíbe, *ipso facto*, a aquisição de bens por quaisquer meios que lhe sejam contrários (LE).

E uma declaração definitiva, irretorquível, sobre a culpa de *todo e qualquer homem* que acumular riqueza só para si:

> P. Qual o mais culpado de dois homens ricos que empregam exclusivamente em gozos pessoais suas riquezas, tendo um nascido na opulência... e o outro devendo ao seu trabalho os bens que possui? R. Aquele que conheceu os sofrimentos, porque sabe o que é sofrer (LE 899).

Não se trata de saber se há um inocente e um culpado, mas apenas de estabelecer, entre *dois culpados* – como são todos os privilegiados, do mal da ganância – uma gradação da culpa. Não há escapatória.

Fica cabalmente estabelecido, das respostas insofismáveis dos espíritos a Kardec, que a acumulação de riqueza, de recursos além dos necessários a uma vida digna, do supérfluo, são CONTRÁRIOS À LEI SUPREMA E À ÉTICA CRISTÃ/ESPÍ-

RITA. Por conseguinte, admitir ou apoiar um sistema baseado nisso, que tenha por pedra angular a desigualdade e o lucro egocêntrico, nos coloca em flagrante oposição a essa ética. Nossa opção social e política não deveria jamais contrariar essa linha mestra do cristianismo, aquela de que os primeiros cristãos deram o exemplo mais cabal.

O Nazareno, aliás, deixou o mais eloquente dos discursos com a sua simples opção de nascer filho de um operário e entregar sua mensagem redentora a simples pescadores e aos homens e mulheres do povo mais humilde da Galileia. Podendo nascer de um potentado, ou entre a elite dos filósofos, ele, o governador planetário, fez a opção pelos despossuídos para nos deixar a mensagem clara que até hoje poucos cristãos assimilaram. Os espíritas repetirão essa insinceridade?

A TERCEIRA: é **dever dos homens trabalhar pela reforma da sociedade**, no sentido da justiça social e da igualdade. Isso não cabe a ninguém mais senão a nós, é nossa tarefa:

> Em que consiste a **missão** dos Espíritos encarnados? Em instruir os homens, em lhes auxiliar o progresso; em **lhes melhorar as instituições, por meios diretos e materiais** (grifamos) **(LE 573).**
>
> Não será ele (o espiritismo) que fará as instituições do mundo regenerado; OS HOMENS É QUE AS FARÃO, SOB O IMPÉRIO DAS IDEIAS DE JUSTIÇA, DE CARIDADE, DE FRATERNIDADE E DE SOLIDARIEDADE, mais bem compreendidas graças ao espiritismo (OP).
>
> Eliminai das leis, das instituições, das religiões, da educação até os últimos vestígios dos tempos de barbárie e de privilégios (OP).
>
> À medida que os homens se instruem acerca das coisas espirituais, menos valor dão às coisas materiais. Depois, **necessário é que se reformem as instituições humanas que o entretém e excitam (o egoísmo)** (grifamos)(LE 914).

A QUARTA: O egoísmo é a causa primária de toda a imperfeição da sociedade. É nele, no coração humano, que reside a causa da falência de todas as utopias, de todas as tentativas de criar modelos igualitários de sociedade, e não nos respectivos projetos ou estruturas. A sociedade, distante do cristianismo autêntico, divide-se em exploradores e explorados – Kardec não teve meias palavras (e tio Marx teve razão no diagnóstico):

> Com o egoísmo, prevalece o interesse pessoal, cada um vive para si, vendo no semelhante apenas um antagonista ... que podemos explorar ou que pode nos explorar; ... a vitória é do mais esperto e a sociedade – coisa triste de dizer, muitas vezes consagra essa vitória, o que faz com que ela se divida em duas classes principais: *os exploradores e os explorados* (grifamos) (Viagem Espírita de 1862, Discurso III).
>
> Se a caridade substituir o egoísmo, todas as instituições sociais serão fundadas sobre o princípio da solidariedade e da reciprocidade; o forte protegerá o fraco, em vez de o **explorar** (grifamos). (Ibidem)
>
> O egoísmo e o orgulho... serão sempre os vermes roedores de todas as instituições progressistas; enquanto dominarem, ruirão aos seus golpes os mais generosos sistemas sociais. (OP)

Assim, não é o socialismo/a igualdade, que é ruim, são os homens que não são bons o suficiente, ainda, para o socialismo. Ainda. Mas não para sempre:

> Sendo o progresso uma condição da natureza humana, não está no poder do homem opor-se e ele. É uma força viva, cuja ação pode ser retardada, porém não anulada, por leis humanas más... Assim será, até que o homem tenha posto suas leis em concordância com a **justiça divina**, a qual quer que **todos** participem do bem e não a vigência de **leis feitas pelo forte em detrimento do fraco** (grifamos) (LE 781).
>
> O espiritismo... vem, portanto, apressar a reforma social (Viagem espírita de 1862-Discurso III).

Em síntese, pois, os espíritos declaram que: a desigualdade é um mal; o acúmulo de riquezas é errado; a causa de ambos é o egoísmo; a consequência é a opressão dos fracos pelos fortes, contrária à justiça divina; é missão dos homens encarnados fazer DUAS COISAS PARALELAS: diminuir o egoísmo em si próprios e **reformar as instituições que o instigam e favorecem, eliminando os privilégios.**

Essa última circunstância tem sido sistematicamente esquecida na programação doutrinária do espiritismo pós-Kardec. Deixando de lado – por indiferença, comodismo, egocentrismo? Tudo isso junto? Ou porque não param pra pensar e ninguém lhes diz? – a luta justa, pacífica e democrática pela reforma da sociedade, em benefício dos injustiçados e para podar os privilégios, dando de ombros para a injustiça e a desigualdade imorais que nos cercam, conformam-se os espíritas, em geral, em esperar que caia do céu um mundo melhor e diminua por si mesmo o egoísmo. Mais ou menos com o seguinte raciocínio implícito: "Os homens são egoístas. Só depois que deixarem de sê-lo é que a sociedade será melhor. Portanto, não adianta fazer nada por enquanto. É inútil propor uma sociedade em novas bases, mais justa e igualitária, porque não prosperaria". Falho raciocínio.[136]

Esquecem a outra face da dinâmica evolutiva: *"necessário é que se reformem as instituições humanas que entretém e excitam o egoísmo". Abolir as práticas e estruturas que o alimentam é fundamental, porque elas retroalimentam o monstro, que por sua vez as sustenta.* Com leis e instituições mais avançadas no sentido da justiça social e da igualdade, limitando as práticas abusivas do poder econômico, vai se dando noção aos vorazes e inconscientes de que isso é intolerável. Mal ou bem, com os privilégios sendo cerceados e mudando-se a tessitura social, o egoísmo vai sendo confrontado, diminuído mau grado seu, porque não consegue expandir-se à vontade.[137] Corta-se a garras do dragão, depois se apaga sua

[136] Fosse assim, ainda estaríamos com escravos, no Brasil, porque os barões do café – a elite econômica da época – tudo fizeram para impedi-la. Mas os abolicionistas insistiram e eles acabaram tendo que engolir – não sem muita luta, sobretudo pela palavra, essa arma dos grandes idealistas – Castro Alves & muita companhia).

[137] Chama-se *educação social*. Da mesma forma que ensinamos às crianças valores corretos, estabelecendo limites – p.ex. impedindo ações agressivas ao próximo – o que contribui para criar novos hábitos e despertar os valores melhores. A educação social se faz de forma análoga, pela reforma das práticas, leis, instituições e modelos. Veja-se o cigarro. Primeiro denúncia, depois pressão social, proibições de fumar em uma ambiente depois do outro, e hoje os fumantes remanescentes já são encabulados, uma espécie em extinção. O racismo – que é "o cigarro do século XXI", está seguindo aos poucos o mesmo caminho – graças aos ativistas, aos que protestam, denunciam, não se conformam.

chama e, por fim, acossado e sem território, ele acaba neutralizado e finalmente se extinguirá.

Em outros termos, como lembra Frei Betto sem rodeios, "Para que serve uma religião cujos fieis não se sensibilizam com a fome alheia" (4)? E não se trata apenas de caridade – por certo imprescindível. Repartir o pão; mas entender porque ele sobra a alguns e falta a outros, e importar-se com isso – para que cesse de acontecer. "Ter escapado da pobreza não é prêmio, é responsabilidade para com aqueles que não tiveram igual sorte" – acrescenta Frei Betto.[138]

A desigualdade, leia-se o sistema capitalista, tem os dias contados. O ciclo do egoísmo cego está na contagem regressiva para deixar de presidir à sociedade humana. Sabe por quê? Porque um novo paradigma está por ser instaurado no planeta. Depois de dois mil anos, as sementes da fraternidade estão prestes a se tornar prioritárias. Bem o diz Frei Betto:

> A derrocada do capitalismo não reside na economia, e sim na ideologia. Virá em decorrência da saturação da vontade humana frente à miséria, à desigualdade, à opressão. Haveremos um dia de considerar a pobreza crime tão hediondo quanto a tortura e a escravidão outrora aceitas como lícitas e legais.[139]

Não nos admiremos se for necessário, para isso, chegar ao limite extremo da sobrevivência da humanidade. Léon Denis sintetizou bem: "A desgraça aproximará os homens; só a dor verdadeiramente lhes faz sentir que são irmãos".

[138] Ibidem.
[139] Ibidem.

Capítulo 26

Política? Que coisa detestável...

Não há nada mais político do que dizer que a religião nada tem a ver com a política.
Bispo Desmond Tutu, premio Nobel da Paz.[140]

Na colina de Pnyx, os cidadãos atenienses reuniam-se para participar da Eclésia, a assembleia popular, e votar sobre as leis da Polis.

Não, política não é isso que fazem 90% dos políticos brasileiros e nos enche de desgosto; isso é politicagem.

Política vem da velha Grécia, onde *politeia* era o relativo à *polis*, a cidade. Era tudo que se referia à arte de bem dirigir a comunidade, trazendo bem-estar a seus integrantes. A nobre arte de buscar os interesses comuns.[141] Lá por 500 a.C.

Política, portanto, no plano nacional de um estado ou nas relações entre pessoas, continua sendo isso: a arte de conciliar interesses para buscar o bem comum. É recomendável ser usada em lugar de xingamentos, tapas e similares, ou ações

[140] Desmond Tutu, arcebispo anglicano, foi uma das figuras centrais do movimento contra o apartheid na África do Sul. Iniciou centenas de protestos públicos contra o governo sul-africano, mesmo detendo altas posições no clero. Recebeu o Premio Nobel da Paz, o Prêmio Gandhi e o Premio Albert Schweitzer. Tutu ainda critica os governantes de seu país por *xenofobia*, corrupção e por não terem amenizado os índices de pobreza até hoje.

[141] Na democracia ateniense, primeira e única no mundo por mais de dois mil anos, todos os cidadãos participavam da Ecclesia, uma assembleia que votava as leis propostas pelo conselho chamado Bulé.

subreptícias para levar vantagem.

Está longe de ser só "aquilo que fazem os políticos". Nem se resume a depositar um voto na urna. Qualquer interação social consiste em atitudes políticas. Se dois vizinhos divergem sobre um muro, ou vários se preocupam com os cães que vagueiam numa rua, ou um bairro se ressente da falta de transporte, uma cidade precisa de mais áreas verdes ou atenção aos sem-teto, tudo isso deveria resultar em atitudes *políticas:* as pessoas debatendo e buscando consenso, soluções, e/ou manifestando-se, cobrando de seus *representantes* – OU SE OMITINDO. Deixando rolar e nada acontecendo. Isso também é uma atitude política, e das mais poderosas.

Quando as pessoas decidem não participar da política (atenção: participar não é o mesmo que só reclamar e xingar nas redes sociais), elas também estão agindo politicamente – deixando as coisas ficarem do jeito que estão. É uma atitude de inércia e omissão que os maus políticos eleitos adoram, porque deixa a eles o campo livre para decidirem nossas vidas do jeito que quiserem – normalmente em *seu* benefício, junto com os interesses poderosos dos detentores do poder econômico.[142] E não, política **não** é sinônimo de *política partidária*. É muito mais que isso.

Inevitavelmente, "quem não gosta de política é governado por quem gosta" – ou seja: quem se omite, dá um cheque em branco para os políticos que dirigem o país.

E, como disse Antonio Gramsci, "Tudo é político, inclusive seu silêncio conivente e fantasiado de neutralidade".

E quanto aos religiosos – não os líderes religiosos, mas nós, religiosos de todos os matizes, que seguimos, por exemplo, a ética cristã?

Devemos ser coniventes com o estado geral do mundo, com a desigualdade que o Mestre Nazareno não endossou? OU nos posicionaremos firmemente pela igualdade que ele pregou? Acharemos aceitável este sistema iníquo de privilégios

[142] Exemplo emblemático é o dos agrotóxicos. Todo mundo – nós, povo inerte – sabe que adoecem as pessoas. Por que são licenciados pelo poder público, para benefício exclusivo das empresas poderosas que os produzem, e dos latifundiários que assim garantem seu lucro macabro? Péssima política (comum, ai de nós, a todos os partidos no poder) – resultante da inércia e da omissão dos que "não gostam de política" – a maioria passiva e indiferente de um povo que depois vai lotar os hospitais. Por que na União Europeia muitos deles são proibidos? Há povos que se importam.

e injustiça social, que se perpetua exatamente pela indiferença dos que aceitam sem questionar o mundo que receberam? Não nos cabe uma responsabilidade, como cristãos e inda mais como espíritas/espiritualistas, de assumir, pelo menos, uma diretriz bem clara, apoiando as forças que desejem alterar esta sociedade injusta, opressora de nossos irmãos? Ou continuaremos indo ao centro/grupo/terreiro/sociedade e dormindo em paz enquanto a injustiça se espraia ao nosso redor?

O cristianismo foi uma doutrina revolucionária. Veio para MUDAR o mundo. Você já pensou por que motivo o Império Romano, que sempre aceitou tranquilamente que os povos conquistados continuassem mantendo suas religiões – vide os judeus na Palestina – pouco se lhe dando que adorassem os deuses que quisessem, contanto que ficassem submissos e pagassem os tributos, não admitiu a nova crença cristã? Porque era altamente subversiva: num mundo em que a escravidão era normal, ela afirmava a igualdade de *todos* os homens, e incluía todos como *filhos* do mesmo Deus. Era uma semente perigosa. (A igualdade é perigosa – para os opressores). Cristãos às feras, portanto.

E mais: num mundo em que o orgulho, a arrogância, era o padrão da aristocracia, que não levava desaforo para casa, aconselhar o perdão das ofensas e dar a outra face? Pregar a mansidão e a humildade num mundo violento, regido pela lei do mais forte, e onde o humilhante era *não* reagir às ofensas? Era revolucionário. Pregar a simplicidade – *olhai os lírios do campo* – o compartilhar dos bens, a posse coletiva, como fizeram os primeiros cristãos? Um rompimento radical com o sistema. A cristandade esqueceu isso.

O verdadeiro cristão tem que ser um inconformado com esse mundo que está aí. Se está acomodado, esperando que ele se ajeite por si mesmo, ou pior, apoiando os que o estão tornando pior – será tudo, menos cristão de verdade.

O cristianismo veio para mudar o mundo, mas os homens não estiveram à altura disso. O espiritismo foi a nova chance: *lembrem o que o Nazareno realmente ensinou, espelhado em seus primeiros discípulos.*

> O Espiritismo, doutrina da esperança, não faz o homem sonhar com uma vida melhor só para si,

o Espiritismo é um ideal de sociedade. O verdadeiro espírita é um ser político, ou seja, um cidadão participativo, consciente e, sobretudo, um rebelde.[143]

O espiritismo veio reviver o cristianismo, cuja ética adotou na real essência – não uma acomodação com o velho modelo egocêntrico multimilenar, mas um rompimento radical. "Não se deve botar remendo de pano velho em vestido novo" – alertou o Mestre. Ele pregava um homem melhor para um mundo melhor. Claro que sabia que ia levar mais de 2000 anos para que a consciência coletiva amadurecesse a ponto de se dar conta de que *amar o próximo como a si mesmo* era pra valer – literal e pra todos os fins. Dois mil anos em que foi crescendo lenta e penosamente a noção de igualdade.

Depois de todos os mártires e utopistas, a Revolução Francesa sinalizou o pórtico da Era de Aquário. Ideias generosas rapidamente se sucederam naquele século XIX, como vimos, e na efervescência de uma nova sociedade que fermentava, com a indústria, a ciência e a tecnologia desenhando o modelo da era nova, chegou também a nova espiritualidade, apontando para a fraternidade real de todos os homens: a reencarnação acabou com a ilusão das diferenças e sinalizou a mais democrática das realidades, uma Lei Cósmica que nos reencarna ora nos tronos, ora nas choupanas, de todas as cores e sexos, devendo portanto incitar seus adeptos a promover a mais ampla e generosa das transformações da sociedade.

O socialismo foi contemporâneo do espiritismo; brotaram na mesma época,[144] visando à transformação paralela do es-

[143] PEREIRA, André Andrade. *Espiritismo: um Socialismo-Utópico-Ecumênico - em http://www.koinonia.org.br/tpdigital/detalhes.asp?cod_artigo=422&cod_boletim=23&tipo=Artigo*

[144] Sem esquecer a teosofia, o reviver da Sabedoria Milenar oriental, que trouxe, exatamente na mesma época, outra via de conhecimento das Leis Eternas. E, logo depois, a difusão da ioga, do budismo, e outras correntes reencarnacionis-

pírito humano e de seu cenário material. Duas alavancas poderosas, duas visões libertadoras: a chance da humanidade livrar-se do temor da morte e das penas eternas, por um lado, e por outro, da opressão da lei do mais forte, a lei da selva que induz à desigualdade, ao primitivismo social que nos infelicita. Elas aí estão, as duas sementes da Nova Era. Quando florescerem, sob sua copa se abrigará uma civilização planetária esplendorosa, unindo Oriente e Ocidente sob a égide da ética cósmica do "tudo que quereis que os homens vos façam, fazei-o vós também a eles".

Enquanto isso, não se faz reforma interior nem exterior sem dedicação, interesse, engajamento num projeto de melhoria. E toda atuação de um indivíduo no seu ambiente, seja ativa ou passiva, é política. Quando deixaremos de ter receio das palavras e nos fixaremos nos conceitos? Quando os tivermos bem claros, certamente.

Por exemplo, os conceitos de direita e esquerda, que já analisamos na Revolução Francesa, e essencialmente significam adesão ao projeto *individualista* a qualquer custo ou ao ideal do *bem coletivo* acima de tudo. Não significa, este último, sair por aí de armas na mão destruindo capitalistas (comer criancinhas, como diziam dos comunistas, ficou *démodé*, mas suspeito que persiste no imaginário inconsciente do povo brasileiro). Significa, com democracia, lutar pela igualdade e ser solidário com os excluídos. Pode ou não implicar partidos políticos (que, aliás, nada adiantarão sem real idealismo do bem coletivo, em vez de simples projetos de poder). Imprescindível ainda citar Frei Betto:

> O que é ser militante de esquerda? É manter viva a indignação e engajar-se em prol de mudanças que façam cessar a marginalização e a exclusão. Segundo o critério de Norberto Bobbio, jamais aceitar a desigualdade social como tão natural quanto o dia e a noite, como faz a direita.[145]

Naturalizar a desigualdade e conviver tranquilos com a miséria, como se não houvesse alternativa, é o que nos faz continuar num mundo onde os 20 homens mais ricos do mun-

tas, todas idênticas em essência, porque a verdade é uma só.

[145] Ibidem

do chegaram ao final de 2020 tendo acumulado 24% a mais de fortuna que um ano antes da pandemia, somando 1,77 trilhão de dólares – enquanto 11 milhões de pessoas da África do Sul dormem com fome todos os dias, um terço da população ativa está desempregada, e quase 50% dos lares não tinham mais como comprar alimentos em abril de 2020, no início da pandemia.

Entre quais deles o Nazareno sentaria, se estivesse de retorno a este mundo?

O modelo neoliberal amado pelos insaciáveis – livre e ilimitada iniciativa, nenhum controle do estado, enriquecimento infinito – é o que permite, por exemplo, que durante uma pandemia como a da covid-19, os fabricantes de um medicamento essencial para a intubação dos infelizes pacientes das UTIs, o qual está prestes a faltar nos hospitais neste março de 2021, e que custava no início da pandemia (março de 2020) **2 reais** – dois reais! – o frasco, esteja custando agora **20 reais** – vinte reais! (Notícia da imprensa do RS). Semelhante ganância desumana, monstruosa – o lucro encharcado da dor alheia – nos revolta? Ele se multiplica, todo dia, em todos os quadrantes do planeta, em variadas modalidades. Graças à "livre iniciativa de lucrar sem freios".

E nós permitimos, por ação ou omissão, que esse sistema e seus beneficiários mais insensíveis durmam tranquilos, sem sequer precisarem lavar as mãos. Pilatos ao menos se encabulou um pouco ("Lavo as mãos do sangue desse justo").

Capítulo 27
Mensagem: cristianismo e socialismo

Não deveis julgar a generosa ideia do socialismo pelas tentativas contemporâneas de algumas nações que com ele se rotulam. Considerá-las modelo do socialismo seria o mesmo que alguém que nada soubesse do cristianismo buscasse entendê-lo pelos modelos das religiões cristãs; chocado com a soberba, a opulência, as cruzadas, a Inquisição, os conchavos políticos, o radicalismo, as lutas religiosas e os dogmas inventados pelos homens, é certo que iria concluir ser ela a mais perniciosa das doutrinas. E assim com todas as ideias nobres que foram trazidas à humanidade: forçoso é distinguir entre a ideia, a proposta idealista, e as aplicações nem sempre dignas, raramente coerentes com aquela e com frequência deturpantes dela.

As deformações que tem sofrido o ideal muito cristão do socialismo, em modelos de vossa sociedade moderna, como o totalitarismo, a violência (chegando até a crueldade), o desrespeito à liberdade dos cidadãos e o divórcio da democracia, devem ser atribuídos exclusivamente aos homens que, cobertos pelo manto de um suposto socialismo, deram vazão às falhas e limitações de seu espírito: o personalismo, a embriaguez do poder, o orgulho, a dureza, o egoísmo, a ausência de solidariedade e verdadeira empatia. O que poderia ter se tornado um avanço na direção de um mundo melhor, mais justo e mais fraterno, acabou se tornando o espelho das paixões personalísticas dos homens. Os líderes, sim: mas seus povos tampouco tinham um grau mais avançado de compreensão moral que os fizessem recusar esses modelos e exigir algo melhor e um conteúdo mais coerente com o rótulo do que lhes impunham.

Os povos, sim – têm o governo que merecem.

Mas o socialismo não merece que o avaliem pela balança imperfeita do coração dos homens que dele têm se apropriado, sem estarem à altura de seu elevado ideal.

Quereis avaliar a doutrina cristã? Escutai apenas as palavras do Mestre, não as de seus seguidores. Quereis julgar os modelos de cristianismo? Não busqueis Torquemada, o inquisidor, mas Francisco de Assis.

Alguém ousaria dizer que o cristianismo já pôde ser vivido realmente por alguma sociedade humana? E no entanto ele tem dois mil anos de ensaios. Um dia, é bem certo, acabará sendo a essência da filosofia, da ética e do código moral e civil do planeta – apenas e tão somente quando o grau evolutivo dos homens o permitir e desejar.

Assim também o será o socialismo, que nada mais é – luminosa utopia – que a concretização, no modelo social de uma comunidade, daqueles princípios de igualdade e fraternidade pregados pelo Mestre Galileu e por todos os grandes Enviados do planeta. Mas para isso, forçoso é que exista o percentual necessário de espíritos suficientemente esclarecidos para desejarem viver concretamente numa sociedade solidária, sem privilégios, fraterna e igualitária (como ensaiaram os primeiros cristãos), onde os bens da vida e os frutos do trabalho beneficiem a todos igualmente; onde o conforto e o bem-estar de um sejam os de todos; onde ninguém precise ostentar supérfluos para afetar superioridade; onde não se conheça a febre malsã do consumismo e da acumulação para disfarçar o vazio interior da falta de espiritualidade e verdadeiro amor. Onde as criaturas trabalhem como o artista cria: com alegria e dedicação. Onde ninguém será avaliado por nenhuma condição exterior, mas tão somente pela nobreza de sua alma. Onde, finalmente, a liberdade, a igualdade e a fraternidade sejam reais e palpáveis, nos códigos como nos corações e nas atitudes.

Estais prontos para viver numa sociedade assim? Se tal for o vosso sonho, a vossa vontade e o vosso ideal, então sim, meus amigos, poderíeis dizer que sois verdadeiros socialistas e, por conseguinte, cristãos e espíritas, porque aquele termo é sinônimo destes. E não imagineis que seja fácil: tão difícil é realizarmos o verdadeiro socialismo quanto o ideal cristão.

O verdadeiro socialismo é o cristianismo encarnado no modelo social, realizado finalmente em toda sua beleza e simplicidade. Um grau mais próximo da perfeição para este belo planeta azul que a Divindade nos concedeu para sermos felizes nele. A única condição é que a nossa felicidade seja também a de todos os nossos irmãos.

Ramatís

Capítulo 28
Socialismo e espiritismo

Léon Denis, o apóstolo

Léon Denis, um dos maiores, senão o maior dos líderes do espiritismo depois de Kardec, chamado de "o apóstolo do espiritismo", escolheu voltar à Terra, naquele momento chave, em uma família modesta do interior da França, na região da Lorena. Pai trabalhador, ele também com 12 anos já auxiliava a família com trabalho manual árduo. Por isso, não pôde fazer senão estudos elementares, mas desde jovem amava os livros e foi um autodidata impressionante, culto, escritor primoroso. Espírito lúcido e amadurecido, tornou-se espírita depois de ler dois livros de Allan Kardec, achados numa livraria. Encontrou-se três vezes com Kardec, em vida. Foi infatigável divulgador da doutrina, escrevendo continuamente, produzindo diversos livros fundamentais, proferindo conferências em vários países, supervisionando a Revista Espírita, e foi reconhecido como a grande referência do espiritismo na França, sendo presidente de honra da União Espírita Francesa, membro honorário da Federação Espírita Internacional e presidente do Congresso Espírita Internacional de Paris, em 1925. Foi grande orador, que sabia falar ao coração como à razão dos ouvintes.

De sua especial ligação espiritual com Kardec falam com clareza dois fatos. Léon Denis foi o único, que se saiba, a receber mensagens espirituais do Codificador desencarnado, no grupo espírita que mantinha em Tours; mensagens enfeixadas ao final de sua bela obra *O gênio celta e o mundo invisível*.[146] Além disso, um detalhe marcante: ele chamava-se

[146] Ed. do Conhecimento, Limeira, SP, 2015.

LÉON DENIS, enquanto Kardec se chamava Hippolyte LÉON DENIZard Rivail. Impossível um acaso.

Os três espíritos amigos

Referimos, no capítulo cinco deste, a ligação de três espíritos que foram precursores da Reforma Protestante e lutadores empenhados no retorno da fé à essência do cristianismo, contra os dogmas e abusos com que a Igreja a tinha obscurecido; três almas unidas pelo mesmo ideal, que retornaram ao planeta para uma tarefa excepcional: John Wycliffe, Jerônimo de Praga e Jan Huss. John Wycliffe, autor das obras e teses que, levadas da Inglaterra por Jerônimo, foram ressoar em Jan Huss, que se tornou um paladino das mesmas ideias. Vultos capitais da renovação das ideias religiosas. E aqui temos também um paralelismo interessante: JOÃO Wycliffe e JOÃO Huss. Acaso também? Hum...

Agora vejamos seu retorno no século XIX, no surgimento do espiritismo.

Jan Huss veio a ser Kardec. Jerônimo de Praga, desencarnado, era... o espírito-guia de Leon Denis!(Revelou-se numa sessão feita no dia de finados). E este, quem seria? Este, que trazia no nome um selo excepcional de afinidade com Kardec?

Há uma hipótese, que entendemos totalmente verossímil e mesmo incontornável, que foi levantada por Luzia Helena Arruda no prefácio da obra *Léon Denis na intimidade*[147] (escrita pela secretária dele), e que, após mencionar a encarnação de Kardec como Jan Huss, conclui: "Tal revelação nos permite, olhando para estas vidas interligadas, concluir que Léon Denis... tenha sido, naquela momento da pré-Reforma, ninguém menos que John Wycliffe!"

A mesma ideia aparece em um artigo de Wallace Leal Rodrigues, dedicado a Jan Huss:[148] "Quem fora Denis? Dizia e escrevia ele que fora *um monge com muito de guerreiro*. E eu me atrevo a concluir que ele se referia a John Wycliffe".

Sim: ali estava Jerônimo de Praga como seu espírito guia,[149] o mesmo Jerônimo que fizera a ponte entre Wycliffe

[147] BAUMARD, Claire. *Léon Denis na intimidade*. RJ, CELD, 2011.

[148] *http://jornalcienciaespirita.spiritualist.one/joao-huss-na-historia-do-espiritismo/*

[149] Léon Denis, em *O gênio celta e o mundo invisível*, fala dos seus espíritos familiares: "Sei que essas almas constituem minha família espiritual. **Laços**

e Huss. O triângulo se completava outra vez, para uma nova missão em que iriam lutar pelo retorno à essência original do cristianismo, agora revivendo na doutrina dos espíritos.

Léon Denis reproduz o perfil do combativo monge inglês, também ele autor de várias obras, também um pregador infatigável, tradutor da Bíblia para o inglês, estudioso e erudito. Denis, quase um monge laico, inteiramente dedicado por 50 anos à difusão do espiritismo, culto, estudioso, inteligente...

Também no passado remoto?

Uma obra psicografada – *Jornada dos Anjos* – do espírito Lucius à médium Sandra Carneiro[150] traz o recorte de algumas vidas de um grupo de espíritos afins, da Constantinopla do século IV à Praga do século XV, época de Jan Huss. Descreve a figura e a atuação de Jan Huss e de Jerônimo de Praga, e menciona John Wycliffe – e declara ter sido este, no século IV, Arius, que era presbítero em Alexandria, cujas ideias trouxeram grande controvérsia à incipiente comunidade cristã, contradizendo a teoria da Igreja primitiva de que Jesus era o próprio Deus em si. Árius sustentava que só existe um Deus e Jesus é seu filho e não igual ao Divino. Sua teoria, conhecida como arianismo, foi condenada no Concílio de Niceia, em 325, como heresia, seus livros queimados e decretada pena de morte a quem os possuísse. Não conhecemos outras fontes dessa informação, mas ela é plenamente razoável e bastante coerente com o perfil psíquico de John Wycliffe-Léon Denis: um espírito lúcido, pronto a contestar dogmas incoerentes, combativo seguidor do cristianismo e vulto histórico marcante.

Não ficaria completa a hipótese das anteriores encarnações do mestre Denis sem lembrarmos que seu grande devotamento à herança celta da velha Gália, que resultou na obra *O gênio celta e o mundo invisível*, nos denuncia intuitivamente uma passagem indubitável por esse antigo povo, aqueles reencarnacionistas cheios da sabedoria de seus druidas, onde também Allan Kardec pontificou como... Allan Kardec, o druida-chefe. Foi para essa obra do velho amigo que Kardec veio ditar, mediunicamente, alguns mensagens sobre o tema, que constam ao final do livro. Colegas de druidismo, sem dúvida

muito antigos me unem a eles...". (grifamos).

[150] CARNEIRO, Sandra/espírito Lucius. *Jornada dos Anjos*.

– essa sabedoria oculta que deixou, nas terras da Gália, uma semente para preparar energeticamente a eclosão futura do espiritismo.

Léon Denis e o socialismo

Em 1924, Denis começou a publicar na Revista Espírita alguns artigos sobre o socialismo. Pouco depois, numa das sessões mediúnicas em sua casa, o médium (que sequer se interessava por aqueles assuntos) transmitiu a seguinte mensagem dos seus guias: "**Somos nós que te inspiramos teus artigos sobre o socialismo. Eles têm um enorme alcance**".[151]

Posteriormente, esses artigos foram reunidos num livro, *Socialismo e Espiritismo*,[152] que constitui um momento único na oceânica bibliografia espírita. Escrito por quem foi, tem um significado ponderável. Ficou como um farol, um norteamento inspirado *pelos espíritos* naquela época de constituição do espiritismo. Por que será que a Espiritualidade fez questão de deixar esse tema inscrito nas obras do *apóstolo*, como que talhado no mármore das fundações da doutrina?

Decerto não por acaso. Denis já era idoso – 78 anos – tinha perdido a visão, dependia de uma secretária para ditar seus textos, e em abril de 1927 desencarnaria. O emprego de sua energia tinha que ser seletivo. Mas os espíritos fizeram empenho de lhe inspirar os artigos, e o sublinharam . Devemos entender que eram de vital importância.

E eram.

Aí estão, solenemente colocados nos pórticos do espiritismo, para apontar o caminho da evolução social da humanidade, a fim de que os espiritas soubessem a que ideal aspirar, em que sentido trabalhar com vistas à construção do mundo melhor.

Léon Denis, tendo escolhido naquela existência partilhar desde cedo os árduos caminhos de seus irmãos da massa trabalhadora, possuía a experiência vital para dar-lhe consciência do que significava a ideia socialista, e qual a relação essencial que guardava com o espiritismo. Aquela que Kardec preconizava, no sentido da reforma social prevista para o planeta:

[151] In *Léon Denis na intimidade*.
[152] DENIS, Léon. *Socialismo e Espiritismo*. Limeira, Ed. do Conhecimento, 2018.

> Por sua poderosa revelação, o Espiritismo vem, pois, apressar a reforma social... porque alarga o horizonte moral limitado à Terra... As vaidades, as ambições terrenas tornam-se puerilidades... Prendendo-nos menos às coisas terrenas, menos nos satisfaremos a expensas dos outros, donde uma diminuição no sentimento do egoísmo (*Obras Póstumas*).

Por que então, cabe perguntar, esse livro é tão pouco lido, mal conhecido, jamais estudado nos centros espíritas, foi ignorado pela FEB nas publicações das obras de Denis? Era desimportante, menos inspirado pela Espiritualidade? Ou ele traz consigo a inquietante responsabilidade, para os espíritas, de se direcionarem ideologicamente para um modelo do mundo melhor fundado na igualdade, na justiça social e no fim da opressão de partes privilegiadas sobre outras? Isso acarreta, se formos olhar sem rodeios, uma opção política irretorquível de apoiar, não programas neoliberais de sustentação do capitalismo, mas ideias progressistas voltadas para a diminuição da injustiça, amparo aos despossuídos e à massa trabalhadora que sustenta a sociedade – os mais fracos. Não há meio-termo. Ou aspiramos ao socialismo do Cristo, à igualdade como ideal, ou sustentamos o reino de mamom, que aí está, lépido e faceiro, com as rédeas da sociedade na mão – exatamente onde as mantemos com nossas opções. Pensemos.

Quanto às ideias de Léon Denis nesse livro emblemático, nada melhor do que "ouvi-lo" diretamente; então é preferível uma "entrevista" onde elas se apresentem,[153] em suas concepções originais. Ouçamo-lo:

– Caro monsieur Denis, poderia dizer-nos se existe um vínculo entre o socialismo e o espiritismo?

- Espiritismo e socialismo estão unidos por laços estreitos, pois um traz ao outro o que lhe falta mais, quer dizer, os elementos de sabedoria, de justiça, de ponderação, as altas verdades e o nobre ideal sem os quais ele (o socialismo) corre o risco de permanecer impotente ou de soçobrar na anarquia.

– Qual é a essência desse vínculo? O que pode o espiri-

[153] Todas as respostas em itálico são citações literais de Léon Denis em *Socialismo e Espiritismo*.

tismo acrescentar ao socialismo, em sua visão?

- *Ele oferece ao socialismo uma base e uma sanção, demonstrando que os princípios de solidariedade, de fraternidade e de justiça, que são sua essência mesma, encontram-se nas leis universais e são a regra dos mundos superiores.*

– E como exatamente, por que formas, a crença espírita poderia influir sobre as ideias sociais?

- *O espiritismo pode influir poderosamente sobre a economia social e a vida pública, pois sua concepção da existência vem facilitar o desenvolvimento da solidariedade. O homem se sente mais unido a seus irmãos, sabe que não pode evoluir senão com eles, e daí a eclosão das ideias generosas que têm sido consideradas até aqui como utopias e que poderão, graças a essa noção da vida evolutiva, passar para o domínio dos fatos. ... Ele traz-nos esta noção sublime da grande família humana; a fraternidade das almas.*

– O espiritismo trouxe uma explicação nova e mais racional sobre o sofrimento humano. Onde entraria aí o propósito do socialismo?

- *É a vontade de fazer cessar ou, pelo menos, de diminuir o sofrimento humano,* é o desejo intenso de por fim às iniquidades sociais *que inspira o socialismo sob suas formas variadas* (grifamos).

– Como vem a despertar na alma humana esse sentimento de solidariedade e empatia com toda a humanidade? O espiritismo nos permitiria melhor compreender isso? Como?

- *Na longa sequência das existências percorridas, mil circunstâncias nos levam a entrar em contato com os outros seres, a viver sua vida, a participar de seus esforços, de seus trabalhos, de seus prazeres e suas dores. É assim que, atra-*

vés dos séculos, tecem-se os laços que nos amarram à massa humana. Tudo o que a afeta nos toca, tudo o que a fere nos atinge. A solidariedade nos aparece larga e poderosa, diferente do que com as pálidas teorias materialistas.

– O que diria o senhor sobre as experiências do Leste Europeu, suas contemporâneas?

Os revolucionários violentos, que pretendem fundar a ordem social no sangue e sobre ruínas, apenas estão cegos e perdidos. A harmonia social não pode se estabelecer senão sobre a justiça, a bondade, a solidariedade.

– Sua adesão ao socialismo, então, tem um viés específico?

Reprovo o socialismo materialista que semeia o ódio entre os homens e, por conseguinte, permanece infecundo e destrutivo. Sou evolucionista e não revolucionário.

– Qual é a sua proposta, então, em síntese, para reformar a ordem social?

- Para regenerar a ordem social, o espiritismo, o socialismo e o cristianismo devem se dar as mãos; do espiritismo pode nascer o socialismo idealista. Não aceito o socialismo sem a doutrina espiritualista que o tempera, abranda-o, remove-lhe todo caráter de áspera violência.

– Muitos espíritas pensam que o objetivo do espiritismo é tão somente induzir à famosa *reforma íntima*, e não atuar sobre o meio social. Acreditam que a atuação política, no sentido mais amplo de melhoria da sociedade, não lhes cabe. O que diz?

- A reforma do indivíduo deve conduzir à reforma da coletividade, de maneira a que todo triunfo do homem sobre si mesmo repercuta sobre seu entorno e que os progressos do conjunto reajam sobre cada indivíduo. **É trabalhando para a elevação dos outros que trabalhamos o mais eficazmente para elevar a nós mesmos**. *...e aumenta em nós e em torno de nós essa noção essencial de fraternidade que nos liga todos uns aos outros* (grifamos).

– Na democracia ateniense, entendia-se política como a arte de tornar melhor a *polis*, a cidade, através de leis que beneficiassem a coletividade. De que forma se deverá, na nova era que se avizinha, fixar um modelo social definitivo? Qual deverá ser a sua base?

- *Para construir a cidade futura, para fixar a lei social definitiva, é preciso, antes de tudo, conhecer a lei universal de justiça e tomá-la por guia.*

– Sendo a lei divina, em essência, justiça e da igualdade, o senhor acredita que o socialismo, que as tem como ideal, venha a ser o modelo futuro da sociedade?

- *O socialismo do porvir será* o socialismo espiritualista. Só ele poderá dissipar os preconceitos de castas, de raças, de cores, de religiões e fazer nascer um sentimento profundo de fraternidade humana (grifamos).

– Então, no futuro, o senhor acredita que tanto os princípios espíritas como os do socialismo estarão implantados, lado a lado. Qual seria a relação essencial entre os dois?

- *Poder-se-ia dizer que o espiritismo não é senão o socialismo etéreo.*

– Sendo a humanidade ainda tão inexperiente em concretizar o ideal de igualdade e fraternidade de forma prática, como o senhor acredita que isso poderá ser feito na Nova Era?

- *Em breve, nós entraremos em relação com as sociedades do espaço e receberemos delas exemplos e lições.*

– A igualdade tem sido uma luta de séculos, e são inúmeras as tentativas de implantá-la na Terra. Por que não se conseguiu até hoje, uma vez que ela corresponde à justiça divina e está no sentido da evolução?

- *As leis da evolução são soberanas, mas essa evolução não pode ser senão lenta e gradual.*

– Pode-se dizer que o cristianismo inicial foi o exemplo mais puro de socialismo, o que primeiro se instalou no mundo civilizado; isso é consenso entre os estudiosos. Há algo que nos indique ser esse ideal o que corresponde à lei divina, tal como foi ensinada pelos grandes Enviados, incluindo o Mestre Jesus?

- *Os grandes missionários espirituais foram, a títulos diversos, grandes socialistas.*

– Monsieur Denis, agradecemos sinceramente por sua contribuição, não só à presente entrevista, como a trazida por sua obra corajosa, necessária e única para as bases do espiritismo, onde permanece como um farol esclarecedor. Qual a palavra final que gostaria de deixar aqui?

Quero enviar um pensamento fraternal a todos aqueles que se dobram sob uma rude tarefa, sob o fardo de suas provas; ao minerador enterrado sob o solo, ao trabalhador dos campos curvado sobre seu duro sulco, ao marinheiro na tempestade, ao metalúrgico, ao fundidor, ao vidraceiro que, sob o ardente hálito dos fornos, criam os mil objetos necessários à civilização. Não esqueço a mulher, essa mãe da humanidade, companheira fiel de nossos trabalhos e de nossas penas, que nos deu a vida e nos sustenta, consola-nos nas horas difíceis.

A todos envio um fraternal pensamento, pois fraternidade é a palavra mágica, o princípio que resolverá todos os problemas sociais e que, do caos das paixões, fará surgir um mundo novo.

Capítulo 29

Um modelo para o futuro da terra

> O socialismo é o regime social que reina provavelmente nos mundos superiores, onde todos trabalham para cada um e cada um para todos em um espírito de abnegação, de devotamento absoluto a uma causa comum.
>
> Léon Denis

Ramatís, ao ditar em 1949, pelo médium Hercílio Maes, *A vida no planeta Marte e os discos voadores,* tinha um objetivo explícito. Ele o faz entrever claramente quando diz:

Marte é um grau sideral à vossa vanguarda e é, também, a vossa futura realidade espiritual.[154]

Ele nos endereçou um *modelo para o futuro.* Algo que nos servisse de referência para a formulaçao da nova sociedade planetária que terá que ser edificada gradualmente, em novas bases, após a Transição Planetária já em curso. Portanto, essa obra, mais do que mera informação (que já seria ótima) sobre nossos vizinhos do sistema, significa um roteiro.

Em outros termos: a evolução das sociedades humanas tem uma trajetória básica que não muda, no sentido da adequação progressiva à ética da Lei Cósmica. A qual se resume em *fraternidade* - da qual decorre a *igualdade*.

Mas há vida no planeta Marte?

A Espiritualidade Maior atua com projetos de longo alcance e minuciosamente programados. Um tema de suprema importância como esse teria que merecer cuidadosa constru-

[154] Ramatís/Hercilio Maes. *A vida no planeta Marte e os discos voadores.* Limeira, Ed. do Conhecimento, 1999.(Todas as citações da obra estarão em itálico).

ção para ser trazido ao plano dos encarnados. E assim foi.

Somente dois médiuns, em todo o universo dos sensitivos espíritas do Brasil – somente dois! – foram autorizados a receber descrições da civilização marciana: Chico Xavier e Hercílio Maes. Para não deixar dúvidas.

De sua própria mãe, Maria João de Deus, sob orientação de Emmanuel, Chico Xavier recebeu *Cartas de uma morta*, e do Irmão X, *Novas Mensagens,*[155] e as descrições que ambas as obras trazem da civilização marciana ajustam-se milimetricamente àquelas contidas na obra de Ramatís/Hercilio Maes. Apenas, sendo uma obra específica, esta oferece maiores detalhes.

Portanto, diante do aval dessa equipe – Ramatís, Emmanuel, Mãe do Chico, Irmão X, Chico Xavier e Hercílio Maes, não há como argumentar: há, sim, vida, e mais: uma civilização avançada no planeta Marte.

Mas onde está a civilização marciana?

> Por várias centenas de anos, os matemáticos repetiriam esse erro simples, mas fatal, de afirmar que a quarta dimensão não pode existir porque não a podemos figurar nas nossas mentes.
>
> Michio Kaku[156]

A cada época, o seu degrau de conhecimento. Marchando

[155] Respectivamente: XAVIER, Francisco Cândido/Maria João de Deus, *Cartas de uma morta*, SP, Lake, 1973, e XAVIER, Francisco Cândido/Irmão X, *Novas Mensagens*, RJ, FEB, 1985.

[156] Conhecido físico, professor da Universidade de Nova Iorque e autor de diversas obras de divulgação científica.

paralelamente às últimas teorias da astrofísica, o Plano Maior começou a liberar novas informações que permitem levantar a ponta do Véu de Isis que encobre o mistério do Cosmo. E foi exatamente Ramatís – aquele que sempre se caracterizou em suas mensagens por desvendar novos horizontes de conhecimento, nunca compactuando com o "já sabido", quem se propôs a desvendar o que se configura como uma verdadeira revolução em nossas concepções da estrutura do Universo.

Em 2016, na obra *Missão Planetária*,[157] ditada ao médium Sávio Mendonça, Ramatís trouxe exatamente um espírito marciano, Hamod (conhecido de longa data de trabalhos espirituais), para transmitir a informação que desvenda um cenário ignorado, mas real, da constituição do Universo: **o plano físico tem diversas dimensões**! Sim, à semelhança do plano astral, com seus diversos níveis (trevas, umbral, astral médio, superior etc), que seriam como as "dimensões" dele, o nosso velho mundo físico também, como as cascas sobrepostas de uma cebola cósmica, comporta vários níveis dimensionais – embora dele, até agora, só tenhamos intimidade com o primeiro nível, este onde se desenrola ostensivamente a epopeia da evolução terrícola.

E é Hamod quem elucida, sobre a localização da sociedade marciana:

> O planeta Marte é um ano cósmico mais velho que a Terra. Há aproximadamente 12 mil anos atrás... nossa vida também existia na primeira dimensão física, qual ocorre atualmente no vosso orbe. Passamos por grandes transformações físicas e, aos poucos, fomos migrando para a quarta dimensão, onde nos encontramos atualmente.

O mais curioso é que a física de ponta, por alguns de seus maiores expoentes, está chegando às mesmas conclusões: o Universo físico deve comportar outras dimensões além desta. A teoria da cordas, a mais recente das grandes teorias da física, mostra que não há escapatória: *tem* que existir esse conjunto de outras dimensões, o chamado hiperespaço, que vem para desencadear uma verdadeira revolução em nosso conceito do

[157] MENDONÇA, Sávio/Ramatís e outros. *Missão Planetária*,2016. Limeira, Conhecimento.

Cosmo. "Uma revolução científica criada pela teoria do hiperespaço que afirma a existência de dimensões além... das de espaço e tempo comumente aceitas", afirma Michio Kaku.[158]

Então, vamos convir que não há alternativa: como os cidadãos do século XVII, confortavelmente instalados sobre a teoria geocêntrica, de repente obrigados a aceitar a incômoda realidade de que a Terra não era o centro do Universo, sequer do Sistema Solar, vamos ter que reacomodar nossa concepção do Cosmo para incluir essas novas dimensões, com todas as suas imensuráveis possibilidades. Elas vão se tornando cada vez mais incontornáveis, à medida que novos dados surgem sobre a imensidão estelar.[159] E nelas deve se situar uma infinidade de civilizações, Universo afora.

E é numa dessas dimensões, portanto, que se situa, tendo migrado há tempos para lá, a civilização do planeta Marte – nosso vizinho e irmão mais velho na Escola Sideral, em que podemos nos espelhar para nosso *próximo ano* nesta velha escola terráquea.

Modelo social marciano

> Se falamos dos mundos felizes, é para que o planeta terreno seja igualmente venturoso. Assim como Marte ou Saturno já atingiram um estado mais avançado em conhecimentos, melhorando as condições de suas coletividades, o vosso orbe tem o dever de melhorar-se, avançando, pelo aperfeiçoamento de suas leis, para um estágio superior.
>
> Emmanuel[160]

[158] E ele acrescenta: "Há um crescente reconhecimento entre físicos do mundo inteiro, entre os quais vários contemplados com o Premio Nobel, de que o Universo pode realmente existir num espaço de maior número de dimensões. Nos meios científicos, a teoria do hiperespaço é conhecida como a teoria Kaluza-Klein. Esta teoria já está a esta altura firmemente estabelecida como um ramo legítimo da física teórica contemporânea.", KAKU, Michio. *Hiperespaço*. RJ, Rocco, 2000.

[159] Veja-se a matéria escura do Universo: os astrônomos sabem que existe, só não se sabe exatamente o que é. É matéria: revela-se porque exerce uma força gravitacional; chama-se de escura porque não emite luz nenhuma. A energia escura, já detectada por seus efeitos, tampouco se sabe exatamente o que é. Mas ambas constituem, de fato, 95,1% da substância total do Universo; aquilo que vemos (todas as galáxias e astros) é somente 4% dela. Será que esses 95,1% que estão por aí, em algum lugar, não estariam nas *outras dimensões físicas* do Cosmo?

[160] In *Emmanuel*, RJ, FEB, 2008.

Para montar um panorama sucinto da sociedade marciana, tal como nos desenha a obra de Ramatís, a premissa básica é entender que se trata de seres distanciados do egoísmo, fundamentalmente fraternos e solidários. Já atingiram o nível espiritual em que o bem comum da coletividade é sua maior motivação. Não possuindo mais impulsos de ganância, orgulho de posse, ambição de poder, porque já introjetaram de forma permanente a certeza da vida imortal, da transitoriedade das existências, e de que as verdadeiras alegrias passam pelo afeto e o compartilhamento da felicidade e não pelo acúmulo de quinquilharias ou supérfluos. Em suas almas bondosas não há lugar para competição de qualquer sorte. E o trabalho, para eles, não significa obrigação, mas alegria criadora e de participação no bem comum.

O universo do trabalho, em Marte, é claramente socializado. *A finalidade do trabalho, em Marte, visa à riqueza coletiva, em que cada indivíduo constitui valiosa peça da maquinaria harmoniosa do bem comum. Não há... iniciativas ou constituições à parte com fins lucrativos pessoais, que venham a formar quistos de interesses privilegiados na comunidade. Todo esforço individual é sempre a favor do conjunto disciplinado do Estado.*

O trabalho industrial

Marte é um planeta industrializado, em que dois terços da população participam da produção dos mais variados bens. *Produz tudo que é necessário ao sustento de sua humanidade, através dos mais avançados processos, em gigantescos parques industriais.* Os ambientes de trabalho são floridos, perfumados, com iluminação colorida. *Há intensa preocupação do governo em proporcionar ambiente agradável e estimulante da paz e alegria, que são fundamentos gerais da vida marciana.*

Naturalmente, pelo nível de progresso científico e tecnológico marciano, desapareceu o trabalho braçal. Mais que automatizado, o trabalho mecânico é todo controlado por um tipo de computadores avançadíssimos, com atuação no plano etérico[161] e o papel do pessoal nas industrias é mais de con-

[161] À época (1949) mal tinham surgido na Terra os primeiros computadores, enormes, chamados de "cérebros eletrônicos". Para possibilitar uma compreen-

trole. *Todo o controle central de qualquer indústria marciana deriva-se fundamentalmente do "cérebro magnético-etérico" que controla, por sistema remoto, a complexidade das operações próprias do gênero que comanda. A função costumeira dos trabalhadores, técnicos, fiscais ou engenheiros especialistas restringe-se ao exame intermitente do funcionamento da aparelhagem, que se movimenta silenciosa, disciplinada e sob a ação da maior realização marciana, que é o "cérebro magnético-etérico".*

Ainda bem que já existem *neste* planeta experiências práticas de interface cérebro-computador,[162] que hoje podem nos fazer compreender o que, à época do livro, poderia ter parecido fantástico, quando Ramatís informava: *Tememos que a nossa elucidação se vos afigure um exótico conto de fadas, mas devemos vos comunicar que esses "cérebros magnéticos-etéricos" podem ser acionados, a distância, através da telepatia dos engenheiros, que atuam nas frequências vibratórias previamente reguladas à emissão das ondas ultracurtas cerebrais.* (Como em inúmeras vezes nas suas obras, Ramatis trazia a descrição de realidades que mais tarde se comprovariam).

Enfim, a indústria marciana se situa a anos-luz de distância de nossas barulhentas, poluidoras e exaustivas linhas de montagem. Funcionam, não com energia elétrica, mas com o "magnetismo etérico" usual aos marcianos como força motriz.

Sobre a variedade das indústrias, como na Terra, Ramatís informa que sim, existe, porém nos são superiores; *operando no plano da qualidade e entregando à população o que há de mais sadio, belo e útil. Não encontrareis as distorções do campo industrial do vosso mundo, onde a febre de lucros leva o homem terreno às mais indignas realizações.* O Esta-

são aproximada, é que por certo Ramatís adota a nomenclatura de "cérebro magnético-etérico" (hoje usaria "computador magnético-etérico), mas adverte: *Não encontramos vocábulos ou comparações que vos aproximem da realidade desses conjuntos assombrosos para o vosso entendimento.* Trata-se de computadores avançadíssimos que atuam no campo etérico. Note-se que a ciência marciana já conseguiu descobrir as leis diretoras do éter cósmico, *sobre as quais firmam suas maravilhosas realizações, inclusive o controle da lei da gravidade.*

[162] "Com a ajudinha de um computador, já é possível realizar movimentos complexos apenas pensando. Movimentos tão complexo quanto fazer uma cadeira de rodas se mexer, ou um braço robótico pegar objetos para você. A interface cérebro-computador é uma tecnologia fascinante para ajudar pessoas com dificuldades de movimento a ganhar muito mais liberdade e melhor qualidade de vida". *In: www.brainn.org.br/interface-cerebro-computador-o-futuro--controlado-pela-mente/*

do marciano seleciona sempre a qualidade absoluta para toda a população; cita um exemplo: como se definiu que o cristal puro é a matéria de melhor qualidade para objetos de uso doméstico, como os da alimentação, *todo o orbe é abastecido pela indústria absoluta de artigos de cristal, não fabricam mais utensílios de substância inferior.* Ou seja: o melhor para todos, sempre. Igualdade na prática.

A estrutura econômica

O Estado garante a cada pessoa, desde o nascimento, o "direito de berço" - incondicional obrigação do Estado pra prover aquele que nasce no orbe do alimento, do vestuário, do lar e de todas as necessidades comuns aos demais, pelo simples fato de... existir, ser um cidadão marciano. Essas necessidades básicas são providas incondicionalmente. (Lembra algo da "renda mínima universal" que espíritos avançados vêm propondo há anos instituir nos Estados terrestres?). Por outro lado, de todo cidadão se espera que assuma voluntariamente *o compromisso tácito de contribuir com um número de horas-serviço para a comunidade,* em tarefas e atividades de sua preferência. E mais: o marciano poderá passar a vida inteira *sem assumir qualquer responsabilidade, e o Estado, quanto às necessidades fundamentais da vida, não deixará de ampará-lo.* Claro que são casos raríssimos, sempre de espíritos oriundos de outros orbes, ainda não integrados no espírito da comunidade marciana.

A adesão ao trabalho é alegre e natural. *Tudo é feito sob a mais afetuosa espontaneidade, não existindo, em Marte, nenhuma instituição corretiva, fiscalizadora, no sentido de ajuste laborioso ou exigente de obrigações compulsórias. A humanidade marciana, mais próxima da realidade espiritual, é também mais pródiga no "servir e amar", instituindo deveres na comunidade, mas deixando a decisão espontânea de os cumprirem.*

Tendo completado o número de horas-comuns de trabalho, básicas para todos, os cidadãos podem optar por realizar as que Ramatís denomina de "horas superiores", em atividades de maior responsabilidade, p.ex., e os créditos por essas horas especiais podem ser utilizados para adquirir produtos de decoração e lazer, para proporcionar viagens de turismo, atividades artísticas diversas, etc.

É evidente que o capítulo "supérfluos excessivos" já desapareceu da agenda vivencial dos marcianos; não havendo clima para vaidades, ostentação, competição, as coisas não precisam mais preencher lacunas do ego, e limitam-se a ser apenas coisas: úteis, belas ou interessantes na justa medida. Não dominam os homens, que não vivem ou se esfalfam em função delas.

E não se pense que eles vivem o ano inteiro trabalhando... A produção dos bens é inteiramente programada pelo governo único do planeta, que é dividido apenas em comarcas. Cada uma delas se encarrega de produzir e fornecer a toda a população um ou mais tipos de produtos. Completada a sua quota anual, quer seja em seis meses ou menos, os trabalhadores locais são dispensados, e podem se dedicar, no resto do ano, a viajar, estudar, aperfeiçoar-se em artes, frequentar as maravilhosas exposições de plantas e flores, plantá-las, frequentar cursos de aprimoramento psíquico, enfim... viver tudo que a magnífica sociedade marciana proporciona a todos indistintamente.

Comércio

Não existem casas comerciais, já que não existe comércio algum por parte de indivíduos. *Não há comércio à base de lucros individuais ou de firmas particulares; todas as atividades nesse gênero pertencem exclusivamente ao Estado.* Os cidadãos se abastecem de vestuário, alimentos e coisas domésticas e pessoais em grandes edifícios, onde estão expostos todos os modelos e opções, artisticamente dispostos. Os "clientes do Estado", diz Ramatís, *examinam e escolhem os produtos, colocando a sua etiqueta de identificação ... e posteriormente, os veículos da Administração Pública deixam em cada residência o conjunto escolhido. (Thomas Morus e Edward Bellamy teriam sido inspirados por algum marciano? Por que não?).*

O resumo do funcionamento do sistema é assim descrito por Ramatís: *os dois primeiros meses do ano constituem a época da entrega de vestuários, alimentos, objetos decorati-*

vos e de uso pessoal ou doméstico; no segundo bimestre têm lugar as maravilhosas exposições de flores, em determinadas comarcas; os demais meses trazem inúmeras oportunidades desse comércio-oficial, para aquisição das últimas realizações nas esferas artísticas da pintura, música, decoração, mobiliário e das conquistas científicas.

Alguém se aproveitando da situação e tomando mais do que precisa dos bens comuns? Deixe isso para o planeta Terra. *O cidadão marciano cumpre, com absoluta fidelidade, a lei do "amai-vos uns aos outros", que lá é fundamento clássico da vida em comum. Ele é absolutamente convicto da reencarnação, rejeita os bens provisórios da matéria, ante a certeza dos valores eternos, e desinteressa-se dos lucros auferidos no jogo dos favores humanos... não se podendo apontar um só cidadão que desminta tal conceito, desaparece completamente a manifestação da cobiça, inveja, astúcia, avareza, ciúmes, desonestidade ou planos de enriquecimento com os bens alheios ou patrimônio oficial.*

Ah, sim: é claro que não existe dinheiro ou algo semelhante.

Todos desfrutam igualmente dos maravilhosos espetáculos artísticos, do sistema educacional avançado, da medicina superior, das atividades esportivas. Casas? Todo mundo tem direito a uma, e são cercadas de jardins, bosques e piscinas. Sua vida social é extensa, há grande empenho em fazer amizades, conviver, trocar alegrias. A música, as cores e perfumes são uma constante na vida marciana.

Governo

Os marcianos não entretêm essa burrice de países separados num mesmo planeta, competindo e se confrontando. Já descobriram há muito a igualdade fundamental de todos os humanos (inclusive interplanetária) e seu planeta é composto de regiões, que Ramatís denomina de comarcas, apenas para fins administrativos.[163]

Marte, portanto, é um Estado único. *Esse Estado, se assim quiserdes denominá-lo, ... se constitui de comarcas que for-*

[163] A União Europeia é um avanço nesse sentido, que deveria se expandir, assim como o Mercosul – mas este não deslancha, por atraso e má vontade dos governantes)

mam apenas departamentos de trabalho. O governo é mais um guia espiritual do povo. Há... um entendimento crístico absoluto, que é a segurança íntima do bem comum.

Portanto, *há um único governo central em todo o orbe, que coordena a comunidade marciana num só organismo social.*

É uma espécie de Conselho Governamental composto de doze ministros, entre homens e mulheres. Não há conflitos ou desacertos, pela simples razão de que não existem interesses pessoais em jogo, e há uma profunda consciência espiritual do mando. Todos os esforços são conjugados em favor da coletividade.

Há um coordenador do conjunto, mas que não possui poderes extras; cada um dos conselheiros assume a direção durante um certo período.

Os dirigentes de Marte consideram-se em severa missão perante a Divindade e a segurança do povo reside nesse compromisso consciente assumido para com o Alto.

A máxima irregularidade que pode ocorrer entre esses ministros é um eventual *abandono do cargo e abdicação das responsabilidades assumidas, porém jamais casos de corrupção administrativa ou escândalo moral ou político. São almas de maturidade espiritual, reconhecidos como sendo os mais capacitados, dignos e certos, eleitos devido à sua magnífica contextura espiritual, discernimento psíquico e experiência milenária.*

Resumindo

Eis o modelo proposto pela Espiritualidade a fim de inspirar a Terra da Nova Era.

O ideal da igualdade de todos os sonhadores realizado.

Que doutrina, que modelo pode corresponder hoje, neste planeta, a essa meta sideral que os marcianos já implementaram? Só existe um termo para descrever sua essência: igualdade. O corolário da fraternidade. E o termo que descreve esse modelo de sociedade com clareza é: socialismo. A *sociedade* e seu bem acima do individualismo.

Tudo que tende ao bem comum, à aproximação dos homens e ao fim da injustiça e da desigualdade, é um passo na direção da Lei Cósmica; tudo que segue na direção contrária, é a manutenção da inferioridade do planeta.

Léon Denis foi inspirado ao apontar: "Os princípios de solidariedade, de fraternidade e de justiça, que são a essência mesma (do socialismo), encontram-se nas leis universais e são a regra dos mundos superiores".[164] São mesmo: os marcianos[165] que o digam.

A realização da utopia

Como? Simples: quando o ideal do bem comum vive no íntimo das criaturas, cimentado pela consciência clara da irmandade de todos os seres, impulsionado pela certeza da imortalidade, do processo evolutivo através das muitas vidas – a utopia se concretiza automaticamente.

Precisa ser um processo centrífugo, isto é, de dentro para fora. A utopia tem que ser um anseio interior, um consenso silencioso de uma comunidade de espíritos que atingiu, por conquista evolutiva, a consciência da irmandade, e por consequência irá concretizá-la sem dificuldade no exterior.

Até que tal se verifique, neste planeta ainda primário e palco do individualismo desenfreado, nosso papel deveria ser o de trabalhar quanto possível pela conquista gradual de novos patamares de benefício comum e igualitário para a população, sobretudo para os mais indefesos socialmente, os que não têm voz nem vez diante do poderio acachapante dos que detêm a força de mamom. Entre os quais, por acaso, escolheu nascer e viver o Nazareno, num recado silencioso que os séculos ainda não lograram compreender.

---

[164] Op.cit.

[165] Para todos os outros aspectos da extraordinária sociedade marciana, que aqui não caberia tratar, incluindo espaçonaves, viagens interplanetárias e tudo mais, das flores às artes, da família à religião, da alimentação às faculdades psíquicas, da medicina à educação etc, remetemos o leitor à obra citada de Ramatís.

Capítulo 30

A terra do futuro

Dois testemunhos insuspeitos

Dois informantes da vida no planeta Marte, referidos no capítulo anterior, Emmanuel e Hercílio Maes (não é acaso) deixaram, em outros momentos, a afirmação explícita do que está previsto como diretriz social para esta humanidade, na era que se avizinha.

Emmanuel (que foi, como é sabido, o padre Manuel da Nóbrega), diz com todas as letras, analisando a evolução planetária e a infidelidade da Igreja à essência do cristianismo:

> A estabilidade da civilização ocidental, sua evolução para **o socialismo de Jesus,** dependiam da fidelidade da Igreja Católica aos princípios cristãos. Mas a Igreja negou-se ao cumprimento de sua grandiosa missão espiritual.
> A civilização em crise... há de cair inevitavelmente, mas o futuro renascerá dos seus escombros, para viver **o novo ciclo da humanidade... na época gloriosa da justiça econômica.**
> Os países democráticos ... se encaminham, com os seus estatutos de governos, para **o socialismo cristão do porvir.**[166]

Já Hercílio Maes dá uma declaração explícita sobre o modelo planetário futuro, em uma publicação[167] dos *hermanos*. O periódico argentino Conocimiento De La Nueva Era, em

[166] In *Emmanuel*, psicografia de Chico Xavier. Rio, FEB, 2008
[167] Exemplar de abril-junho 1964 (incluindo os nºs 316/317/318). Agradecemos ao companheiro Álvaro Chagas o resgate e o compartilhamento desse material, hoje raridade.

1964, produziu uma matéria sob o título "O Milagre Espiritual do Brasil – Novas Revelações". Entre outros vultos, como Arigó e Chico Xavier, incluiu uma entrevista com o médium Hercílio Maes. A certa altura, respondendo a uma pergunta sobre uma potencial missão especial do Brasil, o médium de Ramatís declara:

> A principal missão do Brasil é a mensagem da "fraternidade". Compete-lhe albergar em seu solo todas as raças angustiadas e aflitas, o que em princípio se assemelhará a uma mistura exótica. Entretanto, à medida em que se acomodem em sua superfície, que se misturem e produzam filhos brasileiros, irá se fortificando e consolidando desta maneira um dos povos mais fraternos do mundo. Assim, se formará um tipo de homem em cujo coração vibrem as emoções de todas as raças e em seu cérebro os ideais de todos os seres. **No Brasil o socialismo chegará com grande êxito e sem derramamento de sangue, sem sementes de ódio. Assim quer Deus!...** O brasileiro ainda é um homem jovem de espírito, um pouco irresponsável e ingênuo. Não obstante, é muito intuitivo de nascimento e no futuro será um tipo muito avançado e que constitui, desde já, o fundamento da sétima raça-mãe (grifamos).

A autoridade espiritual dessas duas fontes nos parece o fecho ideal para o entendimento, que vimos tentando construir, do que irá constituir o inevitável modelo social da Nova Era: um socialismo democrático, de essência fraterna e crística.[168]

Quanto a isso, não tenhamos dúvida. Junto com outros elementos, energéticos e humanos, a serem exilados do planeta, a desigualdade, esse farrapo triste que envolve a humanidade, próprio de sua pobreza espiritual, será igualmente proscrita para sempre, dos códigos e das práticas. E entenderemos por fim quão rica pode ser uma humanidade inteira que retira o egoísmo, a irracionalidade econômica, a ganância míope de seu projeto de vida.

[168] Preferimos esse termo, usado por Ramatís, mais abrangente que "cristão", que significa a essência da ética cósmica do *amai-vos uns aos outros*, presente em todas as grandes religiões e escolas espiritualistas.

Meios e fins

A igualdade na esfera econômica não é um fim em si mesma – embora seja, sim, condição necessária para o mundo melhor.

Entretanto, se pudéssemos de imediato, por um passe de mágica, estabelecer de repente, no planeta, um modelo socialista, o melhor modelo de justiça social que se imagine, não seria, *por si só*, garantia de total felicidade para o coração humano. Por quê?

Tem 2000 anos a resposta: "Não é a vida mais que o alimento, e o corpo mais do que a veste?"

Não é só nosso corpo que é feito da matéria das estrelas; nosso espírito é tecido de eternidade. E o coração humano, esse eterno buscador da felicidade, só se nutre e satisfaz com a essência mágica da unidade com a Criação – que é o outro nome do que chamamos de amor. Que, nas relações sociais, é fraternidade. Só na vivência dessa fraternidade autêntica, sem subterfúgios ou sucedâneos, o nível real de felicidade do planeta crescerá.

Portanto, a igualdade é *condição* e *meio* para a felicidade coletiva.

Onde houver homens de boa vontade em maioria, a fraternidade será a lei, e a igualdade a construção decorrente. Será preciso, entretanto, ter claro esse **modelo** imprescindível a instaurar. Qualquer outro, qualquer tentativa de repetir o tremendo equívoco desta civilização, será estéril e fadado ao fracasso.

Ah! Mas de onde, e quando, teremos neste planeta homens de boa vontade em uma massa crítica suficiente para estabelecer um novo paradigma? (Não olhe para os lados agora, muito menos para os noticiários). Com *este* material humano em cena no planeta hoje, concordemos que é inviável em grande escala. E então?

Se alguém aí acredita que esta humanidade está entregue a si mesma, que a evolução moral é aleatória, uma casualidade às vezes bem sucedida – em suma, que chegamos do primata a Gandhi por acaso, não existindo nenhuma instância diretora, nenhum planejamento coletivo – sinto contrariá-lo. Nenhuma humanidade evolui sozinha, como alunos não ficam entregues a si próprios na escola. (Se fosse assim, já teríamos nos extinguido há muito tempo). Há um programa evolutivo para cada humanidade, dentro do Projeto Cósmico geral.

O Projeto Terra chegou a um ponto de transição. A escola vai ser promovida a ensino fundamental.[169] Os imaturos contumazes serão transferidos para outro Maternal (é o nível cósmico onde nos situamos), onde ainda possa haver puxões de cabelo, mordidas e jogar areia nos colegas.

Aos que duvidam que se possa estabelecer a curto prazo[170] um novo modelo social e ético no planeta: é simplíssimo. Basta que só se permita o ingresso no plano físico, a partir de determinado momento, de cidadãos medidos na régua da fraternidade básica. Em uma geração, a Terra estará renovada. Não anjos: criaturas de boa vontade, pacíficas, sem ganância, sensíveis às necessidades do semelhante, pautadas pela simplicidade e a busca do crescimento interior.

Os caminhos da igualdade

Já podemos estabelecer, a partir de todas as evidências, uma equação com os seguintes termos: a igualdade fraterna será o foco da nova civilização; o modelo social futuro é o socialismo democrático, a justiça social; há uma premissa básica para a instauração desse novo modelo: a predominância de espíritos de boa vontade no cenário do planeta. (A cargo dos Operadores Maiores do Projeto Terra).

Há, porém, uma incógnita na equação. Como sair, na prática, do modelo atual para o futuro?

Um olhar sobre a estrutura socioeconômica e política terrestre nos desanima. O reino de mamom instalou-se de forma tão visceral e poderosa que parece inamovível. O lucro é sua

[169] É fato previsto por Jesus no Sermão Profético, João em Patmos, Nostradamus, e mais meia dúzia de videntes modernos (Edgar Cayce, p.ex.) que o *script* da Transição Planetária inclui desencarnes coletivos em massa por vários meios. Alguns terão a mão humana, muitos serão a resposta natural das forças físicas do planeta às acumulações de energias degradadas que andamos estocando há séculos. O organismo planetário – Gaia – possui também um duplo etérico e um corpo astral, e ambos vêm sendo saturados do pior material energético por seus inquilinos – nós. Gaia está intoxicada, e vai reagir qualquer hora destas, como alguém que ingeriu algo estragado – imagine como. Acrescente a elevação do eixo terrestre (registrado pelo Apocalipse e Nostradamus) e a passagem do astro intruso pelas redondezas. Um final de ciclo animado. Receio? Ora, desencarnar, vamos convir, todo mundo vai, individual ou coletivamente, um dia. Nada de mais.

[170] Significando algo em torno de um século, o tempo médio de um ir e voltar para os espíritos desta Terra.

essência. Bolsa de valores, ações, mercado financeiro, bancos, paraísos fiscais, rentismo, neoliberalismo e grandes fortunas. A liturgia básica desse deus voraz é o consumismo, a hipnose coletiva da propaganda e da mídia seus ministros. O luxo e o supérfluo, o paraíso com que acena a seus fieis. Multinacionais poderosas manipulam as massas e a opinião pública, grandes empresas compram políticos, dirigem a mídia, fazem presidentes. O povo, enquanto puder frequentar suas catedrais – os shoppings – e se aturdir com todos os ópios disponíveis, aceita ser conduzido e acreditar no que lhe impingem. Raros conseguem manter-se fora da hipnose e pensar por si mesmos.

O materialismo já ressecou as almas na Europa, que se encaminha para ser um continente sem crença alguma.[171]

O catolicismo é sombra do que foi, e 16% da população mundial não tem religião alguma, ou é ateia ou agnóstica.

No Brasil, porém, só 10% se diz sem religião (talvez não sem uma crença, já que só 1% se diz ateu). Espíritas? Só 3%; umbandistas e afros 2%. Em contrapartida, algumas ditas "religiões" exploram o povo ingênuo alimentando seu caixa – parece que retornamos à Idade Média com a venda de indulgências.

O protestantismo exerce bem o seu papel, entre os anglo-saxões, de sacramentar o lucro como sinal de bênção divina e o "vencer na vida" como o ideal máximo da sociedade (vide Max Weber).

A Teologia da Libertação, que foi um reviver franciscano da opção pelos pobres na América Latina, diluiu-se na maré contemporânea de uma juventude mais preocupada com fotos nas redes sociais que com fatos sociais, parece anestesiada pela sedução do consumismo e da egolatria, e seu culto diário é a reverência ao deus celular.

Que poder maior poderia reverter um cenário desses?

---

[171] Uma pesquisa com jovens de 16 a 29 anos mostra que a *maioria não segue nenhuma religião. São 91% na Rep. Tcheca, 80% na Estônia, 75% na Suécia, 72% na Holanda e 70% no Reino Unido; Hungria 67%, Bélgica 65%, França 64%, Dinamarca 60%, Finlândia 60%, Noruega 58%, Espanha 55%.* Na população em geral, pessoas que se declaram sem religião são 48% na Holanda, 43% na Noruega, 42% na Suécia, 38% na Bélgica e 30% na Dinamarca e Espanha.

Para grandes males...

> "A desgraça aproximará os homens; só a dor verdadeiramente lhes faz sentir que são irmãos". – Léon Denis

Grandes remédios.[172]

Já que esta humanidade em maioria esqueceu-se daquele detalhe curioso – somos todos irmãos -, vai ser preciso (como aliás estava previsto, com milhões de anos de avanço, pelos Grandes Seres que programam a trajetória das humanidades), uma sacudidela para que as crostas do individualismo grosseiro sejam removidas do corpo social. Tudo em benefício do progresso coletivo, e para cumprir-se o processo de seleção que vai beneficiar tanto os remanescentes como os repetentes rematriculados noutras escolas planetárias – e que obviamente precisarão estar desencarnados para tal.

Em perfeita sintonia com todas as grandes previsões (Jesus, em Mateus 24-25 etc), Ramatís noticia com clareza:

> Libertar-se-ão da matéria dois terços da humanidade, através de comoções sísmicas, inundações, maremotos, furacões, terremotos, catástrofes, hecatombes, guerras e **epidemias estranhas** (grifamos).[173]

O efeito medicamentoso? Ramatís aponta:

> Vossas almas sentir-se-ão rompidas em seu egocentrismo milenário e de personalidade isolada, para se buscarem entre si, nas dores coletivas. Os vossos corações sentir-se-ão irmanados pelo sofrimento, e as vibrações de angústia coletiva repercutirão como uma só alma

---

[172] Lembre-se Atlântida, Sodoma e Gomorra, Herculano e Pompeia, invasão dos bárbaros, peste negra... Ramatís explica que na Idade Média, a Espiritualidade permitiu a encarnação de um grande número de espíritos do *andar de baixo*, oferecendo-lhes a chance de evoluir. A consequência: cruzadas, Inquisição, fogueiras e tortura de "hereges", obscurantismo, opressão feudal – a Idade das Trevas. E então... disseminou-se a peste negra, que levou de 30 a 60% da população da Europa. Depois, encarnou um conjunto de espíritos de artistas, literatos, eruditos, gente mais *light* – e resultou no Renascimento. Tenhamos em mente que a Sociologia Sideral analisa o conjunto e os objetivos maiores a alcançar. O desencarne, fato rotineiro e necessário, só é dramático na nossa ótica limitada.

[173] In *Mensagens do Astral*. Limeira, Ed. do Conhecimento, 1999.

> sedenta de paz e de amor.[174]

Mas, como dito acima, isso não é nocivo, como não o é a cirurgia que livra o enfermo do câncer – é terapêutico, como esclarece Ramatís:

> Os impactos violentos nem sempre são especificamente destruidores; comumente estabelecem oportunidades louváveis para um aprimoramento mais rápido! Assim, o aspecto catastrófico do "fim do mundo" encontrará compensação na ascensão social e espiritual do terceiro milênio.[175]

Permitam-nos trazer palavras que Emmanuel, em *Há dois mil anos*, coloca nos lábios do próprio Jesus, falando do *fim dos tempos*:

> A Terra ...pagará, então, à evolução de seus institutos, **os mais pesados tributos de sofrimentos e de sangue**... Exausto de receber os fluidos venenosos da ignomínia e da iniquidade de seus habitantes, o próprio planeta protestará contra a impenitência dos homens, **rasgando as entranhas em dolorosos cataclismos**... pesadas nuvens de dor ... rebentarão, no instante oportuno, **em tempestades de lágrimas na face da Terra.** (grifamos)[176]

E depois?

O texto de Emmanuel continua com o comentário do Nazareno sobre o pós-transição:

> (nos) séculos porvindouros, reorganizaremos todos os elementos destruídos, examinaremos detidamente todas as ruinas buscando o material passível de novo aproveitamento e, quando as instituições terrestres reajustarem a sua vida na fraternidade e no bem, na paz e na justiça, depois da seleção natural dos Espíritos e dentro das convulsões renovadoras da vida planetária, organizaremos para o mundo um

[174] Ibidem.
[175] Ibidem.
[176] In *Há dois mil anos*. RJ, FEB, 2002

novo ciclo evolutivo.

E é Ramatís quem garante:

> A EXISTÊNCIA HUMANA, NO TERCEIRO MILÊNIO, SERÁ TODA CONSAGRADA AO BEM COMUM.
> O êxito... não será obtido de modo "ex-abrupto", mas sim no decorrer dos primeiros dois ou três séculos.[177]

Exatamente como?

As instituições sociais terão que ser revistas pelo avesso, visando à justiça e ao bem comum. A reorganização do planeta será em novas bases, impelida pela necessidade urgente.

De início, medidas emergenciais terão que ser tomadas, com foco na sobrevivência e organização da sociedade. Só o essencial terá lugar. (Ótima chance de eliminar penduricalhos inúteis, revendo nossas prioridades). Aos poucos, irá se redesenhando uma nova estrutura, mas sadia. Provavelmente pequenas comunidades se agruparão, pela necessidade de reorganizar a vida com apoio mútuo.

O Estado – isto é, o interesse geral representado por dirigentes e instituições, acabará assumindo a parte maior da responsabilidade pelo coletivo. Energia, transportes, comunicações, saúde, educação, aposentadorias, tudo da melhor qualidade possível e para todos. Os cidadãos irão contribuir com um percentual de seu trabalho para isso. As instituições e modelos serão construídos gradualmente, na medida do possível, mas sempre distantes – ISSO é o importante – dos interesses individuais.

Talvez durante um bom tempo de transição, antes que o Estado assuma todos os meios de produção, seja preciso ter um tipo intermediário, com **cooperativas** de cidadãos assumindo essa tarefa, com zero lucro pelo lucro. Com todo mundo trabalhando de bom grado, sem opressão, todos receberão proventos, de algum maneira, capazes de garantir uma vida igualmente digna, sem exceção. Lazer, arte, desenvolvimento intelectual, tudo estará ao alcance de todos. A educação será a base da igualdade: toda ela pública e do melhor nível

[177] Ibidem

possível, em pouco tempo garantirá que o padrão cultural da população seja equalizado pelo melhor.[178]

Os velhos tempos da ganância e do supérfluo estarão no passado (Nem haverá espaço para tal. O foco será a reconstrução). Ninguém mais precisará a anestesia do consumismo para se distrair do vazio existencial. Nada de propaganda. As coisas valerão pelo que são, por sua utilidade. Os objetos serão fabricados atendendo a uma planificação, a partir das necessidades da população, e serão todos da melhor qualidade já alcançada – para todos. Não vai haver o fogão do gerente e o do servente. Nada de "marcas" competindo pela preferência dos consumidores. Ninguém vai querer ostentar badulaques mais chiques e caros para sentir-se melhor que as outras classes. Não haverá classes – só cidadãos. Depois dos estágios iniciais da reconstrução, a jornada de trabalho diária, semanal e mensal irá diminuir, sem prejuízo de nada.

A automação irá liberar as pessoas cada vez mais do trabalho braçal. A ciência tratará de se por a serviço de uma tecnologia cada vez mais libertadora do trabalho humano. Sem a imensidão de supérfluos e multiplicação insensata de produtos análogos, a produção de bens será focada no necessário, racionalizada, com uma economia gigantesca de mão de obra e energia.

E claro, nada de energias poluentes (com os grandes cataclismos, será imperativo virar-se automaticamente para a energia solar e eólica), vegetais não-orgânicos, gente comendo os irmãos menores – o que rapidamente se tornará tão escandaloso como o antropofagismo hoje.

Com o entendimento do sentido da vida material, ninguém vai se angustiar pela posse ou acumulação de efêmeros – no entanto, todos desfrutarão de conforto e bem-estar. Heranças, aplicações financeiras? Rá, rá, rá... Bancos serão fantasmas do passado. Boas casas (não mansões, em hipótese alguma), esportes, contato com a natureza, viagens – o que for

[178] Há um exemplo, hoje, de um país em que pode-se dizer que não existem escolas privadas: na Finlândia, todo o ensino, da escola infantil à universidade, é público e gratuito, e em tempo integral até o "segundo grau". Todo mundo, até o filho do ministro, recebe a mesma educação. O nível educacional é exemplar. (Existe um pequeno punhado de escolas particulares remanescentes, só porque por lei não podem ser fechadas, p. ex. católicas, mas em número ínfimo). Eis aí um ótimo início para implementar a igualdade, e uma amostra de que é possível, sim, equalizar a sociedade, começando pela base – a formação do cidadão.

acessível a um, será a todos..

Será preocupação geral o embelezamento das comunidades, que serão pequenas – nada de magalópolis– e em máximo contato com a natureza. Se tratará de fazer que sejam ao máximo autossustentáveis de alimentação.

Logo se chegará a uma decisão lógica: o fim das fronteiras. Não haverá países, somente regiões de um Estado único – o Planeta Terra.

Com o contato imediato com os extraterrestres, que se fará a partir dos momentos mais graves da transição (eles virão para ajudar) e o amadurecimento natural dos novos habitantes do planeta, as Grandes Leis – da evolução, da reencarnação e do carma – estarão mais do que comprovadas e aceitas pela totalidade da população, como leis científicas que são, regulando a vida cósmica. As religiões e crenças se adaptarão a elas, bem como a novos conceitos de Deus, do espírito e da vida humana. Ainda haverá doutrinas variadas, porém mais como preferências de gosto, já que terão uma base comum. A Igreja Católica, para sobreviver, acabará, pelo andar natural das coisas e das revelações, miscigenando-se com a umbanda, e daí nascerá, nos garante Ramatís, a grande religião de massas do terceiro milênio. Outras correntes, como o espiritismo, a teosofia, a ioga, o hinduísmo, o budismo, a cabala, o hermetismo etc, atenderão às tendências de estudiosos de todos os matizes. As correntes protestantes e o judaísmo sofrerão também as adaptações necessárias para corresponder às novas realidades. Todos se considerarão irmãos de caminhada, seguindo em paralelo para o mesmo fim, e a confraternização entre todas as crenças será comum e fácil.

A escolha dos líderes locais e planetários passará a ser feita com um novo olhar, pedindo-se o auxílio do Alto para a seleção dos mais capazes, não só administrativa como moralmente. O povo se manifestará, em todas as instâncias, mas atendendo a um critério superior de decisão. Somente serão admitidos líderes que coloquem o bem comum como meta e vivência. Não existirão mais legisladores ou juristas corruptos ou interesseiros – *porque* não existirão pessoas assim. Legislar ou decidir em causa própria será considerado escandaloso e insuportável. Partidos políticos passarão a ser desnecessários, porque a plataforma de todos, se houvesse, seria rigorosamente igual – o bem comum, sem subterfúgios ou enrolações.

Note-se que *tudo isso terá que ser uma construção gradual*, fruto do consenso e iniciativa dos novos cidadãos terrícolas. De início, talvez haja quase tudo por reconstruir. Que ótimo. Um passar a limpo da civilização... Mas com a aproximação fraterna propiciada pelos tempos cruciais, o enfoque na sobrevivência e no bem comum, tudo será viável. "Quando o barco faz água, todos têm que baldeá-la", diz a ancestral sabedoria chinesa.

E, por último mas importantíssimo: os novos líderes planetários, de todos os campos, já estão chegando e chegarão continuamente ao plano terrestre, para propor as novas construções e alternativas para a civilização. Cientistas, artistas, inventores, políticos, religiosos, e – sim, mais do que nunca! – os antigos mártires da igualdade, todos os semeadores da semente do ideal que caiu em solo ingrato ao longo dos milênios, por certo estarão de volta, para finalmente recolher o fruto de seus esforços e sacrifícios.

Eles hão de voltar – cristãos primitivos, essênios, cátaros, hussitas, taboritas, anabatistas, utopistas, filhos da Revolução Francesa, da República dos Iguais, owenistas, fourrieristas, cartistas, fabianistas, socialistas, marxistas etc – todos os sonhadores da igualdade, de todos os tempos e lugares. A energia de seu ideal há de inspirar um novo mundo – porque encontrará eco nos corações, já livres dos espinhos do egoísmo.

Oxalá venhamos a estar, num dia melhor, entre eles.

Para isso, desde agora, teremos que ser, num momento ingrato e dentro dos padrões da *velha era* que se esboroa, aqueles que já buscam encarnar, no coração e nas atitudes, os cidadãos da Nova Era!

> Vós sois o sal da terra. E se o sal for insípido, com que se há de salgar? – Jesus.

* * *

Apêndice

Como ajudar a chegada da nova era

E atenuar os efeitos da Transição

Será possível?

Vejamos.

O que está motivando esse processo de seleção energética de almas humanas, e ao mesmo tempo, as convulsões físicas do planeta (as mais drásticas nos próximos capítulos) e a disseminação de vírus estranhos que vem se desenrolando nas últimas décadas?[179]

Não há efeito sem causa.

A permanência na Terra de almas de baixo/baixíssimo padrão vibratório, além de manter a sociedade humana em práticas atrasadas e inferiores, gera, nos planos invisíveis do planeta, um conteúdo gigantesco de energias degradadas, que envolve como um manto de espessa neblina obscura o astral do orbe. Esse fato já foi descrito por incontáveis psicografias, quando espíritos recém chegados ao Além, estarrecidos, recebem a explicação de que se trata do produto das emoções e pensamentos da humanidade. (As chamadas *formas de pensamento*). Nossa poluição astro-mental.

Os efeitos desse lençol de energias deprimentes são variados, mas vamos analisar os mais óbvios.

O primeiro: nossa mãe-Terra é um organismo vivo – a Hipótese Gaia estava certa – e possui um duplo-etérico e um corpo astral – que vêm a ser os planos etérico e astral do planeta. Eles estão sendo intoxicados há incontáveis eras com o

[179] Gripe asiática (1957), AIDS (1981), SARS (2002), gripe aviária (2003), gripe suína/H1N1 (2009), ebola (2013), zika vírus (2013), dengue... covid 19... (e outros à espreita).

produto de nossos desmandos mentais e emocionais. E, assim como o mecanismo psicossomático do ser humano transforma suas emoções nocivas em distúrbios de vários tipos, de dermatoses a infartos e cânceres – o que vai suceder quando a intoxicação de Gaia chegar ao limite? Ela vai transferir para o plano físico, automaticamente, as energias virulentas. Como um organismo humano tendo convulsões, crise gastrointestinal, vômitos, câimbras, espasmos, ela vai reagir. Tremores (terremotos), febre (secas), convulsões (montanhas arrasadas, ilhas submergidas), fluidos corporais sacudidos (submersão de litorais, tsunamis, inundações, etc), vômitos (erupções vulcânicas)...

Então, pense no que estamos fazendo diariamente para *aumentar* esse conteúdo tóxico. E tornar mais aguda a Transição.

O segundo: as energias de baixo teor vibratório são o *caldo de cultura* para que se materializem e nutram as formas de vida elementares – vírus – de teor similar, que nelas encontram o meio ideal para se multiplicar. Questão de afinidade energética. São as leis ocultas de vida, que ainda nos falta muito para conhecer em profundidade; mas isso, pelo menos, é inquestionável. Formas de vida proliferam onde encontram alimento – e nesse limitar entre o mundo invisível e o visível, onde borbulham as energias astromentais da espécie humana, esse depósito de fluidos de péssimo teor atua à semelhança de um ectoplasma, viabilizando a materialização das formas virais oriundas do plano etérico, que se nutrem, multiplicam e vão buscar seus hospedeiros na espécie humana – exatamente os que os "convidaram" a aparecer.[180]

Algo pode ser feito dentro desse panorama?

Sim; se quiséssemos poderíamos *até* ter evitado o processo doloroso da higienização do planeta. Como já não é possível, quem sabe quereríamos atenuá-lo ou, pelo menos, não sermos daqueles que estão ACRESCENTANDO a cada dia uma quota horrível de energias ao organismo planetário, con-

[180] Segue-se, por lógica, que a contaminação encontra terreno fértil preferencialmente, onde? Nos organismos cujo substrato energético – pensamentos e emoções – mantenha similitude com as energias próprias do vírus. Quando assim não for, ocorrerão no máximo formas leves de infecção, resolvidas ao nível físico, mas sem conteúdo energético que as alimente de forma profunda. (Isso tem a ver, inclusive, com conteúdos cármicos de energias estocadas nos corpos internos em pretéritas existências).

taminando nossa própria atmosfera psíquica. E, além disso, oferecendo um banquete aos vírus que vêm se banquetear na espécie humana. Como?

Importante lembrar de algo que já foi dito pela Espiritualidade: "o pior carma é o da crueldade".

E se os espíritas e espiritualistas de todos os matizes se dessem conta de que estão fazendo parte do contingente de terráqueos que está perpetrando, diariamente e na maior tranquilidade, um dos maiores atos de crueldade, indefensável e impiedoso, cometido contra a vida, neste planeta? Se o espírita, que doa energias a outros seres na sala de passes, conforta desencarnados e perdoa obsessores, se desse conta de que é mandante e conivente direto com a morte de irmãos seus? Impossível, dirão. Lamentavelmente, não é.

> Assim como a natureza angélica provém da humana, a humanidade provém da animalidade, e esta do reino vegetal, o qual tem origem no mundo mineral – Revista Espírita, maio de 1870
>
> Embora isto fira o teu orgulho, o homem deve resignar-se a ver em seu corpo material o último elo da animalidade sobre a terra. O inexorável argumento dos fatos aí está, e será em vão levantar protestos contra tal situação. – LE

A Lei Evolutiva, ensinada há milênios no Oriente e relembrada pelos espíritos a Kardec, é clara e insofismável: a centelha divina, a mônada, ascende da inconsciência plena dos reinos menores da natureza até despertar a chama divina do pensamento, e tornar-se aquilo que chamamos de ser humano, para posteriormente crescer até anjo, arcanjo, etc. Portanto, nós não somos mais do que um elo, um modesto elo da infinita corrente da Vida universal. E no ontem de nosso trajeto, é evidente que já envergamos os uniformes de carne que hoje utilizam *nossos irmãos menores, os animais*, para frequentar a escola planetária.

Portanto, é inegável que destruir-lhes os corpos é um crime diante do tribunal da Vida, e comê-los, um gesto primitivo, e sobretudo cruel, de uma crueldade indefensável, porquanto inútil, sem justificativa a não ser o hábito milenar que seguimos sem pensar. (Há muito autoridades médicas e da nutrição já reafirmaram o que há milênios os sábios já conheciam: a boa saúde passa longe do consumo de carne).

Causar dor, e muita dor, a um ser vivo, sem necessidade, como deverá ser classificado nos códigos da Justiça Cósmica? Parece que só no capítulo "crueldade". Morte violenta com tortura prévia – o pior dos atos da impiedade humana.

O que ninguém lhe diz

Tortura, sim. O consumidor de carnes nunca para pra pensar – e os interessados procuram quanto possível esconder-lhe – no que é a vida miserável das espécies animais criadas para o carnivorismo humano.

Esqueça aquela cena bucólica de vaquinhas pastando em campos verdes, placidamente ruminando (até que são levadas para a morte). Vacas e bois são hoje criados em confinamento – a última palavra para a rentabilidade dos produtores – presos em estábulos a vida inteira, sem ver o Sol, o céu ou o campo. Os infelizes suínos ficam presos em pequenos espaços individuais, onde sequer podem virar-se. As galinhas, em gaiolas minúsculas, empilhadas às centenas, pisando sobre arame, com a luz sempre acesa para que, desesperadas, comam sem parar e engordem rápido – para nossas mesas. Seus bicos são cortados para que elas, naquela angústia toda, não se firam (Alguns produtores menores as criam confinadas em galpões, também sem nunca pisar na terra ou ver o Sol). Todos eles recebem grandes doses de antibióticos e hormônios, para não adoecerem e crescerem rápido (os quais permanecem em seus corpos e seguem direto para os seus e os de seus filhos). Verdadeiros campos de tortura onde seres vivos são massacrados aos milhões.

Tampouco lhe dizem exatamente *como* são mortos os indefesos seres animais. Os bovinos recebem um pequeno choque elétrico na testa ou uma marretada para tonteá-los. Depois, são erguidos pelas patas, e sua garganta é cortada com um cutelo. Ficam ali de pernas para o ar, sangrando até morrer. Depois, essa massa de dor e sangue vai virar o seu bife. É CLARO que as energias astrais (nunca esquecer que os animais possuem, lógico, um corpo astral; é o seu distintivo), não sendo destruídas pelo cozimento, ficam impregnadas na carne, e toda a dor, sofrimento, desespero gerados no campo emocional do inditoso bovino passam para o consumidor de seus despojos. Por que será que a depressão e a angústia – leia-se suicídio – são companheiras de tal porte do homem atual, que consome carne num volume que as gerações anteriores nunca sonharam fazer?

Ah, sim: os suínos. Eles recebem também uma marretada que supostamente os tonteia – e deslizam por uma rampa que os joga diretamente, vivos, dentro de um tanque de água fervente. É o que produz o seu presunto de cada dia e outros retalhos de porco.

As galinhas, depois daquela vida de inferno, são erguidas e amarradas pelos pés numa correia que se move e as leva até um cutelo automático que as degola.

E isso ocorre diariamente, a cada minuto, em todos os quadrantes da Terra, fazendo de nosso planeta um sinistro matadouro, que ecoa pelo espaço cósmico por onde transita os gemidos de dor de milhões de seres vivos, cujo sangue inocente recobre o mundo da mais detestável pasta energética que, além de servir de nutrição às mais baixas formas de microorganismos, e provocar – comprovadamente – as mais diversas enfermidades, está envenenado Gaia com o conteúdo das energias de crueldade. Precisa dizer mais?

Essa é a carga energética que influi poderosamente na gravidade dos eventos da Transição Planetária, porque é o *pior dos carmas* – coletivo. E coletivamente o sofreremos.

Ah, mas se eu me conscientizei e deixar de produzir[181] crueldade, que diferença vai fazer? Muita. A mesma diferença que faz cada espírito humano que deixa de odiar o semelhante, vingar-se, oprimir o próximo. Um peso a menos de crueldade importa, sim! E seu exemplo, em torno de si, provavelmente influirá – como sempre acontece – e ajudará a libertar o planeta de mais alguns geradores de crueldade. Aliviando o peso de Gaia.

Se de repente cessasse toda a matança animal sobre a Terra, por certo um grande peso seria retirado de nosso astral planetário, aliviando os eventos da Transição, porque o car-

[181] Ou passar uma procuração para que outros executem o massacre, o que dá no mesmo.

ma da crueldade pesa, e muito, sobre nós. Não pense que a Divindade estabelece diferenças entre seus filhos menores e maiores. E imagine entrar numa Nova Era livre do sangue, da dor, da matança. E das doenças que a ingestão de cadáveres produz.

Não vamos, aqui, listar e detalhar todas as enfermidades que comprovadamente são causadas pela ingestão da carne animal. Qualquer consulta simples à internet informará amplamente a quem ainda não sabe.[182]

A fome no mundo

É claro que o egoísmo do sistema é fator de miséria e fome no planeta. Mas há um aspecto crucial, duplamente egoístico e duplamente cruel, do qual também NINGUÉM LHE FALA.

Você, e mais a maioria dos habitantes deste pequeno planeta azul, fica condoído quando lê ou assiste notícias sobre a fome no planeta. Populações inteiras, na África e na Ásia, com fome endêmica. Pobres subalimentados na América Latina. Mais de 800 milhões de pessoas com fome crônica. E todos sacodem a cabeça, impressionados: como faltam alimentos no mundo!

Pois, caro leitor/a, deixe-me dizer-lhe a verdade escamoteada pelos produtores de carne animal, com a conivência da mídia em geral (exceções aqui e ali): NÃO FALTAM ALIMENTOS NO MUNDO. Muito ao contrário. Como??? Sim.

O que realmente sucede:

a) Um terço de todas as terras aráveis do planeta é ocupado com alimento para o gado. Sim. Grãos (como a soja), forrageiras, milho (80% da produção para suínos e aves), são produzidos e vão diretamente virar **ração** para as espécies condenadas. **Um terço de todos os grãos do planeta vira ração animal!**

b) Imagine uma área de terra qualquer, na qual se cultive forrageiras para alimentar o gado. Com a carne resultante, se alimentará **mil** pessoas. MAS, se na mesma área plantarmos grãos, serão alimentadas por eles **quatorze mil** pessoas. Essa

[182] Se quiser baixar gratuitamente um opúsculo sobre vegetarianismo com amplas informações (*Paz e Amor, Bicho* ou *Era uma vez um espírita*), busque em *www.edconhecimento.com.br*; ou solicite a versão impressa, também gratuita, em *horizontes@uol.com.br*.

é a proporção real: 14 por 1.

Multiplique isso por milhões, e saberá para onde vai a comida dos famintos do planeta Terra.

Faça uma conta simples: se **dois terços** da produção agrícola do planeta alimenta os 6 bilhões (arredondando) que comem normalmente, quantos mais esse um terço de grãos faltante (que vira ração) poderia alimentar? Mais 3 bilhões, é claro. OU seja: **acabaria com TODA a fome do mundo**, e ainda poderíamos sustentar MAIS DOIS BILHÕES **extras**. Claro, não?

Por que isso não acontece? Unicamente pela ganância. É mais rentável vender um quilo de carne do que um quilo de vegetais, ou exportar, em dólares, a soja – que poderia alimentar milhões de pessoas – para ir alimentar o *gado* do Primeiro Mundo.

É o que levou, muitos anos atrás, um Diretor do Conselho de Proteína da ONU a declarar: "**Os grãos das classes pobres estão sendo desviados para alimentar o gado dos ricos**".

A nova era vai ter isso?

Definitivamente não.

Todos os resquícios de primitivismo terão que ser banidos para sempre, cortados pela raiz, para construir a nova sociedade planetária. Carnivorismo, escravidão, exploração, desigualdade.

Há uma história do Mestre Jesus emblemática para este momento. Um simbolismo sutil para quem tem "olhos de ver e inteligência de entender". O Mestre, diz o texto evangélico, passava com os discípulos por uma figueira, e tendo fome, buscou os frutos da mesma. Não encontrou nenhum, e teria "amaldiçoado" a figueira, que de imediato secou. (Já se vê que tudo é simbolismo, e que Jesus jamais teria "amaldiçoado" qualquer coisa). Mas a lição sibilina está na última frase, quando o evangelista acrescenta: "**E não era tempo de figos**". Como assim? Não era tempo de figos, e o Mestre queria encontrá-los na pobre figueira? Que absurdo...

Não. Simbolismo e advertência para futuras gerações.

Os frutos, simbolizados na parábola da figueira, são as atitudes que nós, os viventes desta época, somos chamados a apresentar. Nesta época da Transição, em que os valores morais superiores *não* constituem o padrão da sociedade – muito ao contrário -, em que não é "tempo de figos", e sim de espinhos; em que todos os instintos (da indiferença egoísta à ganância e à devassidão) têm livre curso e são aceitos e aplaudidos, aqueles que o Mestre busca são os que *tenham frutos mesmo quando não é época deles*. Os que, contrariando o padrão comum, vivem e agem na contramão do rebanho. Os que se credenciam, com isso, a ficar para a civilização da Nova Era.

(Não os que, mesmo sabendo de tudo, deixam para depois, para uma próxima encarnação, a vivência dos valores novos – enquanto isso, vamos aproveitar o restinho da impunidade).

Os que vivem a Nova Era desde agora, dentro da Velha Era.

* * *

Bibliografia

BAUMARD, Claire. *Léon Denis na intimidade*. RJ, CELD, 2011.

BEER, Max. *História do Socialismo e das lutas sociais*. Ed. Expressão Popular. SP. 2006

BELLAMY, Edward. *Daqui a cem anos*. RJ, Record, s/d

BETTO, Frei. *A mosca azul*. Rio, Rocco, 2006.

BUENO, Eduardo. *Brasil: uma história*. Leya, SP, 2010

BOBBIO, Norberto. *Qual Socialismo?* RJ, Paz e Terra, 1993.

BUONARROTI, Phillipe. *Gracchus Babeuf et la Conjuration des Égaux*. Paris, Armand Le Chevalier Ed., 1869

CHEUICHE, Alcy. *Sepé Tiaraju - Romance dos Sete Povos das Missões*. Porto Alegre, AGE, 2015

COLOMBO, Cleusa Beraldi. *Ideias Sociais Espíritas*. São Paulo/Salvador, Ed. Comenius e IDEBA, 1998

DENIS, Léon. *Socialismo e Espiritismo*. Limeira, Conhecimento, 2018

_____________.*O gênio celta e o mundo invisível*. Limeira, Conhecimento, 2015

FERAUDY, Roger. *A Terra das Araras Vermelhas*. Limeira, Conhecimento, 1999

FERAUDY, Roger e CASTRO, Mariléa de. *Haiawatha*. Limeira, Conhecimento,

GENRO, Tarso. *Utopia Possível*. Porto Alegre, Artes e Ofício, 1994.

JAURÈS, Jean. *Pages Choisies*. Paris, F. Rieder & Cie, 1922.

KARDEC, Allan. O Livro dos espíritos. RJ, FEB, 1954.

_____________. Obras Póstumas. RJ, FEB, 1957

KERN, Arno Alvarez. *Utopias e Missões Jesuíticas*. Ed. UFRGS. Porto Alegre, 1994

LEFEBVRE, Georges. 1789, *O Surgimento da Revolução Francesa*. SP, Paz e Terra, 2008

LUGON, Clovis. *A República comunista cristã dos guaranis*. RJ, Paz e Terra. 1976

MANFRED, Albert Z. A *Grande Revolução Francesa*. Ícone Ed. 1986.

MARIOTTI, Humberto. *O Homem e a sociedade numa nova civilização*. SP, Edicel, 1967

MEYER, Thomas. *Socialismo democrático: uma introdução*. RJ, Paz e Terra, 1983.

MONTOYA, Antonio Ruiz de. *Conquista Espiritual*. Porto Alegre. Martins Livreiro, 1985

MORELLY. *Código da Natureza*. Ed. Unicamp. Campinas. 1994

MORE, Thomas. *A Utopia*. Folha de SP. SP 2010.

PLATÃO. *A República*. Difusão Europeia do Livro. SP. 1965

PETITFILS, Jean Christian – *Os socialismos Utópicos*. SP, Círculo do Livro, s/d

PIKETTY, Thomas. *O Capital no século XXI*. São Paulo, SP, Intrínseca, 2014.

RAMATÍS – psicografia de Hercílio Maes. *A vida no planeta Marte e os discos voadores*. Limeira, Ed. do Conhecimento, 1999.

ROUSSEAU, Jean-Jacques. *Do Contrato Social*. Ed. Abril – In Os Pensadores. SP. 1973

_________. *Discurso sobre a origem e os fundamentos da desigualdade entre os homens*. Ed Abril. In Os Pensadores. SP. 1973

SCHILLING, Voltaire. *Revolução Francesa*. Leitura XXI, 2003

TOLSTOI, Liev. *O reino de Deus está em vós*. Rio, BestBolso, 2019.

WILSON, Edmund. *Rumo à Estação Finlândia*. SP, Cia das Letras, 1987

XAVIER, Francisco Cândido. *Emmanuel*. FEB, RJ. 2008.

IGUALDADE

foi confeccionado em impressão digital, em outubro de 2021

Conhecimento Editorial Ltda

(19) 3451-5440 — conhecimento@edconhecimento.com.br

Impresso em Super Snowbright 70g. – Hellfoss